本书由
内蒙古自治区高等学校人文社会科学重点研究基地提升计划
内蒙古民族艺术研究基地项目
资助出版

鄂尔多斯式青铜器造型艺术研究

陆 刚 ○ 著

中国社会科学出版社

图书在版编目（CIP）数据

鄂尔多斯式青铜器造型艺术研究 / 陆刚著 . —北京：中国社会科学出版社，2022.6

ISBN 978-7-5227-0167-7

Ⅰ.①鄂… Ⅱ.①陆… Ⅲ.①青铜器（考古）—造型（艺术）—研究—中国—夏代—汉代 Ⅳ.①K876.414

中国版本图书馆 CIP 数据核字（2022）第 073009 号

出版人	赵剑英
责任编辑	马　明
责任校对	王佳萌
责任印制	王　超

出　版	中国社会科学出版社
社　址	北京鼓楼西大街甲 158 号
邮　编	100720
网　址	http://www.csspw.cn
发行部	010-84083685
门市部	010-84029450
经　销	新华书店及其他书店
印　刷	北京明恒达印务有限公司
装　订	廊坊市广阳区广增装订厂
版　次	2022 年 6 月第 1 版
印　次	2022 年 6 月第 1 次印刷
开　本	710×1000　1/16
印　张	17.5
字　数	271 千字
定　价	99.00 元

凡购买中国社会科学出版社图书，如有质量问题请与本社营销中心联系调换
电话：010-84083683
版权所有　侵权必究

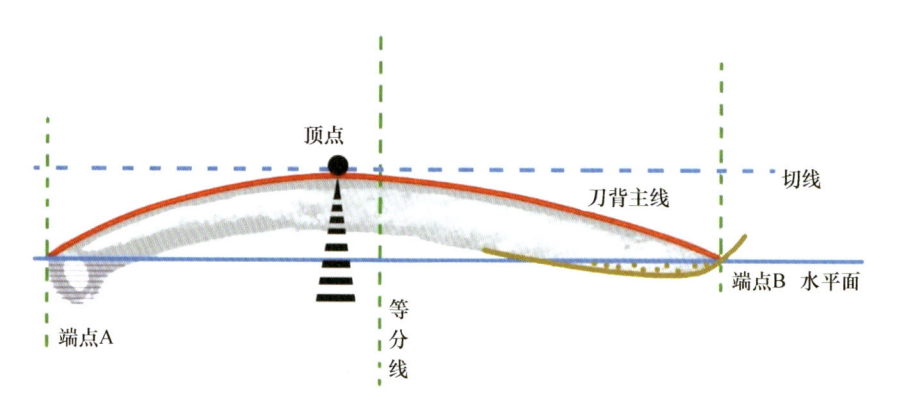

彩图一　典型弧背刀造型的视知觉动力分析

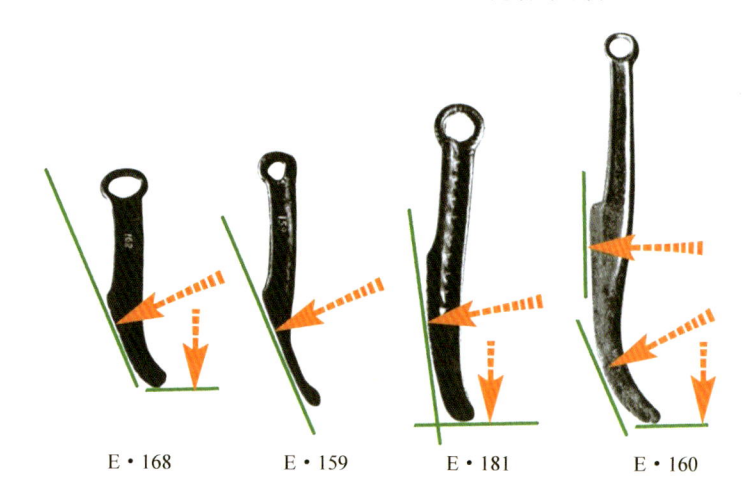

彩图二　具有典型造型特征的钩背刀

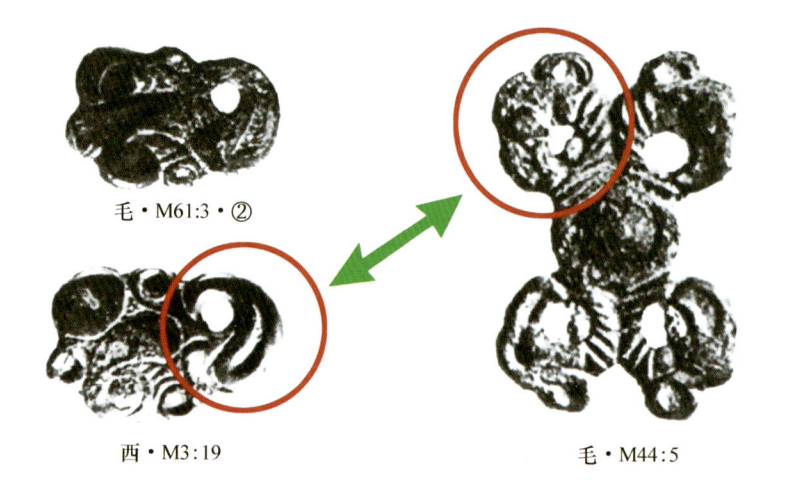

彩图三　鸟纹青铜饰牌

彩图四　阿鲁柴登出土的匈奴王金冠饰

彩图五　有圆雕动物造型的辕饰与竿头饰

彩图六　卧虎形金饰件

彩图七　虎豕咬斗纹饰牌

彩图八　虎咬马纹饰牌

彩图九　双虎咬斗纹银饰牌

1. "神兽"文身　2. 犬马铜饰板　3. 鹿形怪兽　4. 神兽纹金饰片

彩图一〇　巴泽雷克二号冢男性墓主"神兽"纹身、犬马铜饰板、鹿形怪兽、神兽纹金饰片

彩图一一　虎咬羊纹饰牌、虎咬马纹饰牌

彩图一二　牛纹饰牌、虎鸟纹饰牌

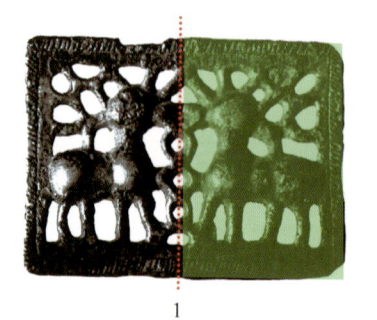

彩图一三　双鹿纹饰牌、双兽纹饰牌

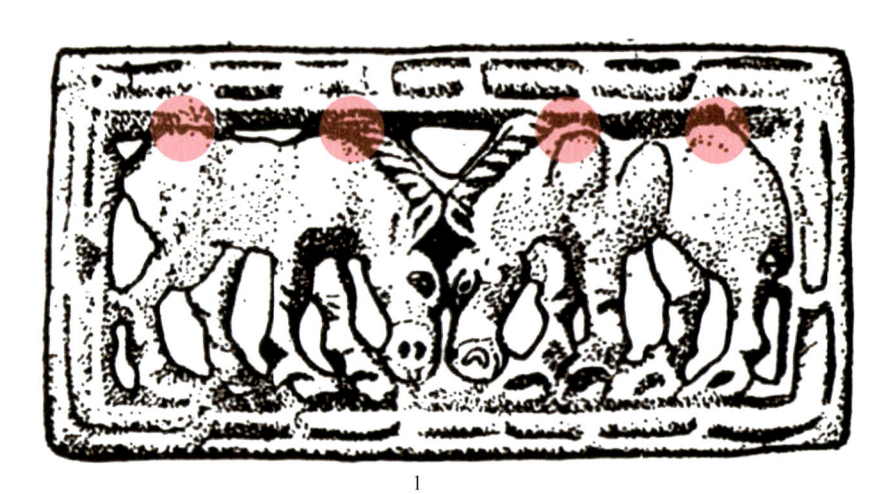

彩图一四　双马纹饰牌、双驼纹饰牌

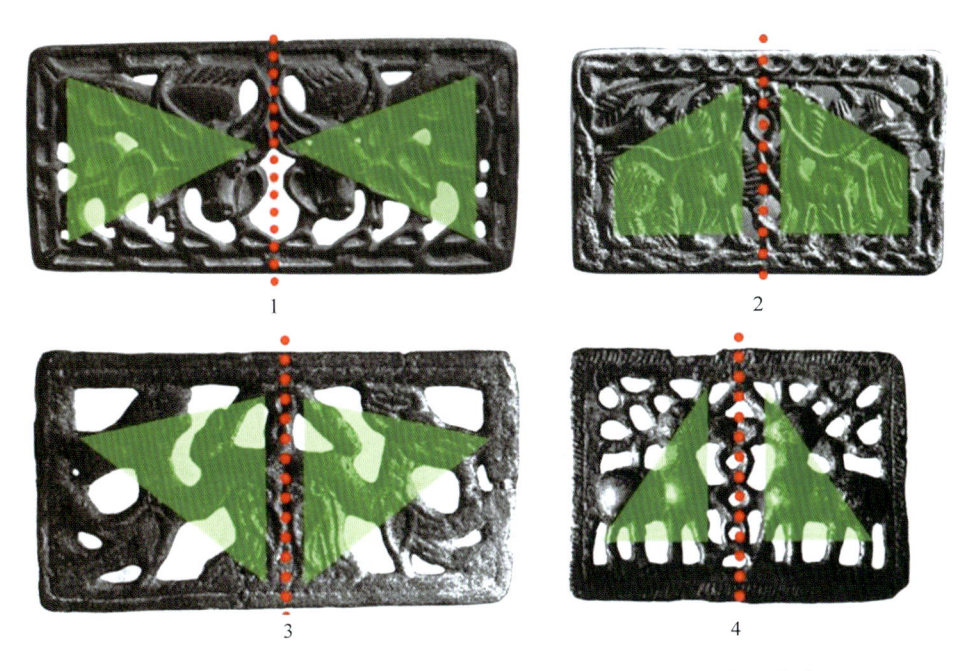

彩图一五　双牛纹饰牌、双驼纹饰牌、双兽纹饰牌、双鹿纹饰牌

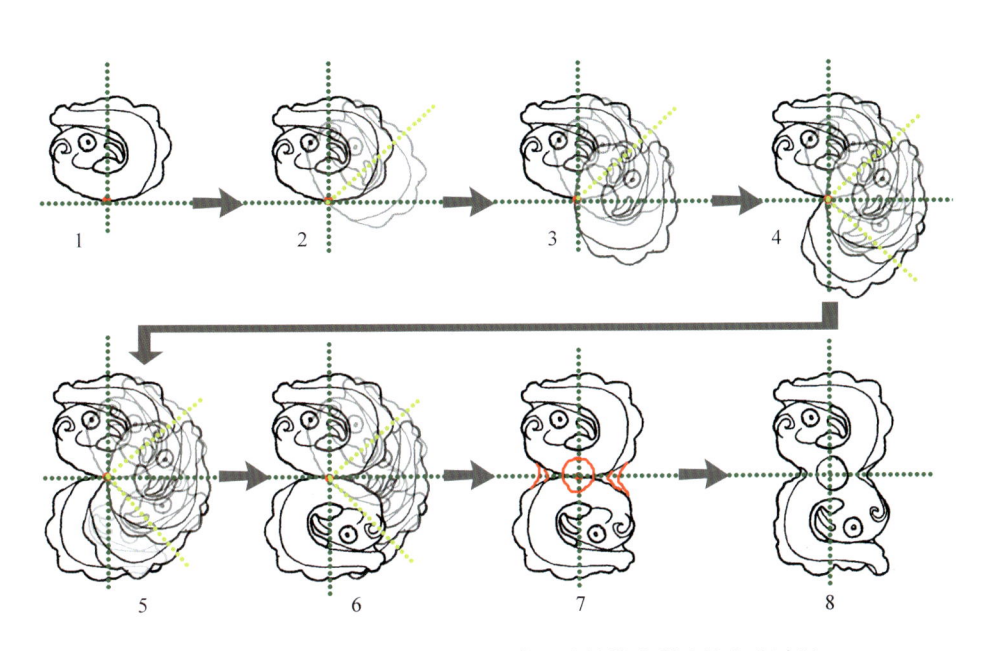

彩图一六　以双鸟纹饰牌为例推导中心旋转构成样式的生成过程

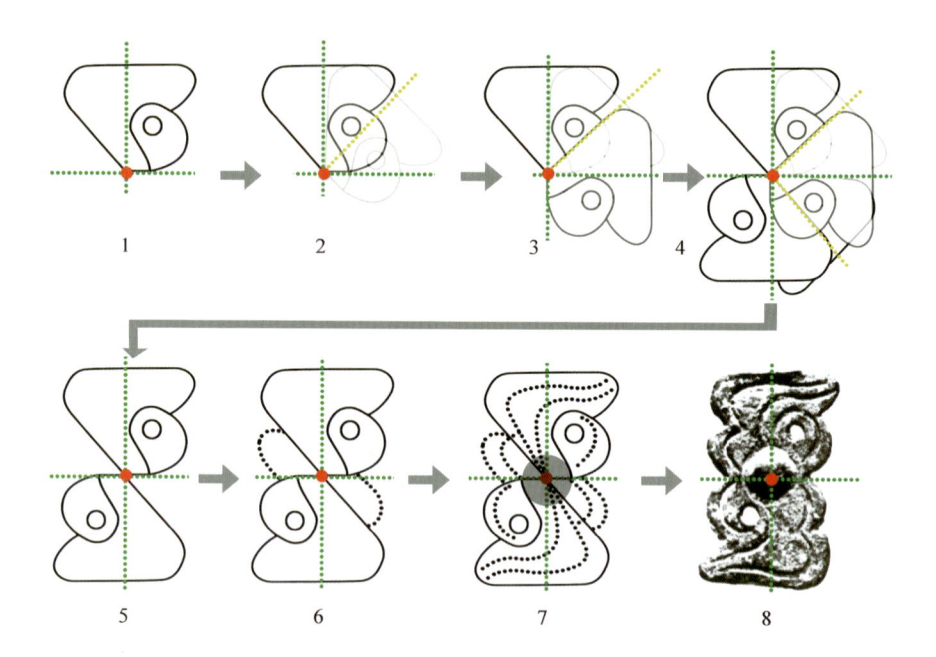

彩图一七　以云纹饰牌为例推导中心旋转构成样式的生成过程

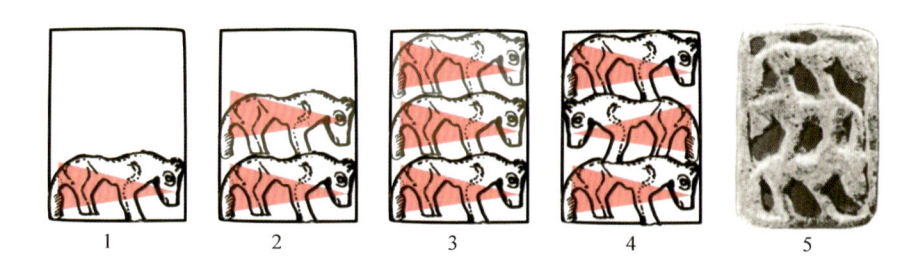

彩图一八　以群马纹饰牌为例推导排列与交错构成样式的生成过程

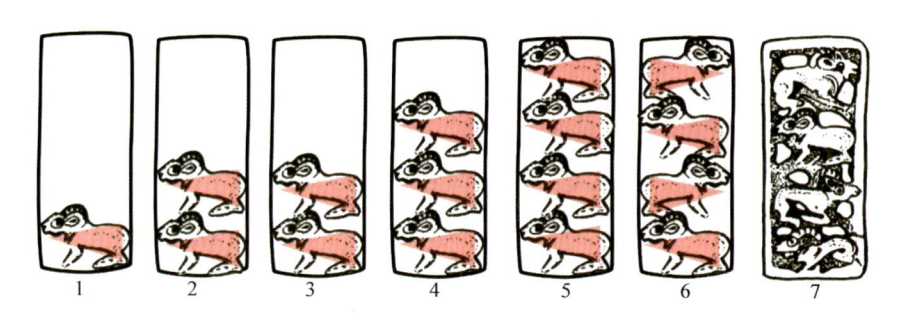

彩图一九　以群羊纹饰牌为例推导排列与交错构成样式的生成过程

1

2

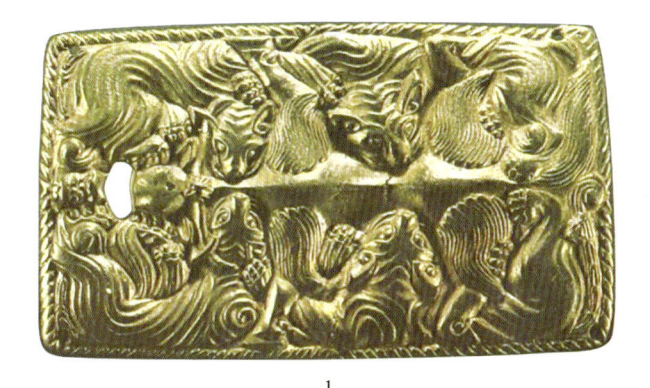

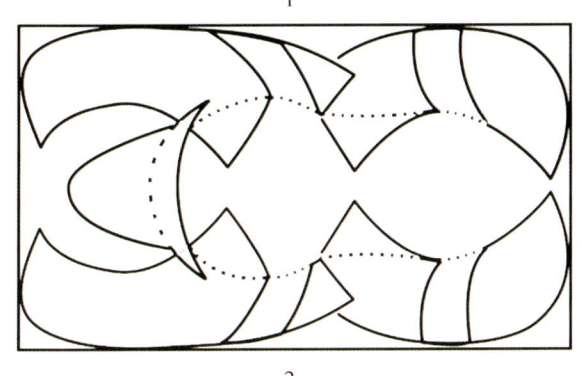

彩图二〇 以虎牛咬斗纹饰牌为例分析咬合与分噬构成样式的视知觉动力形式

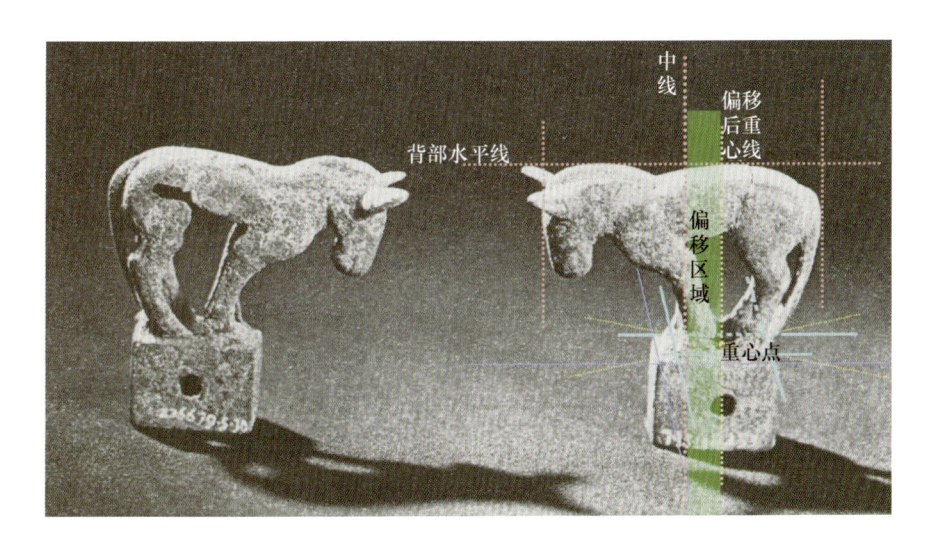

彩图二一 伫立马形饰件

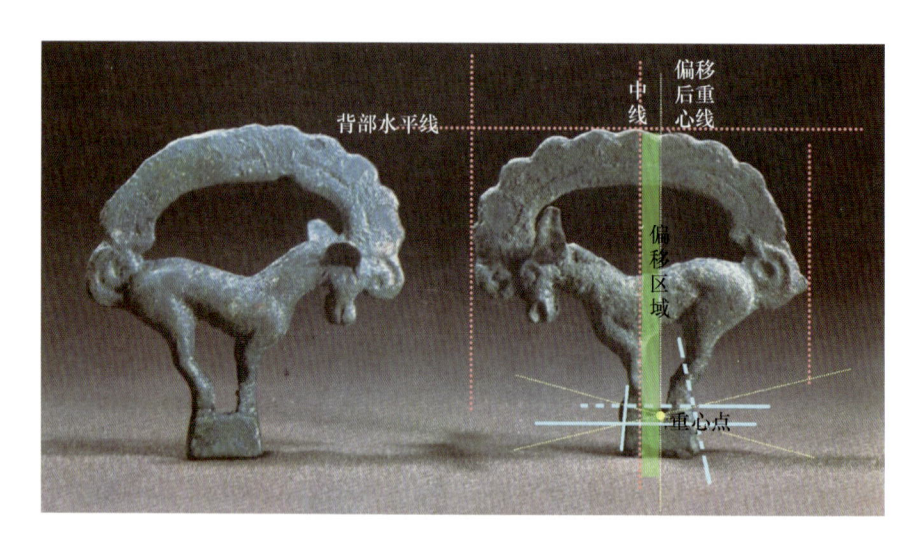

彩图二二　伫立鹿形饰件

彩图二三　屈肢马形饰件

彩图二四　速机沟出土的青铜群鹿圆雕

彩图二五　虎兽咬斗纹金饰牌

彩图二六　双兽咬斗纹青铜饰牌

彩图二七　虎噬兽纹青铜饰牌

彩图二八　虎噬鹿纹银饰牌

彩图二九　神兽纹包金铁带饰

彩图三〇 双马形金配饰

1

2

3

彩图三一 母羊哺乳纹饰件、双鹿交媾纹饰件、双虎交媾纹饰件

彩图三二　双马纹金饰件、胡人搏兽纹金配饰

彩图三三　鹿形金缀饰

彩图三四　野猪纹饰牌

彩图三五　牛首步摇冠、马首步摇冠

序　言

有一天，我去清华大学美术学院上课，忽听有人喊道："杨教授！"回头一看，一个年轻人，黑红的脸庞，笔直的身材，就像秋天原野上一棵茁壮生长的红高粱，纯朴得喜人。他说，"我叫陆刚"。那时，他是清华大学美术学院的学生，我是那里的教授。转眼，已近二十年了。

从在校读书到毕业工作，陆刚一直与我联系较多。他是个正直、善良、勤奋的人，也是个比较听话的学生。他从清华毕业赴内蒙古大学任教，来向我辞行之时，问我今后的路应当怎样走？我回答说：第一，挣钱与科研的关系上，我以为，挣钱摆脱贫困，无可厚非，但并非多多益善。满足温饱以后，生活的重点要走向科研。第二，在中国艺术与西方艺术的关系上，科研的重点是中国艺术，而不是西方艺术。

现在的年轻人，大多热衷于西方艺术，提起马蒂斯、毕加索，甚至波洛克、劳森伯格，就口若悬河、如数家珍，说起中国的传统艺术，荆浩、范宽，或王维、苏轼，则噤如寒蝉。究其原因，就在于年轻人对于博大精深的中国艺术，知之甚少。英国艺术理论家苏立文在《山川悠远》一书中向西方读者介绍中国绘画时指出：

> 我已经设法指出中国山水画的丰富性、持续性以及它的广度和深度。但这里存在一个困难。当人们写到欧洲风景画时，可以不涉及政治、哲学或画家的社会地位，读者已有足够的历史知识来进行欣赏。因此，知道透纳或塞尚处于何种社会地位，知道他们有没有读过亚里士多德或笛卡尔的著作，对帮助他们理解透纳或塞尚的艺术，是无所谓的。然而在中国，这就不行了。中国山水画家一般都

属于极少数有文化的上层人物，受着政治风云和王朝兴替的深刻影响，非常讲究自己的社会地位。他对历史和哲学十分精通，就连他选择的风格，也常常带着政治的、哲学的和社会的寓意。①

中国艺术，博大精深，这几乎是中外艺术家的共识。一些年轻人，心浮气躁，好高骛远，不愿意下苦功学习，这是当代的悲哀，也是中国艺术的悲哀。对陆刚论"达利"的硕士论文，我就不完全认同。厚厚的论文，读完之后，知道张三怎样说，李四怎样说，最想知道的陆刚怎样说，没有了。确实，对于达利，能够说的话，外国人已经说完了，陆刚除了遵循他们的观点，还能做些什么呢？即使能做，又有多大的拓展空间呢？其实，这样的缺点，我自己也未能幸免，只是近二十年来，才略略有了一点点觉悟。

如今，陆刚的博士论文《鄂尔多斯式青铜器造型艺术研究》即将付梓，寄来书稿请我为此书作序。我迫不及待地读下去，有了全新的感受。我终于看到了，不是达利，不是劳森伯格，是中国鄂尔多斯的青铜器，单就这一选题已使我心生喜悦。我也看到了，除了张三怎么说、李四怎么说而外，还有陆刚怎么说。至于是对是错，要请广大读者评判、指教。

鄂尔多斯式青铜器（也有人称之为"中国北方青铜器"）是中国古代北方民族的重要文化遗存，是中华民族历史文化宝库中的重要财富。中华大地幅员辽阔，不同的山形地貌、气候条件催生出不同的生产生活方式，不同的生产生活方式又会产生与之相匹配的族群文化与习俗规约，这一切都是先民智慧的结晶，也恰是这些光彩各异的"结晶"，使中华民族历史文化的宝库更加博大充盈，为子孙后代提供生存智慧，也助子孙后代增强文化自信。

不难想象，当那些生动、精美的"野兽纹"饰牌出现在现代人建造的博物馆中，身处当下文化语境的人们在欣赏时，除了惊奇、赞叹之外，还能发出怎样的声音、做出怎样的理解呢？对古代造型艺术的解

---

① ［英］迈珂·苏立文：《山川悠远：中国山水画艺术》，上海书画出版社2015年版，英文版序。

读，有两个十分重要的前提条件：第一，作品所在族群的观察视角；第二，作品所处时代的审美标准。显然，这两个条件我们都不具备，创造作品的族群早已消失、作品所处的时代亦已远去。

于是，陆刚花费大量时间和精力，查阅、翻译鄂尔多斯式青铜器产生和发展过程中，北方长城沿线地带的地理环境、气候条件、生业模式、冶金工艺、政治状况、族群信仰、习俗规约等相关文献，努力将鄂尔多斯式青铜器还原至产生它的"原生环境"中，对造型进行研究，对文化内涵与审美特征进行"解读"。

陆刚运用视觉艺术心理学及阿恩海姆视知觉动力理论，使其对鄂尔多斯式青铜器造型的研究又夯深一层。运用民族学的相关研究方法，将其对鄂尔多斯式青铜器的文化内涵与审美特征的解读又推进一步。这些都增强了本书的可读性与学术价值。当然，学术研究，见仁见智，世界上没有完美的理论，我也希望有人就本书的不足之处予以探讨。毕竟，学术要在争论中前行，思想要在怀疑中磨砺。

陆刚是个严谨、认真的人。前两年，高等教育出版社约我编写一本《美术欣赏》的教材，于是，我请陆刚作为该书的副主编，并编写雕塑、绘画部分，他爽快地答应了。陆刚事无巨细，兢兢业业，勇于承担。他编写的那部分教材，深入浅出、精工细作，如春风化雨，感染着、影响着、陶冶着青年人的灵魂，受到普遍好评，出版社作为国家"十三五"重点教材上报。我想，这样的一位年轻学者一定能在大学的讲台上为祖国的教育事业做出更大贡献，也一定会在其所专注的学术领域做出更好的研究成果。

黑格尔说："离真理最远的不是谬误，而是无知。"我希望中国的年轻学者们都能够在研究中国艺术的道路上，不惧谬误，走向真知。

是为序。

杨　琪
清华大学美术学院
艺术史论系教授（退休）
2022 年 5 月

前　　言

鄂尔多斯式青铜器是我国古代北方游牧民族的重要文化遗存，其以精美独特的"野兽纹"著称于世。中华人民共和国成立前，这类青铜器大量出现在内蒙古中南部地区。由于当时我国正处在特殊的历史时期，无法对其进行有效的保护和整理，导致大量珍品流失国外。

中华人民共和国成立后，在党的领导下，鄂尔多斯式青铜器得到了有效的整理和保护，我国学术界对其所做的研究也逐渐深入系统。然而截至目前，对于鄂尔多斯式青铜器的学术研究多集中于考古学领域，很少有从艺术学与民族学视角所做的系统而全面的研究。这便是笔者特别关注并确立本选题进行研究的重要缘起，意在探索鄂尔多斯式青铜器造型艺术特征与民族文化内涵。

本书根据历史文献与考古学成果、结合田野调查资料，对夏商至两汉时期北方长城沿线地带的气候演变、生态环境、经济模式乃至铜锡矿资源分布情况进行"还原"。结合上述"背景"，分别研究（饰有动物纹造型或具有鄂尔多斯式青铜器典型特征的）兵器与工具、"装饰品"、生活用具与车马具的产生与发展过程，并提出：鄂尔多斯式青铜器乃起源于农耕社会而成熟于游牧社会，它是在农耕文化与游牧文化融合的过程中逐步发展、成熟的，其中气候"干冷化"使争夺生存资源的斗争加剧，间接导致铜刀造型的成熟先于动物纹饰件，而北方地区铜锡矿资源的分布状况，也直接影响了早期的鄂尔多斯式青铜器的规格与形制。

鄂尔多斯式青铜器从造型艺术的角度可分为浮雕与圆雕两类。笔者研究发现，鄂尔多斯式青铜器动物纹浮雕主要有五种构成样式：（1）表现动物头部或全身侧面特征的、属"原初形态"的单体动物纹

1

样式；(2) 由单体动物纹沿着虚拟中轴"镜像"生成的轴对称构成样式；(3) 单体动物纹围绕底端中心点旋转而生成的中心旋转构成样式；(4) 单体动物纹通过二方连续或四方连续生成的排列与交错的构成样式；(5) 借助视知觉的"完形"倾向表现视知觉动力的咬合与分噬的构成样式。由(1)—(4) 可视为单体向复合纹样的演进过程，体现对装饰意味的追求。(5) 是从现实动物咬斗情景中抽取出来的，以"合"的图像表现"分"的力量的构成样式，体现对武力与坚韧意志的崇尚。

鄂尔多斯式动物主题圆雕分为双兽组合与群兽组合。双兽组合多对称设置、重心后移、重力前倾营造恭谨肃穆的氛围，用作辕饰或竿头饰装点仪仗；群兽组合以不同姿态的动物造型营造自然生活气息，用作明器服务灵魂。不同的使用功能决定着不同的组合形态与情感表达。

对应北方族群的信仰，可以发现动物纹饰件主要作为"神灵"的象征符号而存在，其主题的意义比造型和形式更重要。早期的造型简练而粗犷，代表先民们虔诚信奉的神灵、寄托着生之祈盼，在审美形态上体现出一种"纯朴之美"；战国晚期匈奴强盛，族群精神影响造型艺术风格。虎、野猪、"怪兽"等主题通过咬合与分噬的构成样式，展现力量、制衡、坚韧、悲壮，在美学形态上体现为一种"崇高之美"；游牧经济形成后，"逐水草而居"的生活方式、简便易行的法律制度、节约务实的规约习俗无不与游牧生业模式紧密契合。动物纹饰件单纯的主题、简洁的形式、精巧的形制、便携的特点均适宜以节约、务实为"生存原则"的游牧生活，在审美形态上体现为轻松、便捷、适宜的"简约之美"。

匈奴衰落后，鄂尔多斯式青铜器在北方草原为鲜卑人所继承，但主题、风格、材质、工艺均有所改变；向南，其已传至江苏及两广地区；向西，流传至天山、阿尔泰山脉以及乌拉尔地区。但是，随着北匈奴在"西迁"路上与异族文化不断融合，鄂尔多斯式青铜器造型也逐渐容纳新"成分"，汇入新文化之中。逐渐"沉淀"为一种仅具有装饰意味的"造型元素"。

目　　录

绪　论 …………………………………………………………（1）
　一　研究对象及选题缘起 ……………………………………（1）
　　（一）研究对象 ……………………………………………（1）
　　（二）选题缘起 ……………………………………………（10）
　二　研究现状 …………………………………………………（12）
　　（一）国外对于鄂尔多斯式青铜器的研究 ………………（12）
　　（二）国内对于鄂尔多斯式青铜器的研究 ………………（14）
　三　研究思路及问题聚焦 ……………………………………（22）
　　（一）研究思路 ……………………………………………（22）
　　（二）问题聚焦 ……………………………………………（23）
　四　研究内容及研究方法 ……………………………………（23）
　　（一）研究内容 ……………………………………………（23）
　　（二）研究方法 ……………………………………………（24）

第一章　鄂尔多斯式青铜器生成的自然环境与人文背景 ……（26）
　第一节　生态环境与经济形态 ………………………………（34）
　　一　北方长城沿线地带早期的气候状况 …………………（34）
　　二　北方长城沿线地带早期的经济形态 …………………（38）
　第二节　鄂尔多斯式青铜器出现的物质与技术前提 ………（43）
　　一　铜锡矿资源分布情况 …………………………………（44）
　　二　成型工艺与技术水平 …………………………………（47）
　第三节　"创作"族群与形成过程 ……………………………（52）

一　鄂尔多斯式青铜器的"创作"族群 ………………………… (52)
　　二　鄂尔多斯式青铜器的形成过程 …………………………… (56)
　本章小结 ………………………………………………………… (64)

第二章　鄂尔多斯式青铜器造型的发展与演变 ………………… (66)
　第一节　兵器与工具造型的演变 ………………………………… (66)
　　一　早商时期铜刀与短剑的造型 …………………………… (70)
　　二　晚商至西周时期的铜刀与短剑 ………………………… (76)
　　三　春秋时期的铜刀与短剑 ………………………………… (86)
　第二节　动物纹饰件造型的演变 ………………………………… (100)
　　一　西周时期的"双珠兽头饰" …………………………… (103)
　　二　春秋晚期：动物纹饰件的滥觞 ………………………… (113)
　　三　战国时期：动物纹饰件的繁盛 ………………………… (119)
　　四　两汉时期：动物纹饰件的衰落 ………………………… (131)
　第三节　生活用具与车马具造型的演变 ………………………… (139)
　　一　从晚商到春秋的实用器具 ……………………………… (139)
　　二　车马具造型的"鼎盛时期" …………………………… (141)
　　三　"轮状节约"体现的衰败趋势 ………………………… (143)
　本章小结 ………………………………………………………… (143)

第三章　鄂尔多斯式青铜饰件的构成样式 ……………………… (146)
　第一节　浮雕（透雕）饰件的构成样式 ………………………… (146)
　　一　单体动物纹饰件 ………………………………………… (147)
　　二　轴对称构成样式 ………………………………………… (150)
　　三　中心旋转的构成样式 …………………………………… (151)
　　四　排列与交错的构成样式 ………………………………… (154)
　　五　咬合与分噬的构成样式 ………………………………… (157)
　第二节　圆雕的组合形式 ………………………………………… (164)
　　一　双兽组合形式 …………………………………………… (165)
　　二　群兽组合形式 …………………………………………… (169)

第三节　装饰纹样的类别与"衍生"规律 …………………（170）
　　一　装饰纹样的类别 ………………………………………（171）
　　二　装饰纹样的"衍生"规律……………………………（183）
本章小结 …………………………………………………………（184）

第四章　鄂尔多斯式青铜器造型的美学特征与文化内涵 ………（187）
第一节　"神性"主题与北方民族的宗教观 …………………（187）
　　一　古代北方民族的宗教信仰 ……………………………（187）
　　二　动物主题所蕴藏的"神性" …………………………（191）
　　三　游牧民族的"护身符" ………………………………（194）
　　四　"宗教信仰"与动物纹饰件的"纯朴之美" ………（197）
第二节　造型风格与族群文化精神 ……………………………（202）
　　一　生存条件与族群文化 …………………………………（202）
　　二　游牧文明与族群审美 …………………………………（204）
　　三　民族精神与动物纹饰件的"崇高之美" ……………（208）
第三节　青铜器形制与游牧生业模式 …………………………（213）
　　一　生活方式与行为规约的内在"原则" ………………（213）
　　二　实用功能与规格形制 …………………………………（215）
　　三　游牧生业模式与动物纹饰件的"简约之美" ………（221）
本章小结 …………………………………………………………（225）

第五章　鄂尔多斯式青铜器的流传 ………………………………（227）
第一节　动物纹造型在北方地区的流传 ………………………（227）
　　一　动物纹主题的延续 ……………………………………（227）
　　二　动物纹风格的演变 ……………………………………（229）
　　三　贵重的材质与"西来"的工艺 ………………………（234）
第二节　"西迁"的鄂尔多斯式青铜器 ………………………（236）
　　一　与斯基泰、卡拉苏克青铜器的关系 …………………（236）
　　二　"西迁"之路上的造型演变 …………………………（238）
第三节　鄂尔多斯式青铜器在中原地区的流传……………（241）

  一　鄂尔多斯式青铜器的"直接"流传 …………………（241）
  二　纹饰主题与造型风格的流传 ……………………………（244）
 本章小结 ………………………………………………………（246）

结　语 ………………………………………………………（248）

参考文献 ………………………………………………………（254）

后　记 …………………………………………………………（267）

绪 论

一 研究对象及选题缘起

(一) 研究对象

1. 关于"鄂尔多斯式青铜器"的概念

中华人民共和国成立前,我国北方长城沿线地带出现了很多以动物纹饰为主的、带有浓厚游牧文化风格特征的青铜器。苦于当时中国社会的现实状况,无法对这批青铜器进行有效的保护和整理,使这批青铜器流出国门,引起国外藏家竞相搜集。同时,一批外国学者也对其产生了浓厚的研究兴趣,先后发表了一些关于这类青铜器的理论研究成果。这类青铜器最初出现的区域主要集中在今内蒙古呼和浩特市及周边地区(时称"绥远")。所以,瑞典学者安特生在其1929年发表的文章中,称这类风格的青铜器为"绥远青铜器"[①]。20世纪30年代,日本学者江上波夫、水野清一在其研究中沿用了"绥远青铜器"的称谓[②]。此后,由于此类青铜器在鄂尔多斯地区也有较多发现,安特生又改称其为"鄂尔多斯青铜器"[③]。"'鄂尔多斯青铜器'原本仅指区域性器群,后被中国学者田广金等进一步扩大了其外延,所称'鄂尔多斯式青铜

---

① J. G. Andersson, "Der Weg uber die Steppen", *Bulletin of the Museum of Far Eastern Antiquites*, Vol. 1, 1929, s149.

② [日] 江上波夫、水野清一:《绥远青铜器》,《内蒙古·长城地带》,《东方考古学丛刊乙种》第1册,东亚考古学会1932年版。

③ J. G. Andersson, "Hunting Magic in the Animal Style", *Bulletin of the Museum of Far Eastern Antiquites*, Vol. 4, 1932, p. 224.

器'，泛指中国境内的、蒙古和乌拉尔以东地区的形似鄂尔多斯地区所发现的，尤在造型与纹饰上常以动物母题为主之青铜器"①，其主要分布地域为鄂尔多斯、山西北部、陕西北部、宁夏固原、河北北部、内蒙古东部，向北到达米努辛斯克盆地。两汉时期，由于汉朝军事实力的增强，匈奴活动区域向北、向西移动。在蒙古国境内乃至西伯利亚地区均有鄂尔多斯式青铜器分布，向西，在阿尔泰地区也有较多发现。

日本学者梅原末治在其专著《古代北方系文物的研究》中，为区别于商周青铜器，而将中国北疆、蒙古高原、西伯利亚以及阿尔泰地区的青铜文化遗存冠之以"北方系"的称谓。②因"绥远青铜器"或"鄂尔多斯式青铜器"的分布不止鄂尔多斯一地，林沄先生使用"北方系青铜器"的称谓，涵括"绥远地区"和鄂尔多斯地区以外出土（或征集）器物的同时，也区别于中原系青铜器和分布于中国东北地区的以曲刃短径剑为代表的"东北系青铜器"。③乌恩先生称之为"中国北方青铜器"或"中国北方青铜器文化"。

本书采用田广金先生提出的"鄂尔多斯式青铜器"的称谓，首先是因为赞同田广金先生在《鄂尔多斯式青铜器的渊源》中所提出的观点：鄂尔多斯地区（包括邻近的陕西北部地区）发现的早期鄂尔多斯式青铜器比较单纯，而其余地区的发现则多与其他文化混杂；而且，越来越多的考古发掘表明，鄂尔多斯式青铜器即起源于鄂尔多斯及其邻近地区，所谓"北方青铜器"和"中国北方青铜器"的概念难免过于笼统，束缚了我们对鄂尔多斯式青铜器渊源问题的探讨。④其次，从艺术造型研究的角度来看，"北方系青铜器"概念下的青铜器造型支脉繁杂，的确"笼统"，其外延大于本书的研究范围。况且，北方地区幅员辽阔，游牧生活方式使人口具有极强的流动性，族群间的"屏障"远弱于农耕民族，所以族群内部的分化和族群之间的融合也更加频繁，而

---

① 李刚：《中国北方青铜器的欧亚草原文化因素》，文物出版社2011年版，第5页。
② ［日］梅原末治：《古代北方系文物的研究》，星野书店昭和十三年（1938年）版。
③ 林沄：《商文化青铜器与北方地区青铜器关系之再研究》，苏秉琦《考古学文化论集（一）》，文物出版社1987年版，第129—150页。
④ 田广金、郭素新：《鄂尔多斯式青铜器的渊源》，《考古学报》1988年第3期。

此类青铜器造型发展演变的时间跨度长达1700余年，难以有效结合地理环境和地域文化进行研究，最终的研究成果极易失于"空泛""片面"。而"鄂尔多斯青铜器"的概念又具有极强的地域限制，无法将邻近地区（如：凉城的毛庆沟、饮牛沟、忻州窑子和林格尔的新店子、范家窑子，敖汉旗的铁匠沟等）出土的同类且极具代表性的器物纳入研究范围。所以，"鄂尔多斯式青铜器"的称谓更适合本书的研究与表述。

2. 鄂尔多斯式青铜器的起源问题

自鄂尔多斯式青铜器被发现之日起，学界关于其起源问题的争论几乎没有停止过。由于历史原因，国外学者对于鄂尔多斯式青铜器的研究先于我国，因而他们在鄂尔多斯式青铜器起源问题上提出的观点往往会在学界产生极大的影响。

一些国外学者提出的"西方起源说"是早期关于鄂尔多斯式青铜器起源研究的普遍结论。安特生在1929年发表的文章中提到中国北方草原的野兽纹饰牌是斯基泰文化的一个分支。[1] 1935年，日本学者水野清一、江上波夫在《绥远青铜器》一文中，提出：包括鄂尔多斯式青铜器在内的北方系青铜文化起源于黑海沿岸的斯基泰文化，他们在将北方系青铜器与卡拉苏克文化青铜器进行比较后，认为北方青铜器的主体属于卡拉苏克文化的后半期，并将鄂尔多斯式青铜器的动物纹饰命名为"斯基泰—西伯利亚野兽纹"。[2] 奥克拉德尼科夫也认为这种野兽纹的真正创造者是生活在黑海沿岸地区的斯基泰人。[3] A.萨尔莫尼认为鄂尔多斯式青铜器是由米努辛斯克盆地流传过来的。[4] 美国学者罗越在《安阳与西伯利亚出土的工具与武器之比较》一文中，讲到这种动物纹装饰

---

[1] J. G. Andersson, "Der Weg uber die Steppen", *Bulletin of the Museum of Far Eastern Antiquities*, Vol. 1, 1929.

[2] 田广金、郭素新：《鄂尔多斯式青铜器》，文物出版社1986年版，第191页；[日]江上波夫、水野清一：《内蒙古·长城地带》，《东方考古学丛刊乙种》第1册，东亚考古学会，1935年。

[3] [苏] А. П. 奥克拉德尼科夫：《西伯利亚考古学——昨天、今天和明天》，《苏联历史问题》1968年第5期。

[4] 转引自田广金、郭素新《鄂尔多斯式青铜器》，文物出版社1986年版，第191页。

风格来自卡拉苏克文化。① 马丽加·金芭塔丝也认为中国的兽首刀来自西伯利亚。②

关于鄂尔多斯式青铜器的起源问题，也有其他的观点，比如：卡尔格伦主张包括鄂尔多斯式青铜器在内的中国北方青铜器源自黄河中下游的商周文化；③ 艾玛·C.邦克认为这种野兽纹艺术乃是多点生发又相互影响的。④ 但"西方起源说"（即源自斯基泰文化与卡拉苏克文化）仍为普遍性结论。

中华人民共和国成立后，内蒙古鄂尔多斯及北方长城沿线地带陆续发现了大量我国古代北方游牧民族的文化遗存，出土了大量具有明显游牧文化风格的青铜器。例如：1958年5月，内蒙古自治区和林格尔县范家窑子乡村民在西窑子村西一公里外的沙窝中掘得一批青铜器⑤；1960年9月，内蒙古自治区土默特右旗的水涧沟门发现一座古墓⑥；1962年10月，内蒙古自治区准格尔旗文化宫征得一批铜器，据说是中华人民共和国成立初期速机沟村民取土时，在一个窖穴内发现的⑦；1972年，内蒙古自治区伊克昭盟杭锦旗的阿鲁柴登以南三公里的沙窝中发现金银器，以及两座已经被流沙毁坏的古代匈奴墓葬⑧；1973年，内蒙古伊克昭盟杭锦旗桃红巴拉发现古代匈奴墓葬⑨；1975年8月，内蒙古自治区准格尔旗北部玉隆太村发现战国墓，出土铜器35件，铁器3件，以及骨器、料珠、银项圈等⑩；1979年，在内蒙古自治区乌拉特

---

① Max Loehr, "Tools and Weapons from Anyang and Siberian Analogies", *American Journal of Archaelolgy*, Vol. 53, 1949.

② Marija Gimbutas, Borodino, "Seima and their Contemporaries", *Proceedings of the Prehistoric Society for 1956*, March, 1957.

③ B. Karlgren, "Some Weapons and Tools of the Yin Dynasty", *Bulletin of the Museum of Far Eastern Antiquities*, Vol. 17, 1945.

④ Emma C. Bunker, *Ancient Bronzes of the Eastern Eurasian Steppes*, New York, 1997.

⑤ 李逸友：《内蒙古和林格尔县出土的青铜器》，《文物》1959年第6期。

⑥ 郑隆：《大青山下发现一批青铜器》，《文物》1965年第2期。

⑦ 盖山林：《内蒙古自治区准格尔旗速机沟出土一批铜器》，《文物》1965年第2期。

⑧ 田广金、郭素新：《内蒙古阿鲁柴登发现的匈奴遗物》，《考古》1980年第4期。

⑨ 田广金：《桃红巴拉的匈奴墓》，《考古学报》1976年第1期。

⑩ 内蒙古博物院、内蒙古文物工作队：《内蒙古准格尔旗玉隆太的匈奴墓》，《考古》1977年第2期。

绪　论

中后联合旗杭盖戈壁公社发现呼鲁斯太青铜器墓葬[1]；1979年2月，内蒙古自治区准格尔旗布尔陶亥公社，西沟畔发现战国墓，出土遗物以金器为主，还有银器、铜器、铁器、铅器、陶器和料珠等[2]；1979年5月，内蒙古自治区准格尔旗布尔陶亥公社西沟畔又发现汉代匈奴墓葬[3]；1979年夏，内蒙古自治区乌兰察布盟凉城县，永兴公社的毛庆沟发现并先后发掘了81座古墓和一座殉马坑，出土大量鄂尔多斯式青铜器[4]；1980年6月，内蒙古自治区伊克昭盟所在地东胜县西南约二十公里，在板洞梁公社吉乐清大队补洞沟小队东偏南约1.5公里处，发现一处西汉末期至东汉初期的匈奴墓地。出土铁器10种共35件，陶器5件，铜器3种6件，骨器3种11件[5]；1981年，凉城县饮牛沟墓地，出土了双珠兽头铜饰、铜饰牌、铜带钩、铜扣、铜管状饰等青铜器[6]；1983年，内蒙古凉城崞县窑子墓地出土了大量以动物纹为主要特征的、具有北方游牧民族文化特点的青铜器[7]；1984年，内蒙古自治区准格尔旗宝亥社发现豆形器、带扣、斧、凿、刀、联珠形饰等22件铜器[8]；同年夏天，内蒙古自治区伊金霍洛旗石灰沟出土16件银器、15件青铜器，包括虎咬鹿纹饰牌、双虎咬斗纹扣饰、双虎咬斗纹饰牌、银靴底饰片、刺猬形饰件等[9]。

苏秉琦先生认为：此类青铜器大量出土于内蒙古鄂尔多斯地区，说明它不可能是外来的。[10] 田广金先生系统梳理、排列了出土于鄂尔多斯

---

[1] 塔拉、梁京明：《呼鲁斯太匈奴墓》，《文物》1980年第7期。
[2] 伊克昭盟文物工作站、内蒙古文物工作队：《西沟畔匈奴墓》，《文物》1980年第7期。
[3] 伊克昭盟文物工作站、内蒙古文物工作队：《西沟畔汉代匈奴墓地调查记》，《内蒙古文物考古创刊号》，1980年。
[4] 田广金、郭素新：《鄂尔多斯式青铜器》，文物出版社1986年版，第227页。
[5] 伊克昭盟文物工作站：《伊克昭盟补洞沟匈奴墓清理简报》，《内蒙古文物考古创刊号》，1980年。
[6] 内蒙古自治区文物工作队：《凉城饮牛沟墓地清理简报》，《内蒙古文物考古》1984年第3期。
[7] 内蒙古文物考古研究所：《凉城崞县窑子墓地》，《考古学报》1989年第1期。
[8] 伊克昭盟文物工作站：《内蒙古准格尔旗宝亥社发现青铜器》，《文物》1987年第12期。
[9] 伊克昭盟文物工作站：《伊金霍洛旗石灰沟发现的鄂尔多斯式文物》，《内蒙古文物考古》1992年第1—2期（合刊）。
[10] 内蒙古自治区文物考古研究所：《朱开沟：青铜时代早期遗址发掘报告》，文物出版社2000年版，第1页。

及其邻近地区的青铜器,结合考古断代资料,印证了 E. D. 菲利普斯等人的学术观点,证明了"斯基泰文化的早期作品,与战国早期的鄂尔多斯式青铜器时代相当。在此之前,鄂尔多斯式艺术已经历了较长的发展阶段。至战国晚期,鄂尔多斯式艺术与斯基泰艺术相似的特征继续存在"①。田广金先生从器型学的角度将兽首(或铃兽)曲柄短剑(鄂尔多斯式短剑的早期型)同米努辛斯克盆地早期的"凹格短剑"做了对比研究,证明了"在卡拉苏克文化中至今尚未发现与鄂尔多斯式 A 型剑造型一样的短剑,最早的只发现了相当于 A 型向 B 型的过渡型短剑,可以称它为 AB 型,这种 AB 型短剑,应是卡拉苏克文化的早期型"②。所以,"事实说明,在西伯利亚发现的与鄂尔多斯式同类型短剑的时代,比鄂尔多斯式短剑的时代要晚"③。

鄂尔多斯式青铜器的动物纹饰牌最早出现于春秋时期。田广金等人将其与西伯利亚出土饰牌进行对比后发现,"鄂尔多斯式饰牌的雏形,均在内蒙古西部地区发现,而且发展序列清楚,与之相比,西伯利亚饰牌均属其晚期型"④。戴甫列特也说:"在塔加尔文化早期和中期的遗存中,我们还找不到动物纹饰牌的雏形。"⑤

从造型母题到表现手法,西伯利亚饰牌都与鄂尔多斯式饰牌的晚期型极其相似。但与鄂尔多斯式饰牌相比,西伯利亚的动物纹饰牌的表现主题却远不及鄂尔多斯式饰牌丰富。戴甫列特说:"动物学家认为,鄂尔多斯式饰牌所刻画的东南亚蝮蛇科中的一种,如同饰牌上刻画的其它动物——牦牛、骞驴、野驼一样,乃是内蒙古和鄂尔多斯荒原上动物界的典型代表之一。因此,可以推测,青铜饰牌所刻画的动物画面,当初应该是在这些动物栖息的地方,即古代艺术家们可以看到他们的地方制作出来的。"⑥ 在铸造技术方面,Ю. С. 格里申以双牛纹饰牌为例进行

---

① 田广金、郭素新:《鄂尔多斯式青铜器》,文物出版社 1986 年版,第 192—193 页。
② 田广金、郭素新:《鄂尔多斯式青铜器》,文物出版社 1986 年版,第 193—194 页。
③ 田广金、郭素新:《鄂尔多斯式青铜器》,文物出版社 1986 年版,第 194 页。
④ 田广金、郭素新:《鄂尔多斯式青铜器》,文物出版社 1986 年版,第 194 页。
⑤ [苏] М. А. 戴甫列特:《西伯利亚的腰饰牌》(俄文),莫斯科,1980 年;田广金、郭素新:《鄂尔多斯式青铜器》,文物出版社 1986 年版,第 194 页。
⑥ [苏] М. А. 戴甫列特:《西伯利亚的腰饰牌》(俄文),莫斯科,1980 年;田广金、郭素新:《鄂尔多斯式青铜器》,文物出版社 1986 年版,第 195 页。

研究并指出：“米努辛斯克饰牌是以现成的铸件为模型翻砂铸造的，即第一个铸件为第二个铸件的模型，第二个铸件为第三个铸件的模型，等等，由于多次翻造，模型越来越模糊。”所以，他提出"米努辛斯克盆地发现的、其曾加以研究过的那些双牛伫立纹饰牌必定来自一个模型"①。综上，田广金先生提出："鄂尔多斯式青铜器有其自身的发生、发展过程。鄂尔多斯式青铜器的早期遗物，从鄂尔多斯和山西境内出土的情况看，往往与商式铜器伴出。商代晚期以后，鄂尔多斯式青铜器逐渐向东、向北扩散。向北直至西伯利亚。到战国晚期，鄂尔多斯式青铜器的分布地域，除鄂尔多斯外，进一步向西、向北移动。至两汉时期，在蒙古和西伯利亚以及更西所发现的艺术品，几乎均与鄂尔多斯式艺术品相似，那是因为这些地方已同属于强大起来的匈奴所控制。根据以上理由，我们认为鄂尔多斯式青铜器可能起源于鄂尔多斯及其邻近地区。所谓鄂尔多斯式青铜器的'斯基泰起源说'和'卡拉苏克起源说'的种种论点，均不能成立"②。

乌恩先生也提出："与商周王朝毗邻的西北黄土高原、鄂尔多斯和燕山南北地区是商周之际北方青铜器的分布中心和发源地。其中某些青铜器向米努辛斯克盆地的传播，是经由蒙古和外贝加尔地区来实现的这一点在年代学上已得到有力的证实。"③林沄先生认为，"如果单就青铜器这一种遗存进行区系的研究，则整个商周时代，在商周式青铜器即中原式青铜器分布区的北面，曾有两种不同系统的青铜器，可分别命名为北方系青铜器和东北系青铜器。东北系青铜器是在西周后期才兴起的，北方系青铜器则在商代殷墟文化时期已颇发达"④。他在解释殷墟文化青铜器与卡拉苏克文化青铜器存在相似之处的原因时，也清楚地阐明了鄂尔多斯式青铜器与卡拉苏克文化青铜器的关系："北方系青铜器先传

---

① [苏] Ю. С. 格里申：《塔加尔时代的生产》，《考古资料与研究》，1960 年，第 165 页；田广金、郭素新：《鄂尔多斯式青铜器》，文物出版社 1986 年版，第 195 页。
② 田广金、郭素新：《鄂尔多斯式青铜器》，文物出版社 1986 年版，第 195 页。
③ 乌恩岳斯图：《殷至周初的北方青铜器》，《考古学报》1985 年第 2 期。
④ 林沄：《商文化青铜器与北方地区青铜器关系之再研究》，《林沄学术文集》，中国大百科全书出版社 1998 年版，第 264 页。

入殷墟文化的分布区并影响了一部分殷墟式青铜器，也传到米努辛斯克盆地，在稍晚的时代为卡拉苏克文化所采用。"①

自1985年到2008年间，考古工作者在内蒙古鄂尔多斯、包头、凉城等地又陆续发掘了十余处古代北方民族文化遗存。例如，1985年、1988年，包头市东郊西园村北发现的春秋墓地出土了联珠状铜泡饰、动物形铜饰牌等具有典型北方游牧文化特色的青铜器②；1988年，东胜碾房渠发现金银器窖藏，出土一批包括虎狼咬斗纹金饰牌在内的金银器③；同年5月，伊金霍洛旗布尔台格乡的明安木独村匈奴墓出土了铜斧、铜刀、扣饰、管状饰等80件铜器④；同年6—9月兴和县沟里头匈奴墓出土了兽首青铜器短剑、铜扣饰等匈奴遗物⑤；1991年5月，敖汉旗新惠乡铁匠沟战国时期墓地出土环首铜刀和以虎、野猪、鸟为表现主题的青铜饰牌⑥；1998—1999年发掘的和林格尔县新店子墓地，出土了耳环、扣饰、联珠饰、虎头形泡饰等装饰品，并伴有铜戈、铜锥、铜镞、短剑工具和兵器⑦；2003年，内蒙古文物考古研究所抢救性发掘的凉城县小双古城墓地，出土了铜刀、耳环、云纹饰牌、虎纹饰牌、铜棒形饰等青铜器⑧；同年，内蒙古文物考古研究所先后两次发掘了凉城县忻州窑子墓地，出土了包括鸟纹饰牌、管状饰、铜耳环、扣饰、联环饰、镜形饰等大量青铜器⑨；2008年，凉城县水泉东周墓地发掘出土有

---

① 林沄：《商文化青铜器与北方地区青铜器关系之再研究》，《林沄学术文集》，中国大百科全书出版社1998年版，第280页。
② 内蒙古文物考古研究所、包头市文物管理处：《包头西园春秋墓地》，《内蒙古文物考古》1991年第1期。
③ 伊克昭盟文物工作站：《内蒙古东胜市碾房渠发现金银器窖藏》，《考古》1991年第5期。
④ 伊克昭盟文物工作站、伊金霍洛旗文物保护管理所：《内蒙古伊金霍洛旗匈奴墓》，《文物》1992年第5期。
⑤ 崔利明：《内蒙古兴和县沟里头匈奴墓》，《考古》1994年第5期。
⑥ 邵国田：《敖汉旗铁匠沟战国墓地调查简报》，《内蒙古文物考古》1992年第1—2期（合刊）。
⑦ 内蒙古文物考古研究所：《内蒙古和林格尔县新店子墓地发掘简报》，《考古》2009年第3期。
⑧ 内蒙古文物考古研究所：《内蒙古凉城县小双古城墓地发掘简报》，《考古》2009年第3期。
⑨ 内蒙古文物考古研究所：《内蒙古凉城县忻州窑子墓地发掘简报》，《考古》2009年第3期。

铜带钩、铜铃、铜扣、云纹牌饰，铁短剑、铁刀、鹤嘴斧[①]。上述考古发现，更有力地支撑了"鄂尔多斯式青铜器起源于鄂尔多斯及其邻近地区"的观点。

3. 研究范围的界定

本书的主旨在于以视知觉和格式塔心理学理论作为学理视角，结合鄂尔多斯及周边地区的自然环境、历史文化，对"鄂尔多斯式青铜器"造型艺术的主题、风格、样式、发展过程、文化内涵、美学特征做系统性研究。然而，如前所述，本书所采用的"鄂尔多斯式青铜器"的称谓，原本"泛指中国境内的、蒙古和乌拉尔以东地区的形似鄂尔多斯地区所发现的，尤在造型与纹饰上常以动物母题为主之青铜器"[②]，但"鄂尔多斯式青铜器"的这种"系""式"类的外延（指地域和其所包括的青铜器类型）仍然过大，如此规模的研究对象，非本书所能驾驭。所以，本书在采用此称谓的同时，需对研究范围做出地理空间方面的界定，即：以鄂尔多斯及其邻近地区出土（征集）的，有可靠来源（依据）的"鄂尔多斯式青铜器"作为本书的研究对象。具体说来，主要是指1958年至2008年间，在内蒙古范家窑子、水涧沟门、速机沟、阿鲁柴登、桃红巴拉、玉隆太、呼鲁斯太、西沟畔、毛庆沟、补洞沟、饮牛沟、崞县窑子、宝亥社、石灰沟、西园、碾房渠、明安木独、沟里头、铁匠沟、新店子、小双古城、忻州窑子、水泉等地出土（或征集）的"鄂尔多斯式青铜器"。如此限定，便于有效结合地理环境与地域文化对鄂尔多斯式青铜器造型做出更全面且客观的研究。同时，作为鄂尔多斯式青铜器发源中心区域的鄂尔多斯及周边地区，处于欧亚草原东端，系与中原农耕文明的交错带，是欧亚草原东端极具典型性的文化样貌。所以，这一限定在具有代表性的同时更具典型意义。当然，这种限定也可能显得保守，但可以在更大程度上保证研究成果的客观性与准确性。

当然，起源于鄂尔多斯及其邻近地区的鄂尔多斯式青铜器也并非处

[①] 内蒙古自治区文物考古研究所：《凉城县水泉东周墓地发掘简报》，《草原文物》2012年第1期。

[②] 李刚：《中国北方青铜器的欧亚草原文化因素》，文物出版社2011年版，第5页。

于封闭、孤立的发展状态。其在发展过程中,不同品类在不同的历史时期,受到来自中原地区或西方青铜器造型的影响,同时也影响着中原与西方的青铜器艺术,这已是不争的事实。所以,关于研究对象的造型特征、发展演变中的外来影响因素也是不可忽略的。

(二)选题缘起

在全球经济一体化的今天,科技的飞速发展使原本广袤的世界变成了一个"地球村",文化的融合与趋同来势汹汹。"许多国家为了不淹没自己的文化主体性,都在努力凸显自己的文化特色,建构自己文化的价值体系。"[①] 这是实现一个民族"文化自信"的重要前提,这种"凸显"与"建构"的动力源自文化自觉,而对民族文化艺术的研究与阐释则是民族文化"凸显"与"建构"的重要基础。

中国是一个多民族国家,56个兄弟民族携手并肩。中华民族的文化是建构于汉、蒙、藏、回等多民族文化基础之上的"共同体"。在长期的密切交往中,各民族文化相互借鉴、相互影响、相互参照,又在保持自身文化特色的基础上,衍生、发展。所以,中华民族宏阔的文化艺术系统,是建立在对多民族文化艺术深入研究与阐释的基础上的。

鄂尔多斯式青铜器是北方民族重要的文化艺术遗存,对鄂尔多斯式青铜器造型艺术的研究,是北方民族文化研究的重要组成部分,是了解早期北方地区社会、宗教、历史、文化的重要现实途径,也是全球化背景下建构宏阔的中华民族文化体系中的重要工作。

鄂尔多斯及北方长城沿线地带与中原农耕文明仅一长城之隔,其自始至终都与中原农耕文明之间存在着密切的交往,却长期保有相对独立、完善的文化体系,诞生了与中原青铜器风格迥异的、以动物纹为主要母题的造型艺术,这是十分有趣又十分值得研究的文化艺术现象。

---

① 方李莉:《走向田野的艺术人类学研究——艺术人类学研究的方法和视角》,《民间文化论坛》2006年第5期。

绪　论

近年来，随着北方游牧文化研究的升温，鄂尔多斯式青铜器为越来越多的人所熟知。我们经常听到的是关于其"精美、奇特、新颖、巧妙、生动"之类的赞叹与描述。那么，这种青铜器造型艺术到底"精美"在哪？"巧妙"在哪？"生动"在哪？又缘何形成如此的风格特征呢？阿恩海姆说："为什么某些风景、逸事和姿势能够'勾起人对往事的回想'呢？其中主要原因，是他们能以某种特殊的媒介，呈现出一种包含着某种真理的有意味的形式。"① 那么，构成鄂尔多斯式青铜器独特造型风格的"特质"是什么？在"精美""巧妙""独特""生动"之类辞藻的泛泛描述下究竟隐藏着怎样的"有意味的形式"？鄂尔多斯式青铜器包藏了怎样的文化内涵？其对北方民族早期的历史、族群精神有着怎样的诠释？北方民族历史文化的发展、演变又对鄂尔多斯式青铜器造型的发展产生了怎样的影响？这一系列的困惑一直是解读北方民族造型艺术进程中的障碍，而基于深入研究的解读才是继承、发展、创新的必要前提条件。因而，本书尝试对鄂尔多斯式青铜器的发展脉络、艺术风格、构成样式、文化内涵、美学特征等问题做深入而系统的研究。

马林诺夫斯基说："一种装饰的动机，一种曲调或一种雕刻物的意义的重要性，决不能在孤立状态，或与其境地隔离之下看得出来。"② 鄂尔多斯式青铜器是北方民族历史发展与演变的重要"鉴证"。对鄂尔多斯式青铜器造型的研究属于北方民族文化研究的一个组成部分。在一定程度上，其也是先秦至两汉时期北方民族文化研究的一个重要切入点。黑格尔说："在艺术作品中，各民族留下了他们最丰富的见解和思想。美的艺术对于了解哲理和宗教往往是一个钥匙，而且对于许多民族来说，是唯一的钥匙。"③ 其实，艺术不仅仅是了解一个民族哲理与宗教的钥匙，对于造型艺术而言，其在一定程度上比史籍更客观、公证地记录（承载）了一个民族的历史与文化。布克哈特曾反复强调："唯有

---

① ［美］鲁道夫·阿恩海姆：《艺术与视知觉》，滕守尧、朱疆源译，四川人民出版社2019年版，第174页。
② ［英］马林诺夫斯基：《文化论》，费孝通译，华夏出版社2001年版，第97页。
③ ［德］黑格尔：《美学》，朱光潜译，商务印书馆1997年版，第10页。

通过艺术这一媒介,(一个时代)最隐秘的信仰和理想才能传递给后人,而只有这种传递方式才是最值得信赖的,因为它并非有意而为。"①"对于一些无文字的民族来说,艺术是他们表达文化、记忆文化、传承文化和学习文化的重要途径,甚至是唯一途径。如果我们不能理解他们的艺术,或者失却了他们的艺术,我们就不可能理解他们的文化。"②先秦至两汉时期,关于北方民族历史文化的记载,仅散见于汉民族历史典籍之中,而且资料相对有限。其中亦难免存在主位视角缺失而产生的文化偏见。所以,对于鄂尔多斯式青铜器造型的研究,也具有重要的文化、历史价值。亦可为新时代北方民族地区的经济发展提供文化支撑。

二　研究现状

由于历史原因,国外学者对于鄂尔多斯式青铜器的研究先于国内。一般来说,针对鄂尔多斯式青铜器的研究,主要集中在考古学领域、民族史学领域、艺术学领域和人类学领域。相比之下,考古学领域研究成果颇丰。其研究主要侧重于青铜器断代、器型演变序列考证、源流关系及文化影响关系的辨析。民族史学领域中的鄂尔多斯式青铜器在"与史互证"的过程中,既获得了历史文化视角的解读,也以"鲜活"的样貌、直观的特点充实并丰富了民族历史、文化内涵。这两个领域(尤其是考古学领域)的研究成果也是从艺术学、人类学视角对鄂尔多斯式青铜器进行研究的重要现实条件。

(一) 国外对于鄂尔多斯式青铜器的研究

1897年,P. Reinecke发表了《中国古代文物与斯基泰西伯利亚古代文物的相互关系》一文,提出斯基泰与西伯利亚地区的族群在很早

---

① Werner Kaegi, Jakob Burckhardt, eine Biographie, Basel, 1947–1982, Ⅲ, p. 347. 转引自曹意强《艺术史的视野》,中国美术学院出版社2007年版,第66页。
② 方李莉:《走向田野的艺术人类学研究——艺术人类学研究的方法和视角》,《民间文化论坛》2006年第5期。

以前就与中国北方民族存在交往与联系。[①] 1913 年，E. Minns 发表《斯基泰人与希腊人》，提出鄂尔多斯式青铜器源自西伯利亚地区。[②] 1928 年 Gregory Borovka 发表《斯基泰艺术》，提出中国北方地区的青铜器受到了斯基泰艺术的影响。[③] 1929 年，M. Rostovtseff 出版《南俄与中国的动物纹艺术风格》，也认为中国北方青铜器的动物纹母题来自遥远的西伯利亚地区。[④] 同年，安特生在《欧亚草原之路》一文中，提出中国北方青铜器应属于斯基泰类型的一个分支。[⑤] 1933 年，A. 萨尔莫尼编辑出版了《卢芹斋收藏的中国——西伯利亚艺术品》[⑥]。1935 年，日本学者江上波夫、水野清一出版了《内蒙古·长城地带》，认为"绥远青铜器"起源于黑海沿岸的斯基泰文化或米努辛斯克盆地的卡拉苏克文化。1945 年，卡尔格伦发表文章《殷代的武器与工具》，提出鄂尔多斯式青铜器来自商文化。[⑦] 1949 年，罗越发表《安阳与西伯利亚出土的武器与工具之比较》，推断中国北方乃至殷墟发现的动物纹饰风格来自卡拉苏克文化。[⑧] 马丽加·金芭塔丝在 1957 年发表的《波罗蒂诺、塞玛和他们的同时代人》，提出中国北方青铜器的兽首刀造型源自西伯利亚。[⑨] 1970 年，美国亚洲博物馆举办了名为《来自东西方的艺术——动物纹饰艺术风格》的展览。[⑩] 1995 年，美国华盛顿举办了名为"中国北部边疆的

[①] P. Reinecke, "Über einige Beziehungen der Alterthumer Chinas zu denen des skythischsibirischen Völkerkreises", *Zeitschrift der Ethnologie*, 1897.

[②] E. Minns, *Scythians and Greeks*, Cambridge, London, 1913.

[③] Gregory Borovka, *Scythian Art*, New York, 1928.

[④] M. Rostovtseff, *The Animal Style in South Russia and China*, Princeton, 1929.

[⑤] J. G. Andersson, "Der Weg über die Steppen", *Bulletin of the Museum of Far Eastern Antiquities*, Vol. 1, 1929.

[⑥] A. Salmony, *Sino-Siberian Art in the Collection of C. T. Loo*, Paris, 1933.

[⑦] B. Karlgren, "Some Weapons and Tools of the Yin Dynasty", *Bulletin of the Museum of Far Eastern Antiquities*, Vol. 17, 1945.

[⑧] Max Loehr, "Tools and Weapons from Anyang and Siberian Analogies", *American Journal of Archaelolgy*, Vol. 53, 1949.

[⑨] Marija Gimbutas, Borodino, "Seima and their Contemporaries", *Proceedings of the Prehistoric Society for 1956*, March, 1957.

[⑩] 王庆宪：《中国古代及海外文献载录中的鄂尔多斯青铜器》，《鄂尔多斯青铜器国际学术研讨会论文集》，科学出版社 2009 年版，第 557 页；Bunker, Emma C. et al., "'Animal Style' Art from East to West", *The Asia Society*, New York, 1970.

商人和掠夺者"的鄂尔多斯青铜器展览会。① 1997年,日本举办了《大草原的骑马民族——中国北方的青铜器》展览会,以鄂尔多斯式青铜器为主要展出内容。② 1997年,艾玛·C.邦克出版《欧亚草原东部的古代青铜器》一书,提出野兽纹艺术的起源应为多点起源,而后又相互影响。③ 1999年,三宅俊彦在《中国古代北方系青铜器文化の研究》中,也提出了类似观点。④

(二)国内对于鄂尔多斯式青铜器的研究

1. 考古学和民族史学领域

1981年,伊克昭盟文物工作站根据中华人民共和国成立以来鄂尔多斯地区考古发掘成果,编撰了《鄂尔多斯文物考古文集》,收录了数篇田广金、郭素新先生撰写的关于鄂尔多斯青铜器的文章和桃红巴拉匈奴墓、西沟畔匈奴墓、阿鲁柴登等遗址的发掘简报。⑤ 1982年,林沄先生对商文化青铜器与北方系青铜器的关系进行了对比研究。⑥ 20世纪90年代,朱永刚先生的硕士毕业论文研究了夏家店上层文化中的青铜器,对其进行了较细致的梳理和描述,并对其族属、其同周围青铜文化的关系进行了探讨。⑦ 1986年,由田广金、郭素新二位先生编著的《鄂尔多斯式青铜器》一书,对鄂尔多斯式青铜器做了系统详尽的梳理、

---

① 王庆宪:《中国古代及海外文献载录中的鄂尔多斯青铜器》,《鄂尔多斯青铜器国际学术研讨会论文集》,科学出版社2009年版,第557页;So, Jenny F., and Emma C. Bunker, *Traders and Raiders on China's Northern Frontier*, Smithsonian Institution, Seattle and London, Diane Pub. Co., 1995.

② 王庆宪:《中国古代及海外文献载录中的鄂尔多斯青铜器》,《鄂尔多斯青铜器国际学术研讨会论文集》,科学出版社2009年版,第557页。

③ Emma C. Bunker, *Ancient Bronzes of the Eastern Eurasian Steppes*, New York, Harry N. Abrams, 1997.

④ 李刚:《中国北方青铜器的欧亚草原文化因素》,文物出版社2011年版,第10页;[日]三宅俊彦:《中国古代北方系青铜器文化の研究》,《国学院大学大学院研究丛书——文学研究科6》,1999年。

⑤ 伊克昭盟文物工作站:《鄂尔多斯文物考古文集》(内部资料),1981年。

⑥ 林沄:《商文化青铜器与北方地区青铜器关系之再研究》,《考古学文化论集》,文物出版社1987年版。

⑦ 朱永刚:《夏家店上层文化的初步研究》,《考古学文化论集》,文物出版社1987年版。

绪　论

分类和研究，完善了鄂尔多斯式青铜器在北方长城沿线地带的发展链条，提出了鄂尔多斯式青铜器就起源于我们北方长城沿线地带的重要观点。[①] 此后，随着我国北方地区考古发掘工作的推进，陆续有关于鄂尔多斯式青铜器的简报或研究论文发表。1996 年，在《环渤海考古国际学术讨论会论文集》中，收录了对东胡、山戎民族与夏家店上层文化社会性质及出土青铜器研究的文章，如郑绍宗先生《山戎民族及其文化考——关于夏家店上层文化社会性质的研究》[②]、林沄先生《东胡与山戎的考古探索》[③] 等文章。1996 年，盖山林先生在《丝绸之路草原民族文化》一书中，按照历史发展顺序，盘点了包括内蒙古中西部地区出土游牧民族青铜器在内的少数民族文化艺术遗存。[④] 2002 年，乌恩先生发表文章论述了我国北方草原地带卷曲成环的动物纹与所谓的"斯基泰—西伯利亚野兽纹"的关系，认为那种不加分析的将北方草原地带卷曲成环的动物纹来源归于斯基泰及西伯利亚地区的做法是应予修正的。[⑤] 2003 年，郭物先生在其著作《马背上的信仰——欧亚草原动物风格艺术》中，将丰提克地区、阿尔泰地区、中国北方地带、蒙古和俄罗斯外贝加尔等地区游牧民族创作的动物风格艺术做"盘点"，探讨了其源流与影响关系，相比其他考古学者的研究，作者比较注重艺术视角的切入、和对其中艺术发展规律的探寻。[⑥] 2003 年，李海荣先生对夏商周时期北方地区出土青铜器的发展轨迹以及分区问题进行了梳理，并对北方地区青铜文化对其他地区青铜文化的影响，进行了研究。[⑦] 同年，林沄先生发表《所谓"青铜骑马造像"的考辨》一文，对"青铜

[①] 田广金、郭素新：《鄂尔多斯式青铜器》，文物出版社 1986 年版。
[②] 郑绍宗：《山戎民族及其文化考——关于夏家店上层文化社会性质的研究》，《环渤海考古国际学术讨论会论文集》，知识出版社 1996 年版。
[③] 林沄：《东胡与山戎的考古探索》，《环渤海考古国际学术讨论会论文集》，知识出版社 1996 年版。
[④] 盖山林：《丝绸之路草原民族文化》，新疆人民出版社 1996 年版。
[⑤] 乌恩岳斯图：《略论欧亚草原早期游牧人艺术中的卷曲动物形象》，《考古》2002 年第 11 期。
[⑥] 郭物：《马背上的信仰——欧亚草原动物风格艺术》，人民美术出版社 2003 年版。
[⑦] 李海荣：《北方地区出土夏商周时期青铜器研究》，文物出版社 2003 年版。

骑马造像"的断代问题进行纠正。① 2004年，杨建华先生在《春秋战国时期中国北方文化带的形成》中，对中国北方地区春秋战国时期各地短剑与饰牌——这两类最具代表性的器物，进行了对比研究。② 2005年，马利清博士在《原匈奴、匈奴历史与文化的考古学探索》一书中，结合历史学与考古学对鄂尔多斯式青铜器做了一定的研究、论述。③ 2006年，鄂尔多斯博物馆出版了精美的《鄂尔多斯青铜器》彩色画册。④ 2007年，乌恩岳斯图先生在《北方草原考古学文化研究：青铜时代至早期铁器时代》一书中，对夏家店下层文化、朱开沟文化、夏家店上层文化、桃红巴拉文化等北方文化遗存中的青铜器做了细致的分类与介绍，对年代分期、渊源、流向与族属问题进行了研究。⑤ 2008年，乌恩先生在《北方草原考古学文化比较研究：青铜时代至早期匈奴时期》一书中，详细论述了长城地带中段，早、中、晚期青铜文化与铁器时代文化的基本特质。⑥ 韩建业先生在《中国西北地区先秦时期的自然环境与文化发展》一书中，将西北地区自然环境与文化发展相结合，书中涉及李家崖文化、桃红巴拉文化中的鄂尔多斯青铜器。⑦ 林沄先生的文章《论欧亚草原的卷曲动物纹》，认为这种纹饰有三个主要的、各自独立的起源地，分别是以内蒙古为中心的东方区、以萨彦—阿尔泰地区为中心的中央区和以黑海北岸及邻近地区为中心的西方区。三地的饰牌造型相互影响，在东哈萨克斯坦地区交会，形成卷曲动物纹造型的整体样貌。⑧ 2008年9月，鄂尔多斯市委、市政府、中国社会科学院考古研究所在鄂尔多斯市举办了"鄂尔多斯青铜器国际学术研讨会"，共收

---

① 林沄：《所谓"青铜骑马造像"的考辨》，《考古与文物》2003年第4期。
② 杨建华：《春秋战国时期中国北方文化带的形成》，文物出版社2004年版。
③ 马利清：《原匈奴、匈奴历史与文化的考古学探索》，内蒙古大学出版社2005年版。
④ 鄂尔多斯博物馆：《鄂尔多斯青铜器》，文物出版社2006年版。
⑤ 乌恩岳斯图：《北方草原考古学文化研究：青铜时代至早期铁器时代》，科学出版社2007年版。
⑥ 乌恩岳斯图：《北方草原考古学文化比较研究：青铜时代至早期匈奴时期》，科学出版社2008年版。
⑦ 韩建业：《中国西北地区先秦时期的自然环境与文化发展》，文物出版社2008年版。
⑧ 林沄：《论欧亚草原的卷曲动物纹》，《林沄学术文集（二）》，科学出版社2009年版，第129—142页。

绪　论

集到来自国内外专家、学者的 47 篇论文，汇集成《鄂尔多斯青铜器国际学术研讨会论文集》[①]，2009 年，由科学出版社出版。其中，收录包括林沄先生《从东黑沟出土的有角神兽饰牌谈起》、朱凤瀚先生《鄂尔多斯地区春秋战国时期青铜器综论》、李健民先生《朱开沟遗址出土的青铜武器及相关问题》、韦心滢教授《论鄂尔多斯铜器中的"云纹"饰牌》、刘国祥先生《鄂尔多斯青铜器的渊源及相关问题探讨》、陈凌先生《鄂尔多斯金冠源流考》、杨泽蒙先生《鄂尔多斯青铜器用途之再认识》、王仁湘先生《鄂尔多斯式铜带扣研究》以及日本学者高滨秀《欧亚草原的非金属牌饰》等极具价值的研究成果。同年，林沄先生发表了《欧亚草原有角神兽牌饰研究》，"分析了欧亚草原地区发现的钩喙有角蹄足动物母题牌饰，认为在草原游牧文化中，这一题材常见且有重要地位"[②]。2011 年，李刚的博士毕业论文，研究了欧亚草原文化与造型元素对中国北方青铜器的影响。[③] 2012 年，三秦出版社出版了《萌芽·成长·融合：东周时期北方青铜文化臻萃》[④]，以精美的高清图片展示了东周时期中国北方的青铜文化。2015 年，韩金秋博士在《夏商西周中原的北方系青铜器研究》[⑤] 一书中，把中原文化中的北方青铜器作为一个独立课题进行研究，从考古学角度探究夏商西周时期，中原与北方青铜器之间的关系。2017 年，杨建华教授在其著作《欧亚草原东部的金属之路：丝绸之路与匈奴联盟的孕育过程》[⑥] 中，讨论了青铜器和金器等金属器的传播与影响，研究了传播者与接受者的互动，并在此基础上展示了丝绸之路以前的草原金属之路。

2. 艺术学与艺术人类学领域

在中国美术史著作中，多有对鄂尔多斯式青铜器的介绍与论述，足

[①] 鄂尔多斯青铜器国际学术研讨会论文集编辑组：《鄂尔多斯青铜器国际学术研讨会论文集》，科学出版社 2009 年版。
[②] 林沄：《欧亚草原有角神兽牌饰研究》，《西域研究》2009 年第 3 期。
[③] 李刚：《中国北方青铜器的欧亚草原文化因素》，文物出版社 2011 年版。
[④] 曹玮：《萌芽·成长·融合：东周时期北方青铜文化臻萃》，三秦出版社 2012 年版。
[⑤] 韩金秋：《夏商西周中原的北方系青铜器研究》，上海古籍出版社 2015 年版。
[⑥] 杨建华、邵会秋、潘玲：《欧亚草原东部的金属之路：丝绸之路与匈奴联盟的孕育过程》，上海古籍出版社 2017 年版。

见其在中国美术史中的地位与艺术价值。此类理论阐述，为本文的写作提供了重要的参考与"定位"依据。例如：1995年，王伯敏先生主编的《中国少数民族美术史》中，在前匈奴和匈奴美术部分，依据历史典籍介绍了"创造"鄂尔多斯青铜器的北方民族生产生活状况，并分类介绍了鄂尔多斯式青铜器。①2001年，陈兆复先生在《中国少数民族美术史》一书的第三章中，以商周至秦汉时期的少数民族美术为题，介绍了北方草原青铜器艺术的造型特征、创造北方青铜器艺术的族群，以及北方草原青铜文化与周边文化的关系。②2006年，李希凡先生主编的《中华艺术通史·夏商周卷》的第五章，对中国夏、商、周三代青铜艺术品做概述时，以中原青铜器为核心，同北方青铜器、南方青铜器的发展、繁盛、衰败阶段进行了比较和论述。③2014年，徐英教授的《中国北方草原游牧民族工艺美术史》中，也论及了北方草原青铜时代匈奴与东胡族的生产生活状况和以青铜饰牌为代表的装饰类手工艺品。④

1982年，盖山林先生发表《阴山匈奴岩画动物纹与鄂尔多斯青铜器动物纹的比较》，对两种媒介下的动物纹遗存进行对比研究，阐述了发展演变进程中二者间的关系。并提出"两种遗物中的动物纹是匈奴人社会经济生活、所处自然环境以及重构意识形态的生动写照，在全部匈奴遗物中占有重要地位。把两种遗物的动物纹结合起来探讨对全面展开匈奴历史的研究无疑是有意义的"⑤。1991年，吴楚克先生结合古代北方游牧民族的地理环境、生存方式、图腾崇拜等要素，从美学角度对鄂尔多斯式青铜器进行了评析。⑥1994年，盖山林先生发表文章认为：看待鄂尔多斯青铜器艺术品不仅要看到"异中之同"，更要看到"同中

---

① 王伯敏：《中国少数民族美术史》，福建美术出版社1995年版。
② 陈兆复：《中国少数民族美术史》，中央民族大学出版社2001年版。
③ 李希凡：《中华艺术通史·夏商周卷》，北京师范大学出版社2006年版。
④ 徐英：《中国北方草原游牧民族工艺美术史》，内蒙古人民出版社2014年版。
⑤ 盖山林：《阴山匈奴岩画动物纹与鄂尔多斯青铜器动物纹的比较》，《内蒙古社会科学》1982年第6期。
⑥ 吴楚克：《鄂尔多斯式青铜器的美学风格》，《内蒙古社会科学》（文史哲版）1991年第1期。

之异",他将鄂尔多斯青铜器艺术细化为东胡系、山戎系、匈奴系、西戎系四个类型,并加以阐述。① 2001年,张景明先生在《从群虎图岩画谈中国北方草原地区的虎纹装饰》中,以乌拉特后旗巴日沟群虎图岩画为例,探究了北方草原地区的虎纹装饰特点和演变过程。② 2002年,黄雪寅先生结合匈奴与鲜卑的发展历史与族群文化,对匈奴与鲜卑族金银器上的动物纹造型进行了比较。③ 2004年,赵志生教授结合北方民族文化,对祖柄勺、"立人柄曲刃剑"、"人面纹护胸牌饰"等北方地区出土的、有别于动物纹主题造型的"另类"青铜器做了造型特征与文化意义方面的研究。④ 2005年,其又将北方民族青铜饰牌中的豹形纹饰与秦代豹形纹瓦当、春秋早期玉虎、秦汉时期盘龙钮进行比较,分析了豹形纹扣饰的造型特征与形式语言。⑤ 张景明先生关注北方青铜器造型背后深层的社会、文化意义,于2006年发表论文阐述了匈奴金银器动物造型的文化象征和其体现出的文化交流情况、经济类型、民族性格、图腾崇拜等文化内涵。⑥ 同年,徐英教授在《中国北方游牧民族造型艺术》一书的第三章中,也研究了北方游牧民族的青铜雕塑与他们生活环境的关系,对创作方法、雕刻工具,以及文化内涵等进行了研究。⑦ 2008年,苏伊乐教授结合北方民族文化特点,对"虎噬马""虎豕咬斗纹"饰牌的造型语言及艺术特征进行分析。⑧ 张景明先生结合历史文献中对北方民族的记载,研究了作为北方游牧民族造型艺术重要题材的虎纹造型的起源、发展及演变过程,并揭示了其所具有的深层

---

① 盖山林:《鄂尔多斯青铜器艺术品的区系类型》,《前沿》1994年第3期。
② 张景明:《从群虎图岩画谈中国北方草原地区的虎纹装饰》,《内蒙古文物考古》2001年第2期。
③ 黄雪寅:《匈奴和鲜卑族金银器的动物纹比较》,《内蒙古文物考古》2002年第2期。
④ 赵志生:《试析中国古代北方民族青铜艺术中的另类造型意象》,《内蒙古大学艺术学院学报》2004年第1期。
⑤ 赵志生:《中国古代北方民族青铜饰牌艺术——豹形纹扣饰的形式语言赏析》,《装饰》2005年第7期。
⑥ 张景明:《匈奴金银器的造型艺术与文化象征》,《民族艺术》2006年第2期。
⑦ 徐英:《中国北方游牧民族造型艺术》,内蒙古大学出版社2006年版。
⑧ 苏伊乐:《试析"虎噬马"、"虎豕咬斗"纹饰牌的造型语言》,《内蒙古大学艺术学院学报》2008年第2期。

文化内涵。①沈爱凤教授关注"野兽纹"的美学价值，2009年，发表文章对"大角鹿""环形和旋转的动物""双马神""猛兽袭击偶蹄目动物""一人双兽"等饰牌的造型特征及起源问题进行了研究。②2010年，张景明先生发表文章，认为"北方游牧民族造型艺术在文化概念上属于工艺文化的范畴，是一种通过某种物质载体表现出来的艺术形式"。要想对其进行深层次的理论研究，则需要艺术学、考古学、文化人类学、历史学、民俗学等多学科的理论支撑，从而构建出一套完整的关于北方游牧民族造型艺术的理论研究体系。③张景明先生运用现代人类学理论对北方游牧民族造型艺术的风格与思想进行分析研究，指出"北方游牧民族造型艺术的价值观念是综合性的，不是泛指哪一个方面，而是在物质文化基础上形成的意识形态"④。2011年，徐英教授发表《欧亚草原游牧民族艺术年表》为人们研究包括鄂尔多斯式青铜器在内的北方民族艺术提供了重要的背景资料。⑤2013年，张景明先生又以艺术学的研究方法为支撑、以人类学的研究方法为主体、辅助以其他学科的研究方法，对北方游牧民族造型艺术进行研究，出版了《中国北方游牧民族的造型艺术与文化表意》一书，在第四章第五节中，对北方游牧民族的青铜器造型艺术进行了研究。⑥2016年，娜莉莎教授发表《鄂尔多斯青铜牌饰的艺术特征》，概括了鄂尔多斯青铜饰牌的部分造型特点，认为鄂尔多斯青铜器的艺术表现特征是在多种文化相互融合、相互影响下才得以形成的。⑦

此外，有些学者注重对北方民族青铜饰牌的叙事性进行研究和

---

① 张景明：《北方游牧民族虎纹装饰与文化内涵》，葛志毅《中国古代社会与思想文化研究论集》第三辑，黑龙江人民出版社2006年版，第294—303页。
② 沈爱凤：《亚欧草原野兽风格若干纹样研究》，《南京艺术学院学报》（美术与设计版）2009年第6期。
③ 张景明：《造型艺术的理论探讨——以北方游牧民族为例》，《大连大学学报》2010年第3期。
④ 张景明：《北方游牧民族造型艺术的风格与思想表述》，《内蒙古社会科学》（汉文版）2010年第3期。
⑤ 徐英：《欧亚草原游牧民族艺术年表》上，《艺术探索》2011年第3期。
⑥ 张景明：《中国北方游牧民族的造型艺术与文化表意》，知识产权出版社2013年版。
⑦ 娜莉莎：《鄂尔多斯青铜牌饰的艺术特征》，《装饰》2016年第8期。

阐释。① 有的学者则注重北方青铜器动物纹同萨满文化之间的关系研究，② 笔者也曾撰文对此问题进行研究。③ 在已有的研究成果中，还可见关于北方青铜器动物纹演变的研究成果，④ 以及对于鸟首、鹿纹、虎纹等做造型与形式特征方面的研究。例如，《青铜时代蒙古高原鹿造型艺术研究》中，部分涉及了对鄂尔多斯青铜器上的鹿造型的研究。⑤《北方草原虎纹青铜纹饰研究》对虎纹进行了图像学的分析及相关文化内涵的探讨。⑥《北方草原游牧文化中的鸟首兽身造型研究》对鸟首兽身造型的来源、特征及影响进行了研究。⑦《鄂尔多斯青铜器中北方草原动物纹样研究》，注意到了鄂尔多斯青铜器动物纹样由文化象征到装饰功能的演变，大致概括了鄂尔多斯青铜器动物纹的审美感受，关注了其对现代装饰图案设计的启示作用。⑧《鄂尔多斯青铜器腰带饰品的装饰艺术研究》对腰带饰品的用法进行了介绍，对动物纹样与审美特征进行了归纳，未对动物造型演变以及深层文化内涵进行研究。⑨

总体来看，考古学界的研究成果已经为我们从艺术学、文化学、民俗学等视角研究鄂尔多斯式青铜器奠定了部分基础。各领域的专家学者也一直在进行研究、探索。我们看到了艺术学领域的学者从造型与形式方面对鄂尔多斯式青铜器的纹饰构造进行研究和阐释；历史学领域的学者们注重对北方民族历史与鄂尔多斯式青铜器艺术造型之间关系的研究；文化学领域的学者们对鄂尔多斯式青铜器造型的主题意义和其与北

---

① 毕晓明：《中国古代北方民族青铜饰牌造型语言的叙事性及特色探析》，《内蒙古大学艺术学院学报》2008年第2期。
② 包桂英：《北方系青铜器动物纹与萨满文化》，《中国艺术》2010年第4期。
③ 陆刚：《鄂尔多斯式青铜器造型主题与北方早期萨满宗教观的内在联系》，《美术大观》2019年第11期。
④ 王雪梅：《匈奴青铜器动物纹饰的艺术流变》，硕士学位论文，西安美术学院，2008年。
⑤ 白嘎丽玛：《青铜时代蒙古高原鹿造型艺术研究》，博士学位论文，内蒙古大学，2012年。
⑥ 杜志东：《北方草原虎纹青铜纹饰研究》，硕士学位论文，中央民族大学，2011年。
⑦ 汪洋：《北方草原游牧文化中的鸟首兽身造型研究》，硕士学位论文，内蒙古大学，2017年。
⑧ 张聪雅：《鄂尔多斯青铜器中北方草原动物纹样研究》，硕士学位论文，内蒙古师范大学，2014年。
⑨ 张美玲：《鄂尔多斯青铜器腰带饰品的装饰艺术研究》，硕士学位论文，内蒙古农业大学，2016年。

方游牧社会经济形态关系进行研究；民俗学领域的学者们注重鄂尔多斯式青铜器所承载的族群信仰、仪式、禁忌等方面的解读；也有学者综括以上各学科优势提出新的关于鄂尔多斯式青铜器研究的方法论。

目前来看，关于鄂尔多斯式青铜器的研究，仍有两方面的问题亟待解决。第一，在"北方（系）青铜器""北方游牧民族造型艺术"等过于宽泛的概念下，缩小研究范围，做出空间与时间两维度的边界限定，对一定地域、一定时间限定下的"鄂尔多斯式青铜器"做"相对封闭"的个案研究。当然，在研究过程中仍需注意其与中原青铜器、卡拉苏克及斯基泰青铜文化的关系问题。第二，徐英教授在提及北方民族造型艺术研究存在的问题时，曾说"大多数学者对于中国北方游牧民族的造型艺术只是一般性的陈说，起于材料的罗列，止于笼统的评介，缺少系统的学科建构和理论反思。因此，在研究的过程中于理论开掘的深度及学术个性的凸显等方面都明显地存在着不足"[①]。鄂尔多斯式青铜器是一个同北方地区气候、环境，同北方民族经济、文化、历史等紧密相连的艺术造型体系。所以，单纯出自艺术学、历史学、文化学、民俗学视角所做的研究，都难得全貌，难以对其做出全面、客观的研究结果。所以，要将鄂尔多斯式青铜器作为一个承载了地域环境特点、地方经济形态、社会历史变迁、民俗规约功能、宗教信仰功能、造型审美功能等多种信息于一身的"文化综合体"进行研究，相互质询也相互印证。截至目前，尚未见到这样的研究成果。

三　研究思路及问题聚焦

（一）研究思路

本书的研究思路是近年来在对北方民族造型艺术研究的过程中逐步形成的。鄂尔多斯式青铜器是承载了政治、经济、艺术、历史、宗教、民俗等大量信息的"综合体"，为避免内容的空泛和结构的散乱，我将

---

① 徐英：《中国北方游牧民族造型艺术研究百年回顾》，《内蒙古大学艺术学院学报》2008年第1期。

"鄂尔多斯式青铜器造型艺术"这一主题划分为五个"模块",即:鄂尔多斯式青铜器生成的自然环境与人文背景;鄂尔多斯式青铜器造型的发展与演变;鄂尔多斯式青铜饰件的构成样式;鄂尔多斯式青铜器造型的文化内涵与美学特征;鄂尔多斯式青铜器的流传。对上述五个"模块"逐一进行系统性研究,以期实现对鄂尔多斯式青铜器造型特征、结构形式及其所承载的民族文化做系统而清晰的呈现。

(二) 问题聚焦

本书在努力还原早期北方长城沿线地带气候环境、经济形态、铜锡矿资源分布、青铜冶炼技术等"现实状况"的基础上,着重解决两个方面的问题:第一是对鄂尔多斯式青铜器不同品类在各个发展阶段的造型语言及构成形式进行研究,聚焦于其独具特色的、有别于其他青铜文化的造型特质、构成样式、规格形制、塑造手法及成型工艺方面的问题;第二,在对上述问题做深入研究的基础上,时时关注"对应时期"居于北方长城沿线地带(尤其是内蒙古中南部地区)的北方民族政治、经济、军事、文化、宗教等方面的存在状态及发展与演变情况,进行相应的整理和描述,聚焦于鄂尔多斯式青铜器造型风格的形成,造型语言、构成形式的发展、演变同北方社会政治、经济、文化的深层对应关系,以在更加宏大而全面的背景下揭示鄂尔多斯式青铜器的文化内涵、探究鄂尔多斯式青铜器所具备的较为典型的美学特征,这种文化内涵与美学特征也正是我国古代北方民族历史文化的重要组成部分,也是对古代北方民族历史与文化精神的、来自"艺术学视角"的解读。

四 研究内容及研究方法

(一) 研究内容

本书的研究内容可概括为以下五个方面。第一,结合考古学、地质学以及历史学等相关文献资料,努力还原鄂尔多斯式青铜器生成的自然环境与人文背景。第二,从纹饰主题、艺术风格、造型手法、构成样式、材料选择、制作工艺、规格形制等方面,探求鄂尔多斯式青铜器各品类在各个时期的典型样貌。关注发展演变的节点，做深入的研究和客观的描述，揭示鄂尔多斯式青铜器不同品类造型的发展、演变过程。第三，结合艺术创作规律、运用相关的视知觉动力理论，对鄂尔多斯式青铜器的造型特征与构成样式进行分析。揭示其"独特风格"的构成方式，亦即隐藏其背后的"有意味的形式"。第四，根据对鄂尔多斯式青铜器造型语言与形式问题的研究结果，以格式塔心理学作为学理视角，结合古代北方民族的政治、经济、文化形态，探究鄂尔多斯式青铜器的文化内涵、揭示其较为典型的美学特征。第五，探究鄂尔多斯式青铜器在中国北方地区、在中原地区以及在欧亚草原中西部地区的流传情况。

（二）研究方法

"北方系青铜器""鄂尔多斯式青铜器"的概念一般指包括中国北部边疆、蒙古高原、西伯利亚以及阿尔泰地区的青铜文化遗存。这种"系""式"类的概念过于宽泛，根据本书的研究宗旨，首先要划定研究范围：第一，确定地域范围，即以北方长城沿线中部与东部地区为主要研究区域，尤其是鄂尔多斯所在的内蒙古中南部地区；第二，确定研究对象，即整理出以鄂尔多斯及北方长城沿线地带出土或收集到（经考古学界确认）的鄂尔多斯式青铜器作为主要研究对象。

以文献研究和田野调查作为研究基础。文献研究工作主要可分为两个方面：一是全面且深入研读关于鄂尔多斯式青铜器的考古学文献资料；二是大量研读鄂尔多斯及北方长城沿线地带（即鄂尔多斯式青铜器在欧亚草原东端的主要出土区域）的地理、历史等方面文献，以及关于古代北方民族经济、民俗、宗教等方面的文献资料。

田野调查主要集中在两类区域（场所）。

一是博物馆，这是研究古代造型艺术最主要、最直接又最可靠的工作路径，将文献资料与博物馆中的实物相对照，既可质疑，又可印证，更易于发现新的问题，产生实质性的成果，从而避免那种"从文字中来，到文字中去"的研究方式所造成的空泛与浮华。

我将田野调查的第二类区域设定为鄂尔多斯式青铜文化遗存的主要出土（收集）地，例如：鄂尔多斯杭锦旗阿门其日格公社（桃红巴拉墓群所在地，匈奴王金冠亦出现于此）、准格尔旗布尔陶亥公社（西沟畔匈奴墓的发现地）、凉城县永兴公社（毛庆沟墓地所在地）和林格尔的范家窑子等地。此类区域的田野调查工作的主要目的有两个：首先，考察鄂尔多斯青铜文化遗存出土地的生态环境与地形地貌，了解鄂尔多斯式青铜器产生地的地域环境特征；第二，在上述区域考察牧民的生活方式、丧葬仪式、禁忌习俗，以及牧民在长期的畜牧生活中所形成的"一般性"（共性）心理特点。这项田野工作所形成的认知，对鄂尔多斯式青铜器造型艺术研究产生了极大的帮助。

如前所述，鄂尔多斯式青铜器是凝结了古代北方游牧民族自然环境、生业模式、宗教信仰、禁忌习俗等众多信息于一体的青铜造型艺术，具有独特的艺术风格与造型特征。在从环境、经济、历史、文化等方面对鄂尔多斯式青铜器进行研究的同时，更要注重对作为"本体"的鄂尔多斯式青铜器的表现主题、塑造手法、构成形式、规格形制、成型工艺以及文化内涵做研究与阐释。为了获得切实而客观的研究成果，此部分的研究将以相关的视知觉动力理论作为学理视角，并结合一定的符号学知识进行研究。在本书的研究中，需要借助电脑合成图像对个别青铜器的研究结果进行阐释，以求直观、明了。

第一章

鄂尔多斯式青铜器生成的自然环境与人文背景

恩格斯在《在马克思墓前的讲话》中说："马克思发现了人类历史的发展规律，即历来为繁茂芜杂的意识形态所掩盖着的一个简单的事实：人们首先必须吃、喝、住、穿，然后才能从事政治、科学、艺术、宗教等等。"[1] 艺术，无论是在发生、发展过程方面，还是在创作主题、表现风格、成型工艺、制作材料方面无不与其所处自然环境、经济基础、人文环境等背景因素紧密相关。丹纳说："（艺术）作品的产生取决于时代精神和周围的风俗……没有一个例子不符合这个规律；在我们所研究的全部事实中，这规律不但在大体上正确，而且细节也正确，不但符合重要宗派的出现和消灭，而且符合艺术的一切变化一切波动。"[2] 所以，关于鄂尔多斯式青铜器艺术造型的研究，首先要研究其生成的自然环境与人文背景。

截至目前，考古发掘资料显示年代最早的鄂尔多斯式青铜器当数发现于朱开沟文化第五阶段的铜刀和铜短剑（图1.1）[3]，年代应为商代早期（约公元前15世纪）。该阶段除了出土铜刀、短剑、铜鍪、耳环、项饰等土著青铜器外，也出土了属于中原文化系统的鼎、爵、戈等青铜

---

[1] 《马克思恩格斯选集》第3卷，人民出版社1972年版，第574页。
[2] ［法］丹纳：《艺术哲学》，傅雷译，江苏凤凰文艺出版社2017年版，第27页。
[3] 内蒙古自治区文物考古研究所：《朱开沟：青铜时代早期遗址发掘报告》，文物出版社2000年版，图版三十。

器（图1.2）①。燕山南麓的大坨头文化和位于辽西的夏家店下层文化与朱开沟文化同属北方长城地带早期青铜文化，年代为夏至商代中后期（约公元前20—前13世纪）。夏家店下层遗址中未发现鄂尔多斯式青铜器。大坨头文化的围坊、张家园、雪山遗址发现了具备北方草原铜刀造型特征的早期铜刀，有的刀背呈弧形、有的刀尖上翘，有学者认为其属于北方草原铜刀的早期形态，但出土铜刀均已残断。

商代晚期至西周早期（公元前13—前11世纪），北方长城地带青铜文化中期的代表性遗存当数李家崖文化、围坊三期文化和魏营子文化。② 有考古学者认为李家崖文化是朱开沟文化南移的结果，是朱开沟文化的延续。③ 李家崖古城遗址位于陕西省清涧县高杰乡李家崖村西，在黄河以西4.5公里，紧邻无定河。④ 李家崖文化遗址发掘（或征集）到的青铜器可分为三类：殷墟式、混合式和土著式。所谓"混合式铜器"即为本地铸造的，将商周青铜器造型与本地流行文化元素相结合的、在商周青铜器中未有之新器型，例如直线纹簋、龙纹觥、带铃的觚和豆等，这类青铜器主要出自山西省石楼县的二郎坡、后兰家沟、桃花庄、义牒村，永和县下辛角村，陕西省绥德县墕头村、后任家沟村

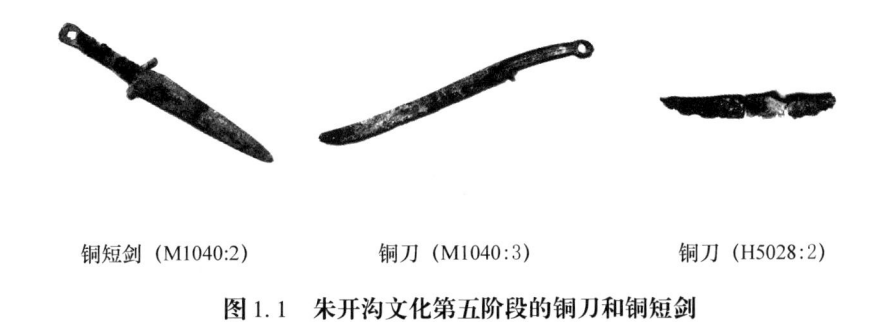

铜短剑（M1040:2）　　　铜刀（M1040:3）　　　铜刀（H5028:2）

图1.1 朱开沟文化第五阶段的铜刀和铜短剑

---

① 内蒙古自治区文物考古研究所：《朱开沟：青铜时代早期遗址发掘报告》，文物出版社2000年版，图版29、31。
② 乌恩岳斯图：《北方草原考古学文化比较研究：青铜时代至早期匈奴时期》，科学出版社2008年版，第14页。
③ 田广金：《中国北方系青铜器文化和类型的初步研究》，《考古学文化论集》第4辑，文物出版社1997年版，第275—276页。
④ 吕智荣：《陕西清涧李家崖古城址陶文考释》，《考古与文物》1987年第3期。

铜鼎（H5028:4）

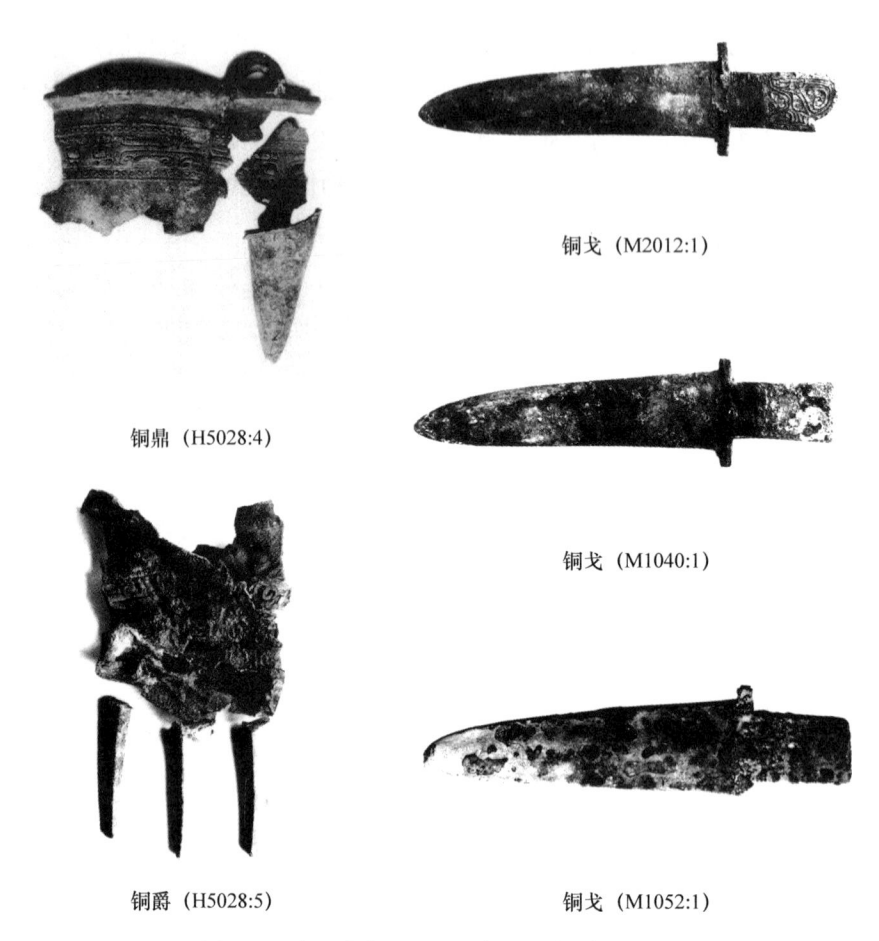

铜戈（M2012:1）

铜戈（M1040:1）

铜爵（H5028:5）

铜戈（M1052:1）

图1.2　朱开沟文化出土的铜鼎、铜爵、铜戈

等地。李家崖最具代表性的是土著式铜器，例如短剑、管銎斧、铜刀（包括兽首刀、环首刀、三銎刀）、蛇首匕、铜勺（如羊首勺、蛇首勺）等（图1.3）[①]，均是典型的鄂尔多斯式青铜器造型风格。这些青铜器主要发现于山西省石楼县义牒村、曹家垣外庄村、曹家垣村，柳林县高红村，吉县上东村五个地点。

[①] 乌恩岳斯图：《北方草原考古学文化研究：青铜时代至早期铁器时代》，科学出版社2007年版，第152—153页，图六八、图六九。

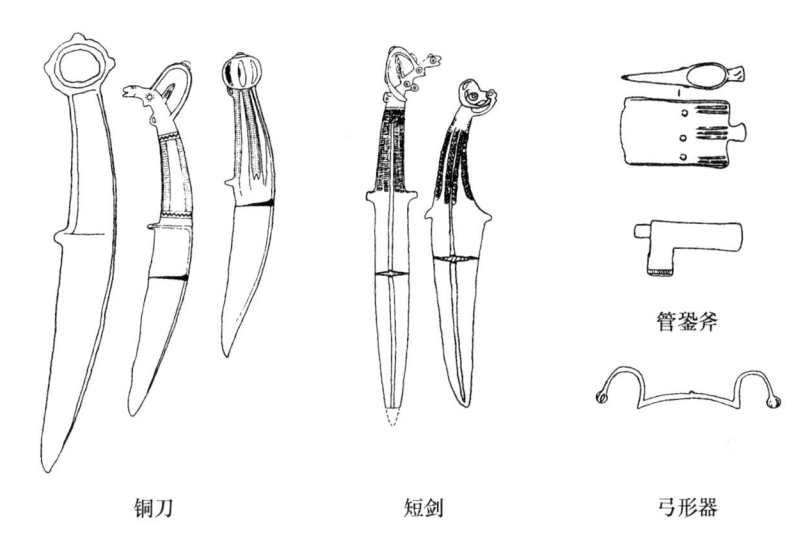

第一章　鄂尔多斯式青铜器生成的自然环境与人文背景

铜刀　　　　　　短剑　　　　　弓形器

图 1.3　李家崖遗址发掘的短剑、管銎斧、铜刀、蛇首匕、铜勺

围坊三期文化位于天津市蓟县城东 2.5 公里的翠屏湖畔①。考古学界认为其是大坨头文化在商周之际（公元前 13—前 11 世纪）的发展和延续，重点遗址有北京市平谷区的刘家河遗址、河北省青龙县王厂乡的抄道沟铜器窖藏、河北省卢龙县双望乡的双望遗址和东闸各庄遗址、唐山市古冶镇北寺村的古冶遗址、玉田县东蒙各庄遗址、迁安市小山东庄墓葬、易县北福地遗址等、天津市宝坻县歇马台遗址。与李家崖文化发现的青铜器相比，围坊三期文化出土的青铜器主要包括商周青铜器和土著青铜器两类，未见"混合式"青铜器造型。围坊三期文化发现的源于本土文化的所谓"土著式"青铜器主要有铜刀、短剑、啄戈、管銎斧、弓形器和铜耳环等（图 1.4）②。

魏营子文化遗址位于辽宁省朝阳县以南 70 公里，小凌河支流河畔，年代应为殷至西周早期（公元前 13—前 10 世纪）。③ 由于魏营子文化是

---

① 天津市文物管理处考古队：《天津蓟县围坊遗址发掘报告》，《考古》1983 年第 10 期。
② 乌恩岳斯图：《北方草原考古学文化研究：青铜时代至早期铁器时代》，科学出版社 2007 年版，第 127 页，图五七：围坊三期文化青铜器。
③ 辽宁省博物馆文物工作队：《辽宁朝阳魏营子西周墓和古遗址》，《考古》1977 年第 5 期。

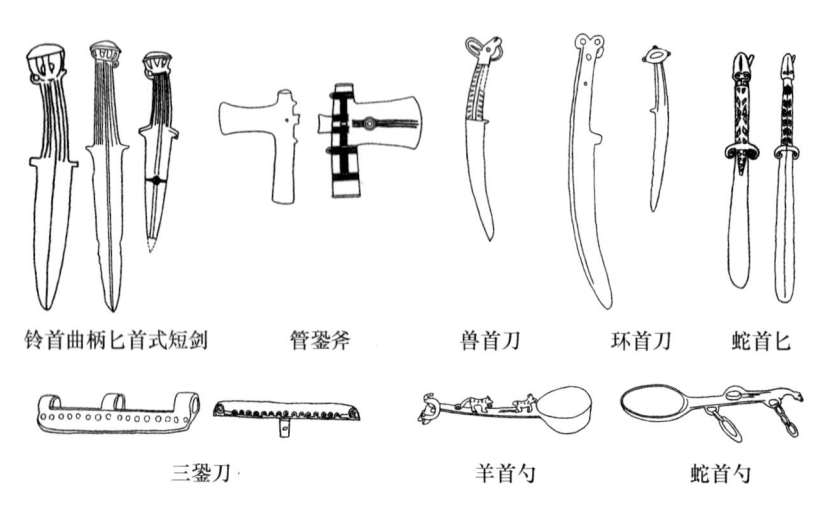

铃首曲柄匕首式短剑　　管銎斧　　兽首刀　　环首刀　　蛇首匕

三銎刀　　　　　　羊首勺　　蛇首勺

图1.4　围坊三期文化发现的"土著式"青铜器

在老哈河与大、小凌河流域的夏家店下层文化分布区内形成的，且考古资料显示二者间在文化上具有紧密的内在联系，故很多学者认为魏营子文化是在夏家店下层文化的基础上形成的，属于夏家店下层文化的延续。魏营子文化具有发达的青铜器制造业，出土青铜器种类较丰富，但仍可看出其明显分属商周式青铜器与土著式青铜器两类。土著式青铜器主要有铜刀、短剑、管銎斧、啄戈、耳环、羊头饰、联珠形饰等（图1.5）[①]。魏营子文化发掘出的土著式青铜器铸造工艺相对纯熟，铜刀、短剑造型以及动物纹饰具备了一定的北方民族文化特征。只是，表现主题相对贫乏，构造形式与造型语言均比较单一。

"长城地带中段青铜文化晚期以夏家店上层文化、十二台营子文化和张家园上层文化为代表。年代相当于西周中期至春秋中期（公元前10—前7世纪）。"[②] 夏家店文化因夏家店遗址的发掘而得名。夏家店上、下层文化的命名，是由中国科学院考古研究所内蒙古工作队于

[①] 乌恩岳斯图：《北方草原考古学文化研究：青铜时代至早期铁器时代》，科学出版社2007年版，第103—104页，图四八、图四九。

[②] 乌恩岳斯图：《北方草原考古学文化比较研究：青铜时代至早期匈奴时期》，科学出版社2008年版，第14页。

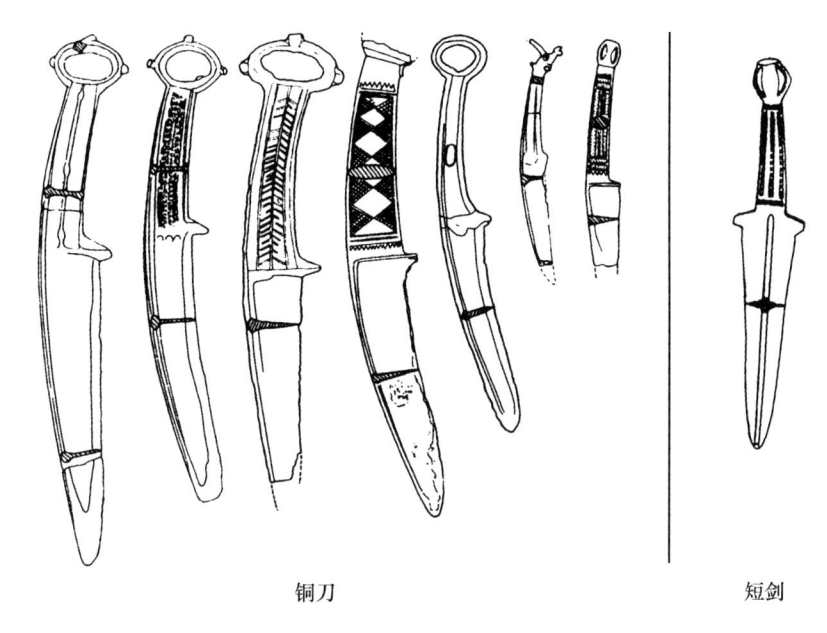

第一章　鄂尔多斯式青铜器生成的自然环境与人文背景

　　　　　　铜刀　　　　　　　　　　短剑

图1.5　魏营子文化出土的"土著式"青铜器

1959年在赤峰地区调查，并于1960年春试掘药王庙和夏家店遗址后提出的。[①] 夏家店下层文化和夏家店上层文化分别具有不同的文化内涵，并且二者间并未发现明显的继承关系。夏家店上层文化中发现了鄂尔多斯式青铜器。早期龙头山类型青铜器中发现有卧鹿纹饰牌和连珠形铜饰件，属于鄂尔多斯式青铜器饰牌（件）的早期形态。到了夏家店上层文化的中、后期，青铜器种类逐渐增多，表现的主题也较前期丰富了些，风格特征日益明显，制作工艺水平也有所提升。在此文化遗存中，不只有兽首刀、环兽刀，还出现了以柄首塑造虎、羊等动物造型的短剑，同时，一些铜刀、短剑的柄部出现了多种动物主题的浮雕装饰及抽象装饰纹样。晚期的一些铜饰牌（或饰件）上，出现了虎、鹰、鹿、羊、马等造型。在杖首和短剑柄部亦可见以人物为主题的造型，在南山

---

　　① 中国科学院考古研究所内蒙古工作队：《赤峰药王庙、夏家店遗址试掘报告》，《考古学报》1974年第1期。

31

根遗址 M3 出土的环形饰上，还塑造着人物骑马追逐野兔的"场景式"造型（图1.6）①。

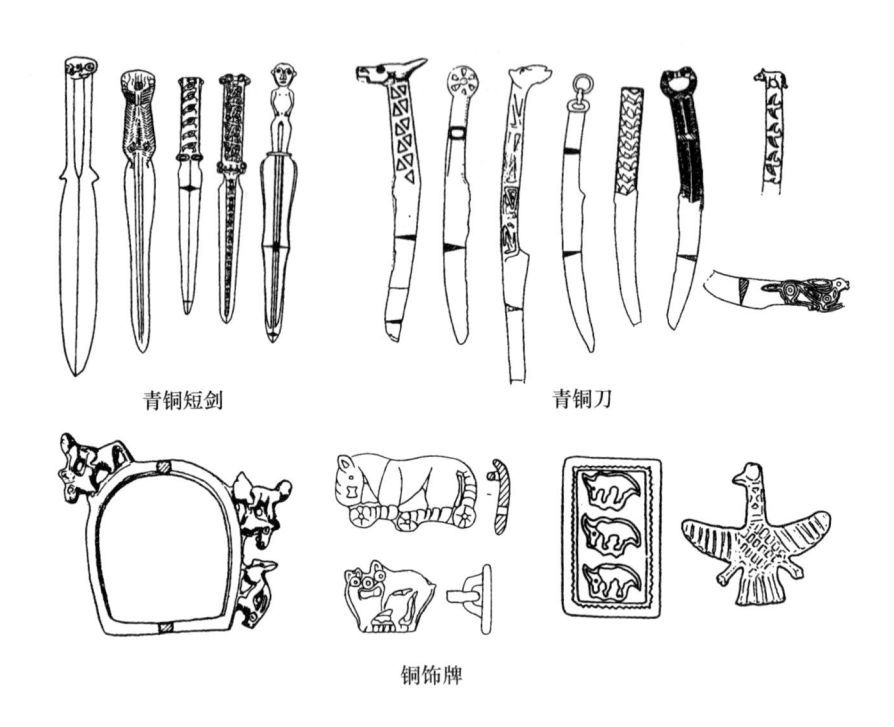

青铜短剑　　　　　青铜刀

铜饰牌

图1.6　夏家店上层文化出土的青铜器

十二台营子文化位于辽宁省朝阳县西南约 12.5 公里处，北邻大凌河。② 十二台营子文化与魏营子文化分布于同一地域，前后年代相接，所以考古学界多认为其是魏营子文化的延续，但在发展过程中又受到夏家店上层文化的影响。十二台营子文化中的青铜器种类繁多，例如短茎式曲刃短剑、銎柄曲刃短剑、盔、甲叶、矛、铜镞、铜銮铃、铜节约、车軎、铜马衔、马镳、齿柄铜刀、铜斧、锤斧、铜锥、铜凿、青铜牌饰、镜形饰、双尾形饰（双珠兽头饰）、联珠形饰、管状饰、盾形饰、

---

① 乌恩岳斯图：《北方草原考古学文化研究：青铜时代至早期铁器时代》，科学出版社 2007 年版，图八五、图八七、图九一。
② 朱贵：《辽宁朝阳十二台营子青铜短剑墓》，《考古学报》1960 年第 1 期。

第一章　鄂尔多斯式青铜器生成的自然环境与人文背景

铃形饰、项环等。其中，特征最鲜明且最能够代表地域文化的要数牌饰或器具上装饰的动物纹造型，造型主题也比较广泛，有虎、鹿、狼、蛇、蛙、鸟、鳄鱼、人等主题（图1.7）①。

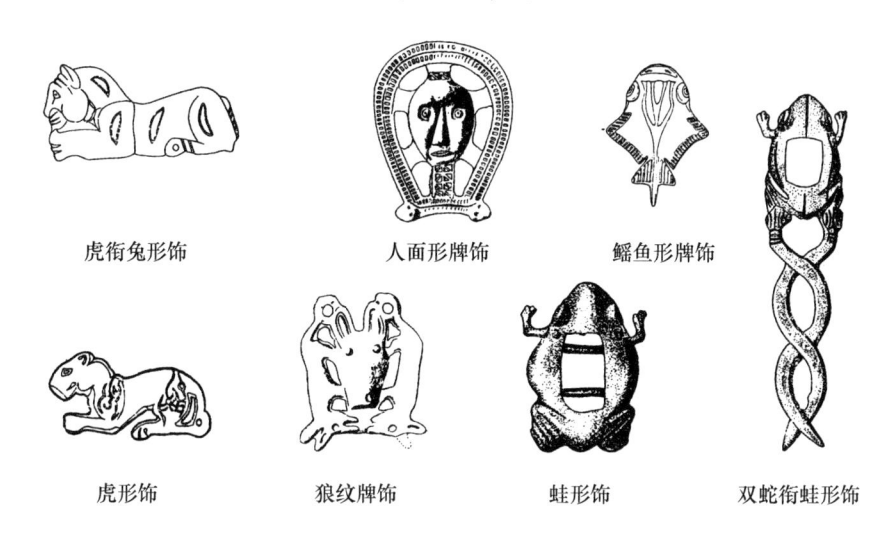

虎衔兔形饰　　人面形牌饰　　鳄鱼形牌饰

虎形饰　　狼纹牌饰　　蛙形饰　　双蛇衔蛙形饰

图1.7　十二台营子文化出土的牌饰或器具上装饰的动物纹造型

张家园遗址位于天津蓟县县城西北20公里处，小沙河以西，北邻燕山余脉，是天津地区古遗址中比较重要的一处。② 年代应为公元前11至前8世纪。"张家园上层文化是围坊三期文化的延续。"③ 在青铜器种类、造型以及铸造工艺方面都较围坊三期文化有进一步的发展。出土青铜器的种类有铜刀、短剑、铜斧、铜凿、铜锥、管銎戈、管銎斧、铜镞、铜匙、鼎、镜形饰、耳环、泡饰、鸭形饰等。

田广金先生提出的"鄂尔多斯式青铜器应起源于鄂尔多斯及其邻近地区"④的观点，得到了包括乌恩岳斯图先生在内的众多学者的支持，并且越来越多的考古发掘资料正成为这种"本土起源说"的有力佐证。

---

① 乌恩岳斯图：《北方草原考古学文化研究：青铜时代至早期铁器时代》，科学出版社2007年版，图一一〇。
② 天津市历史博物馆考古队：《天津蓟县张家园遗址第二次发掘》，《考古》1984年第8期。
③ 乌恩岳斯图：《北方草原考古学文化研究：青铜时代至早期铁器时代》，科学出版社2007年版，第270页。
④ 田广金、郭素新：《鄂尔多斯式青铜器》，文物出版社1986年版，第191—195页。

早期鄂尔多斯式青铜器相对集中发现于鄂尔多斯及陕北部分地区、燕山南麓（包括燕山山地）以及辽西（包括内蒙古东南部）地区。鄂尔多斯及陕北部分地区以朱开沟文化和李家崖文化为代表，但目前来看，李家崖文化之后，此区域在西周时期（公元前10—前7世纪）关于鄂尔多斯式青铜器的代表性文化遗存尚有待发现。燕山南麓及燕山山地区域从夏商至春秋初的文化遗存以大坨头文化、围坊三期文化和张家园上层文化为代表，三者间具有紧密的文化承续关系，且均发现鄂尔多斯式青铜器。辽西地区从夏商至春秋时期的文化遗存以夏家店下层文化、魏营子文化、夏家店上层文化和十二台营子文化为代表，除了最早的夏家店下层文化未发现鄂尔多斯式青铜器，其余皆有发现。依照时间发展顺序来看，从夏商至春秋初期，这三个区域的文化遗存中所发现的鄂尔多斯式青铜器均呈逐步发展、繁盛态势，体现在三个方面：品类逐渐增多、主题越发丰富、工艺越发精良。

从上述鄂尔多斯式青铜器的考古发掘情况以及造型演变状况来看，早商至春秋初期（也可能延至中期）的这段时间里，鄂尔多斯式青铜器在品类、主题、风格等方面已初步形成了北方民族青铜文化的基本造型特征，将这一漫长的历史时期视为鄂尔多斯式青铜器的起源阶段似乎是无可非议的。所以，春秋以前北方长城沿线地带的自然条件、经济状况、社会文化以及铜锡矿的开采、青铜冶炼与铸造技术水平等问题就值得我们进行认真的梳理和描述，以尽量将鄂尔多斯式青铜器造型艺术"还原"于其产生的"原生"环境当中，进行研究。

第一节　生态环境与经济形态

一　北方长城沿线地带早期的气候状况

从目前已有资料来看，早期鄂尔多斯式青铜器的发现地点主要为北方长城沿线地带。中段有内蒙古伊金霍洛旗的朱开沟文化遗址，东有赤峰夏家店文化遗址、燕山南麓及燕山山地的大坨头文化遗址。内蒙古中南部与辽西地区沿北方长城地带相距2000余里，此间亦应有对应时期的相关文化遗存有待发掘。地理研究工作者比较注重生态脆弱、对环境演变敏感地区的研究，考古学亦注重揭示环境与古文化之间的关系，而对我国古代造型艺术的研究同样需要注重其与地域生态和自然环境之间的内在关联，尤其是对北方长城沿线地带的鄂尔多斯式青铜器所作的研究。

中国北方长城沿线地带是我国北方由半湿润向干旱过渡的半干旱地区，属于北方农、牧文明的交错地带，生态环境比较脆弱，对自然环境的变化尤其敏感，物质文化演变活跃，被视为地理环境演变的敏感地带和全球环境危机地带之一。①

朱开沟遗址位于北纬39°6′、东经110°3′，处于鄂尔多斯高原东部。夏家店遗址位于北纬41°—45°、东经117°—124°。虽然距离遥远、所处经纬度亦有差异，但北方长城沿线地带却在诸多方面呈现出极大的一致性。

童恩正先生认为，从大兴安岭南段至鄂尔多斯，再到黄河上游的河湟一带，再到青藏高原东南部这一半月形地带，从东北到西南海拔高度呈阶梯状递增之势。"呈现出一种纬度高地形低、地形高纬度低的互为补偿的自然条件。这就使本地区的太阳辐射、气温、降水量、湿润程度、植物生长周期、动植物资源等方面具有相当的一致性。"②虽然局地间存在地形、地貌、气温、降雨量、太阳辐射年总数等方面的差异，但北方长城地带纬度与地形间的互补关系总体上确保了这一半月形地带气候的一致性。

6000—5000a B.P. 所出现的高于现今2—4米的海平面证明了全新世大暖期的存在。③对鄂尔多斯西南部地区大量沉积剖面的孢粉、化学元素与沉积相分析结果表明，仰韶时代的内蒙古中部地区总体上气候由干冷向暖湿转变。在6000a B.P. 前后，在长城地带中段形成了最有利于早期农业发展的气候条件。④虽然局地因平均气温和降雨量方面的差

---

① 田广金、史培军：《中国北方长城地带环境考古学的初步研究》，《内蒙古文物考古》1997年第2期。
② 童恩正：《试论我国从东北至西南的边地半月形文化传播带》，《童恩正文集·学术系列：南方文明》，重庆出版社1998年版，第584页。
③ 张景文、焦文强、李桂英：《^{14}C 年代测定与中国海路变迁研究的进展》，《第一次全国^{14}C 学术会议文集》，科学出版社1984年版，第153页。
④ 田广金、史培军：《内蒙古中南部原始文化的环境考古研究》，《内蒙古中南部原始文化研究文集》，海洋出版社1991年版，第123—129页。

异，导致其农业发展水平高低有别，但总体上看内蒙古中部地区在仰韶时代出现的暖湿气候是此地农业文化发展的首要前提。对赤峰市北部沙地古土壤、植被、孢粉组合的研究表明，该地区早期三个暖湿气候阶段分别发生在 8000—5000a B.P.、3000—4000a B.P.、1000—2000a B.P.，这三个阶段沙地土壤和植被发育良好。① 其中，8000—5000a B.P. 的气候状况与鄂尔多斯地区仰韶时代的气候状况是总体一致的。

不可否认，全新世大暖期的形成，是北方长城沿线这一绵延千里的半月形地带出现农耕文明的重要条件。大暖期到来之际的内蒙古中部地区，中原农业居民从不同通道涌入这片适宜耕作的土地，在河套地区形成了阿善一期文化遗存，在岱海地区形成了庙子沟文化类型，在鄂尔多斯高原东部形成了海生不浪文化类型。② 环境考古学将北方长城沿线，这一由东北向西南方向的半月形农牧交错带划分为东西两部分，以大同至集宁再到二连浩特一线为分界。这条分界线东、西两部分地区的古土壤发育序列存在一定的差异，遂有农耕文明发展不均衡现象，主要原因在于局地地质条件差异和周边文化影响不同，但东西两部分地区基本都在相同时间段出现了适宜农耕的全新世温暖、湿润环境。

大约4000a B.P.，北方长城沿线地带陆续出现了气候由温湿向干冷转化的过程，降水量逐步下降。中段地区朱开沟遗址孢粉分析结果显示：第四段、第五段的木本植物主要为松、杉，草本以蒿、藜为主，耐寒、耐干旱的特性证明该区域气温降低与降水量下降的气候状况，这种植物构成情况已初现草原地带的景观特征。③ 陇西葫芦河流域古环境研究也反映出，北方长城沿线西段4000a B.P. 气温开始逐渐下降、降水量持续减少，这种气候"干冷化"的状况在东周时期表现得尤为突出。④ 但同时

---

① 武吉华、郑新生：《中国北方农牧交错带（赤峰市沙区）8000年来土壤和植被演变初探》，《中国北方农牧交错带全新世环境演变及预测》，地质出版社1992年版，第69页。
② 林沄：《中国北方长城地带游牧文化带的形成过程》，《林沄学术文集（二）》，科学出版社2009年版，第43页；田广金：《内蒙古中南部仰韶时代文化遗存研究》，《内蒙古中南部原始文化研究文集》，海洋出版社1991年版，第83页。
③ 内蒙古自治区文物考古研究所：《朱开沟：青铜时代早期遗址发掘报告》，文物出版社2000年版，第287页。
④ 李非、李水城、水涛：《葫芦河流域的古文化与古环境》，《考古》1993年第9期。

期处于长城沿线东段气候仍以温湿为主。虽然，在4000a B. P. 曾出现过风沙活动的强烈时期。[1]但风沙强烈期并不意味着气候由此转冷，也未对该区域的农耕环境产生过大影响。此地气候向"干冷化"的转变大约是从3500a B. P. 开始的。[2]或许正是由于辽西地区暖湿气候持续时间相对较长（即干冷化进程较中部区缓慢），农耕经济及建立其上的农业文化得以持续，夏家店下层文化中才未出现鄂尔多斯式青铜器，而一直到魏营子文化时期才出现。

虽然存在局地气候差异，但总体来看4000a B. P. 的这一时间节点仍可视为北方长城沿线半月地带由暖湿向干冷气候转变的"拐点"。从4000a B. P. 开始，干冷气候逐步发展，鄂尔多斯达拉特旗瓦窑砖瓦厂剖面沉积环境研究结果显示，在6500—2000a B. P. 鄂尔多斯地区气候转为温凉，在2000a B. P. 以来，延续了早期的温凉气候，但之后的强风使气候干燥度增大，逐渐发展成现今的库布齐沙漠。[3]孢粉分析显示辽西地区古环境在中全新世后段，干冷气候持续了近1000年，[4]气候转变的节点可能为3500a B. P. 。

总体看来，在6000—5000a B. P. （夏朝以前），北方长城沿线地带的气候条件属暖湿气候，年平均气温偏高且降雨量较充足，适合农业发展。自4000a B. P. 起，一些地区陆续出现气候由温湿向干冷转化的迹象。一般来说，孢粉分析局地气候转化的年代范围会相对精准。但对于北方长城沿线地带来说，绵延2000余里的空间范围，气候"干冷化"的时间必然存在一定差异。例如，晚全新世气温下降导致长城中段地区以木本松树、桦树、草本藜、蒿为主要植物组合，但东部赤峰地区存在少量阔叶树种，气候条件略好。[5]表明该地区气候"干冷化"的进程慢

---

[1] 武吉华、郑新生：《中国北方农牧交错带（赤峰市沙区）8000年来土壤和植被演变初探》，《中国北方农牧交错带全新世环境演变及预测》，地质出版社1992年版，第69页。
[2] 朴真浩：《夏家店下层文化聚落、经济与社会形态研究》，博士学位论文，中国社会科学院大学（研究生院），2020年。
[3] 张宗祜等：《中国北方晚更新世以来地质环境演化与未来生存环境变化趋势预测》，地质出版社1999年版，第54—59页。
[4] 朴真浩：《夏家店下层文化聚落、经济与社会形态研究》，博士学位论文，中国社会科学院大学（研究生院），2020年。
[5] 降廷梅：《内蒙古农牧交错带全新世孢粉组合及植被探讨》，《中国北方农牧交错带全新世环境演变及预测》，地质出版社1992年版，第84页。

于中段地区。所以,"北方长城沿线地带"这一概念下,气候由温湿向干冷转变的时间,定然是一个相对漫长的"阶段性"概念。当北方长城沿线诸地气候陆续转为干冷之后,这种气候又持续了近1000年的时间,从3500a B.P.持续到2500a B.P.。内蒙古察右前旗黄旗海盆地八台沟剖面孢粉分析、黏土矿物分析以及历史资料分析数据表明,黄旗海地区在2600—2200a B.P.(春秋后期与战国时期)的气候特征表现为气温偏低、降雨稍多,在2200—1700a B.P.(秦汉时期)为温暖、干旱的气候特征。① 所以,总体上在2600—1700a B.P.,长城沿线中段的气候与前一阶段相比,又转向温湿、稍适宜农耕。再结合童恩正先生提出的北方长城"新月形"地带地形与纬度互补的观点,整个北方长城沿线地带的气候状况也应该比较接近。当然,局地也可能会出现短期的异常气候,例如赤峰北部沙地在2000a B.P.前后曾出现干冷气候,风沙活动强烈。② 但整体上在2500a B.P.以后的近1000年中,气候是偏向于暖湿的。

二 北方长城沿线地带早期的经济形态

对于艺术造型和艺术现象的研究来说,没有只关心造型本身或现象本身的研究方法,尤其针对已成为历史的艺术造型或艺术现象。要想得到切实的、有价值的研究成果,就势必要将这种艺术造型与艺术现象视为与自然环境、人文景观、生产生活诸要素有机统一的动态研究对象。如前所述,北方长城沿线地带属于典型的农、牧文明交错地带,对气候环境的变化极其敏感。在这一区域中,气候环境的变化在极大程度上决定着社会形态的演变。而社会形态是我们研究鄂尔多斯式青铜器的重要背景。对早期长城沿线地带社会形态的回溯,主要依靠长城沿线地带具有代表性的文化遗存的考古发掘资料以及相关的历史文献记载。

---

① 王涛:《内蒙古黄旗海湖盆区全新世以来环境演变规律研究》,《中国北方农牧交错带全新世环境演变及预测》,地质出版社1992年版,第136—138页。
② 武吉华、郑新生:《中国北方农牧交错带(赤峰市沙区)8000年来土壤和植被演变初探》,《中国北方农牧交错带全新世环境演变及预测》,地质出版社1992年版,第69页。

第一章　鄂尔多斯式青铜器生成的自然环境与人文背景

　　虽然广阔的北方长城沿线地带的地质环境不尽相同，但全新世大暖期使这一半月形地带总体具备了农耕条件，在东、中、西各段都被以农耕为业的居民所占据。西段，6000—4000a B.P.，仰韶文化人群在湟水和大通河流域创造出马家窑文化，在甘肃中、东部地区孕育出齐家文化。① 在中段，7000a B.P. 的鄂尔多斯东南部已出现半坡文化遗迹，其后是分布广泛的后岗一期文化，继而是庙底沟文化和仰韶文化，仰韶文化在 5500a B.P. 达到鼎盛时期。中段地区龙山文化的持续期为 5000—3500a B.P.。② 在 4000—3300a B.P. 为朱开沟文化的存续期，而朱开沟文化的前四个阶段仍以农耕为主要生业模式。东段在 7000a B.P. 拥有原始农业特征的赵宝沟文化之后，进入始于 6000a B.P. 的红山文化时期，此后小河沿文化在 5000a B.P. 兴起，之后便是兴起于 4000a B.P. 的夏家店下层文化。③ 整个夏家店下层文化时期总体属于典型的农耕文化形态。全新世北方长城沿线地带，这种带有相当紧密的连续性与影响关系的农耕文化的长期存续，一直到 4000—3500a B.P. 才陆续发生转变。促成这种转变的直接原因便是 4000—3500a B.P. 开始的，北方长城沿线地带气候由暖湿向干冷的转化。

　　气候变化之下，北方长城地带从事农耕的居民不得不做出改变以求生存。这种改变主要体现在两个方面。一是转变生业模式。在长期农业生产中处于辅助地位的畜牧业和狩猎业受到重视并逐步发展起来。二是将聚居地向南迁移，寻求可供耕作的暖湿环境。田广金先生一直认为朱开沟文化晚期族群向东南迁徙至陕西北部后开创了李家崖文化。④

　　朱开沟文化存在于 4000—3300a B.P.，历时 700 年，发展序列完整，是研究鄂尔多斯及其他长城中段地区夏至商前期生态与经济形态变

---

① 林沄：《中国北方长城地带游牧文化带的形成过程》，《林沄学术文集（二）》，科学出版社 2009 年版，第 43 页。
② 田广金、史培军：《内蒙古中南部原始文化的环境考古研究》，《内蒙古中南部原始文化研究文集》，海洋出版社 1991 年版，第 128—129 页。
③ 林沄：《中国北方长城地带游牧文化带的形成过程》，《林沄学术文集（二）》，科学出版社 2009 年版，第 44 页。
④ 田广金、史培军：《中国北方长城地带环境考古学的初步研究》，《内蒙古文物考古》1997 年第 2 期。

迁的重要案例，极具代表性。关于朱开沟文化的分期问题，考古学界仍有争议。乌恩先生建议将朱开沟文化分为早、中、晚三期，早期包含朱开沟第二、三段遗存，存续时间为3900—3700a B. P.；中期主要为第四段文化遗存，存续时间为3700—3600a B. P.；晚期主要为第五段遗存，存续时期为3500—3300a B. P.。①朱开沟遗址从早期到中期、晚期一直伴随家猪、绵羊、狗的骨骼出土。并且，各个阶段的考古发掘中，均发现有石铲、石镰、石杵、石臼、石磨盘等农业生产工具，再根据朱开沟遗址的建筑遗迹判断，朱开沟文化的主要经济形态为农耕经济、兼营畜牧和狩猎，其兼营狩猎业的佐证在于，出土的动物骨骼中有熊、豹、獾、马鹿、青羊、双峰驼等野生动物。在早期和中期（即第二至第四阶段）畜牧业与狩猎业一直处于辅助经济地位，作为农业生产的补充形式。但是，到了朱开沟文化晚期（即第五阶段），时间为1500B. C.—1300B. C.，畜牧业与狩猎业在人们的生产生活中所占比重越来越大。朱开沟遗址的兽骨鉴定数据结果直接成为这一现象的佐证。朱开沟遗址第一阶段家畜中的猪、羊、牛的数量比为1∶0.45∶0.36，考古学界向来将家猪的饲养作为农耕文明的标志，这一组数量比值表明该阶段的主要经济形态是农耕经济。第三阶段，三种家畜的数量比为1∶1∶0.27，家畜中羊的数量明显上升，有人据此认为朱开沟第三段的畜牧经济已经相当发达。第五段出土动物骨骼较少，猪与牛羊数量之和的比例接近1∶2。②说明朱开沟文化的第五段（即晚期），社会经济形态已经由早期的农耕经济转变为半农半牧经济形态。第三阶段，所饲养的家畜中羊的数量增速显著，按照乌恩先生的划分，该阶段应属1800B. C.—1700B. C.，而北方长城中段在2000B. C.即已开始了气候由温湿向干冷的转化，其间的因果关系似乎已十分清晰。伴随气候逐步走向干冷，原本处于农耕经济形态中作为辅助生业模式的畜牧业与狩猎业逐渐独立出来，并不断壮大，促成了朱开沟半农半牧经济格局的形

---

① 乌恩岳斯图：《北方草原考古学文化研究：青铜时代至早期铁器时代》，科学出版社2007年版，第65—66页。

② 黄蕴平：《朱开沟遗址兽骨的鉴定与研究》，《考古学报》1996年第4期。

成，同时也陆续出现了建立在畜牧经济基础上的文化系统，而截至目前所发现的最早的鄂尔多斯式青铜器就出现在朱开沟文化晚期。

有人认为，李家崖文化是朱开沟文化第五段南移的结果。[①] 李家崖文化遗址发现了定居农业族群的城址、房址和窖穴。在一个窖穴的底部还发现了厚度达10余厘米的炭化谷物，经鉴定为稷。[②] 出土的动物骨骸中有蓄养的猪、犬、羊、马、牛等家畜，也有猎获而来的野猪和鹿等野生动物骨骸。说明李家崖文化属于农耕经济与畜牧、狩猎业相结合的经济形态。李家崖文化遗址发现的鄂尔多斯式青铜器的数量、种类均较朱开沟晚期有较大提升。近年来在朱开沟分布范围内又发现了年代上与李家崖文化相近的西岔遗址，考古发现其社会经济形态与李家崖文化类似，西岔遗址发现的房屋多为长方形、有夯土墙的半地穴式建筑。说明人们过着定居生活。出土有双扳罐、高领壶、侈沿鬲、甗等陶器，石器有石斧、石铲、石凿等，同时也发现管銎斧、螺旋形耳环等北方青铜器。[③] 考古发掘表明西岔文化的社会经济形态仍为农耕与畜牧兼营。

长城地带东段的辽西地区在公元前20—前14世纪的代表性文化遗存当数夏家店下层文化。夏家店下层文化遗址中出土大量的农耕用具，如石锄、石铲、石镰等，也发现了大量石杵、石磨盘等粮食加工工具。东山咀遗址发现已经脱壳的炭化谷物，水泉遗址发现堆积近1米的存储粮食的窖穴。[④] 夏家店下层文化居民过着定居的农耕生活，猪、羊、牛、狗等家畜饲养和部分狩猎作业是其辅助经济形式。出土遗物中未发现鄂尔多斯式青铜器。很多考古学者认为魏营子文化是夏家店下层文化的延续。魏营子文化（公元前13—前10世纪）遗址出土的磨盘、磨棒、石镰、石锄等农耕用具表明：魏营子文化居民仍然过着定居的农耕生活，但发现的牛、羊骨骸数量较夏家店下层文化中的牛、羊骨骸数量有明显

[①] 田广金、史培军：《中国北方长城地带环境考古学的初步研究》，《内蒙古文物考古》1997年第2期。

[②] 吕智荣：《李家崖文化的社会经济形态及发展》，《考古学研究》，三秦出版社1993年版，第159页。

[③] 马明志：《"西岔文化"初步研究》，《考古与文物》2009年第5期。

[④] 李恭笃、高美璇：《夏家店下层文化若干问题研究》，《辽宁省博物馆学术论文集》（第一辑），辽宁省博物馆1985年版。

增加。并且喀左县高家洞 M1 中发现了以羊头殉葬的习俗，以牛、羊等动物头、蹄殉葬是后来北方游牧民族墓葬中较具代表性的葬俗，高家洞 M1 中殉牲的两具羊头是北方长城地带发现较早的一例。① 有人认为夏家店上层文化并非由魏营子文化发展而来，其与魏营子文化有较长的并行发展阶段。② 夏家店上层文化遗址中发现房址、窖穴、石围墙，出土石铲、石刀、石锄等农业生产工具，同时发现先民们饲养的猪和鸡等家畜（禽）的骨骼。证明夏家店上层文化的居民仍过着定居的农耕生活，但该文化阶段的青铜冶铸工业却十分发达。乌恩先生认为：不能否定夏家店上层文化居民经济生活中畜牧业与狩猎业的重要地位，夏家店上层文化应被视为由半农半牧向早期游牧经济形态过渡的典型实例。③

燕山南麓的大坨头文化遗址发现的陶器证明该文化拥有发达的制陶业，另外，石铲、石镰、石斧、石磨等农业生产工具的发现和家猪骨骼的发现，充分说明大坨头文化居民过着定居的农耕生活，农业是其主要经济形态。而且，大坨头文化分布区域因受海河与壶流河的滋养，也更适于农耕。围坊遗址出土的鹿、麐、鱼的骨骼证明该文化渔猎业的存在。④ 围坊三期文化根据出土的石镰、石磨棒等农具和出土的猪、牛的骨骼，说明农耕为其主要经济形态。而鹿和麐之类野生动物骨骼的发现，又证明狩猎业的存在。⑤ 张家园上层文化仍发现有固定的房屋及窖穴遗址，制陶业发达，出土有家猪和牛的骨骼，石器中多有石铲、石镰、石杵、砺石等工具，表明其居民主要从事农业。狩猎和畜牧业究竟占有多大比重尚需考证。⑥

---

① 乌恩岳斯图：《北方草原考古学文化研究：青铜时代至早期铁器时代》，科学出版社 2007 年版，第 106 页。
② 董新林：《魏营子文化初步研究》，《考古学报》2000 年第 1 期；朱永刚：《夏家店上层文化的初步研究》，《考古学文化论集（一）》，文物出版社 1987 年版，第 177—180 页。
③ 乌恩岳斯图：《北方草原考古学文化研究：青铜时代至早期铁器时代》，科学出版社 2007 年版，第 201 页。
④ 乌恩岳斯图：《北方草原考古学文化研究：青铜时代至早期铁器时代》，科学出版社 2007 年版，第 54 页。
⑤ 天津市文物管理处考古队：《天津蓟县围坊遗址发掘报告》，《考古》1983 年第 10 期。
⑥ 天津市历史博物馆考古队：《天津蓟县张家园遗址第二次发掘》，《考古》1984 年第 8 期；天津市历史博物馆考古队：《天津蓟县张家园遗址第三次发掘》，《考古》1993 年第 4 期。

根据鄂尔多斯式青铜器在北方长城沿线地带的出土情况看，从早商时期到春秋早期（或延至中期）为其起源阶段。这一漫长的历史阶段也正是北方长城沿线地带经济形态悄然变化的阶段。中部地区以朱开沟文化到李家崖文化和西岔文化为典型"案例"；东部地区以辽西的夏家店下层文化到魏营子文化和夏家店上层文化为典型，燕山南麓和燕山山地区域以大坨头文化到围坊三期文化、张家园上层文化为典型"案例"。

从朱开沟文化到李家崖文化和西岔文化、从夏家店下层文化到魏营子文化和夏家店上层文化、从大坨头文化到围坊三期文化和张家园上层文化，最明显的变化体现在社会经济形态由农耕为主，兼营畜牧、狩猎的定居农业，向半农半牧经济形态的过渡。原本处于农耕经济中，所占比例较小的畜牧业、狩猎业的比重逐步攀升，从农耕经济中越发壮大并逐步剥离出来，农耕经济的比重逐步缩减。在家畜饲养方面，体现为饲养羊的数量不断攀升，而作为农耕经济重要表现形式的家猪饲养数量在逐步下降。由农耕为主向半农半牧经济形态转变的背后，人们赖以生存的实用物资也在悄然发生着改变，羊、牛的饲养与繁殖对于人们的生活甚至生存来说，都变得越发重要。而一个族群的宗教信仰和文化的构建与其赖以生存的实用物资之间总是存在着极其紧密的关联，尤其是在生产力欠发达的时代或地区。

第二节　鄂尔多斯式青铜器出现的物质与技术前提

鄂尔多斯式青铜器的形成须依赖两个必要的前提条件：第一，青铜材质从以石、陶、骨角材质为主体的材料系统中独立出来，并陆续取代上述材料制品；第二，畜牧业与狩猎业从由农耕经济占据主导地位的社会经济形态中独立出来，并在其发展过程中逐渐形成适宜于游（畜）牧生业模式的文化形态，继而产生与自身文化形态相互"关照"，互为"阐释"的美术图像。前者即为鄂尔多斯式青铜器产生的"物质前提"，而后者即为鄂尔多斯式青铜器生成的"文化前提"。青铜——作为鄂尔多斯式青铜器生成的物质前提，又会受到两个层面的影响和制约，一是鄂尔多斯式青铜器生成地的铜锡矿资源分布情况；二是鄂尔多斯式青铜器生成地的青铜器成型工艺水平。下面就从这两方面对鄂尔多斯式青铜器生成的物质条件进行分析。

一　铜锡矿资源分布情况

朱开沟文化自第三段开始出现诸如铜锥、铜针、耳环、指环、臂钏等小件青铜器，到第五段出现了青铜短剑、青铜刀、铜鍪等具有较明显地域特征的青铜器。这些地域特征明显的青铜器应为本地铸造。并且，朱开沟遗址 T102 中发现了一件石质残斧范，上面的三角纹和网格纹刻痕清晰、精巧细致，说明朱开沟文化居民已经掌握了较高水平的青铜器铸造工艺。但是，朱开沟遗址以及其所在的内蒙古中南部地区却至今尚未发现早期铜锡矿的开采遗迹。

张光直先生比较赞赏石璋如先生提出的观点，即：夏代起于晋南、商代由东向西、周代自西徂东的发展轨迹背后，应与铜锡矿源的争夺紧密相关。[1] 这种为追逐铜锡矿源而进行的迁徙，利于开发、守护铜锡矿资源，原地冶炼则有利于减少铜锡矿石长途运输所带来的不安全因素以及巨大的人力消耗，又可以随时为拓展新的矿业资源而发动战争。如果三代迁徙的轨迹是为了争夺宝贵的铜矿资源这种观点成立的话，周人东迁或可在一定程度上说明陕西境内的铜锡矿资源比较稀缺。陕西清涧县的李家崖遗址虽出土了数量和种类均较丰富的青铜器，也出土了用于铸造青铜器的泥范残片和铜渣[2]，在石楼县城附近还发现了用于铸造青铜器的陶范塞[3]，但是亦未见有铜锡矿开采遗迹。关于其用以铸造青铜器所用的矿料，人们认为其同玉器等某些原料一样，应是从外地输入进来的。[4] 大坨头文化遗址发现的青铜器虽然数量较少，但是从早期的青铜

---

[1]　张光直：《中国青铜时代》，生活·读书·新知三联书店 2013 年版，第 59—65 页。
[2]　吕智荣：《李家崖文化的社会经济形态及发展》，《考古学研究》，三秦出版社 1993 年版，第 159 页。
[3]　乌恩岳斯图：《北方草原考古学文化研究》，科学出版社 2007 年版，第 156 页。援引自杨绍舜《山西石楼义牒会坪发现商代兵器》，《文物》1974 年第 2 期。
[4]　乌恩岳斯图：《北方草原考古学文化研究》，科学出版社 2007 年版，第 157 页。

镞造型来看（该青铜镞造型为："两侧有倒锋，前聚成尖锋，脊末端作筒"①），其铸造工艺也并不落后。大坨头文化遗址还发现了其上存有铜渣的石质斧范，张家园遗址发现了两块长度分别为 2.7cm 和 3.3cm 的铜疙瘩。② 说明大坨头文化遗址出土的、具有地域特色的铜刀和喇叭形耳环等青铜器应为本地铸造。但是，与朱开沟文化一样，大坨头文化遗址亦未发现早期铜矿坑及采矿遗迹。

夏家店下层文化出土的也多是一些小件青铜器，例如铜刀、铜戈、耳环、指环、杖首、铜冒等。与朱开沟文化和大坨头文化相比，夏家店下层文化遗址发现的铸造遗迹较多。考古工作者曾发现用以铸造小件铜器的石范、陶范。并且，从个别青铜器的范缝样态来看，当时的人们已经掌握了内、外范并用的合铸技术。有学者通过对发现于牛河梁转山子、小福山的壁炉残片（当时称为"坩埚片"）的研究，认为牛河梁炼铜炉的设计表明当时的炼铜技术已经达到了相当高的水平，该炼铜炉与古埃及炼铜坩埚有相似之处，鼓风口的设置更显独特而先进。③ 喀左县和凌源县的采矿点普查报告提到二县境内发现多个铜矿采集点，并且有过古代开采遗迹——铜矿坑。④ 王永乐等学者选取 22 件铜器（其中夏家店下层文化 18 件，夏家店上层文化 2 件，高台山文化 2 件），测定其铅同位素比值，以此方法来研究夏家店下层文化出土铜器的矿料来源。该研究结果初步认定：夏家店下层文化出土青铜器的矿料大部分应来自赤峰北部林西县的大井多金属矿。⑤ 并且，近年来有色金属勘察领域的相关研究也证实辽西地区存在着丰富的矿产资源，各大、中、小型矿床

---

① 天津市文化局考古发掘队：《河北大厂回族自治县大坨头遗址试掘简报》，《考古》1966 年第 1 期。
② 天津市历史博物馆考古部：《天津蓟县张家园遗址第三次发掘》，《考古》1993 年第 4 期。
③ 李延祥、韩汝玢、宝文博、陈铁梅：《牛河梁冶铜炉壁残片研究》，《文物》1999 年第 12 期。
④ 乌恩岳斯图：《北方草原考古学文化研究》，科学出版社 2007 年版，第 21 页。援引自辽宁省冶金地质勘探公司 105 队《辽宁省喀喇沁左翼蒙古族自治县矿点检查报告书》，1958 年；辽宁省地质局凌源地质队《辽宁省凌源县杨杖子铜矿区详细普查报告》，1959 年。
⑤ 王永乐、梅建军等：《夏家店下层文化遗址出土铜器的矿料来源分析》，《文物保护与考古科学》2020 年第 3 期。

与铜多金属矿点总计达147处。① 目前来看，这是夏家店下层文化与朱开沟文化和大坨头文化的相异之处，即夏家店下层文化不仅具备了较先进的青铜铸造工艺，而且其本地即拥有相对丰富的铜矿资源可供开采。如果按照中原三代围绕铜锡矿资源而迁徙的理论来推断，喀左与凌源二县，当有更多古代文化遗存有待发掘。

"石璋如曾根据古代的地方志与近代矿业地志查出全国124个县有出铜的纪录。其中位于中原的，山西有12处，河南有7处，河北有4处，山东有3处。"② 从考古发现和矿业资源考察记录的实际情况来看，青铜时代早期北方长城地带中段的铜锡矿资源相对匮乏。长城沿线地带东段夏家店下层文化居民有本地铜矿资源可供开采，而燕山南麓的大坨头文化和位于内蒙古中南部的朱开沟文化尚未见到早期铜锡矿的开采遗迹，其拥有自身青铜器铸造业和相应的青铜铸造技术的背后，应该具有由外而内的青铜原料输入渠道。如果这一推断成立的话，大坨头文化青铜器原料来源要么来自中原地区，要么可能与夏家店下层文化矿源有关。我们知道，属于夏家店上层文化的大井古铜矿存在开采规模大而冶炼规模小的问题，塔布敖包冶炼遗址发现的铜渣等遗物形貌与大井古矿冶的发现极其相似，这说明塔布敖包冶炼的铜矿石可能来自大井古铜矿。③ 那么，我们是否可以由此推想，在此之前的夏家店下层文化居民与大坨头文化居民之间也存在着铜矿原料的输出关系呢？朱开沟文化出土的鼎、爵残片以及青铜戈表明其与中原地区有着密切的交往，而作为其延续的李家崖文化青铜器，从造型方面看与甘青地区的青铜器具有较大的相似之处，甘青地区具有较此地更为发达的青铜器冶铸工业。由此看来，朱开沟文化青铜原料的输入渠道可能为中原地区或甘青地区。当

---

① 王之田、张树文等：《大兴安岭东南缘成矿集中区成矿演化特征与找矿潜力》，《有色金属矿产与勘察》1997年4月（第6卷增刊）。

② 张光直：《中国青铜时代》，生活·读书·新知三联书店2013年版，第58—59页；转引自石璋如《殷代的铸铜工艺》，《（中国台湾）中央研究院历史语言研究所集刊》1955年第26期。

③ 李延祥、朱延平等：《辽西地区早期冶铜技术》，《广西民族学院学报》（自然科学版）2004年第2期。

然，也有人认为：由于辽西地区具有较为丰富的铜矿资源，不可排除其流入内蒙古中南部地区的可能性。[1]

我们推断，北方长城沿线中段的铜矿资源分布状况，在一定程度上影响了该地区早期青铜器的规格与形制。即北方长城沿线地带的青铜器多以小件青铜器为主的特点，首先是因青铜时代早期，铜锡矿资源稀缺的缘故，而后期又与逐步形成的游牧经济生活方式合于一辙（即小件青铜器的便携优势适宜于游牧生活方式）。而长城地带东部区域虽然铜矿资源丰富，但在北方系青铜器形成的初期阶段，未必有足够的发现和开采。如此，关于鄂尔多斯式青铜器起源期的规格形制问题，或许能从早期北方长城沿线地带铜矿资源分布状况中寻得部分成因。

二 成型工艺与技术水平

朱开沟文化自夏代中期（即朱开沟文化的第三段）开始出现了锥、针、耳环、指环、臂钏等小件铜器。经过二三百年的发展，到商代早期（即朱开沟文化的第五段）出现了短剑、铜刀、铜鍪、铜戈、以及鼎和爵（疑似由中原地区传入）等青铜器。第五段出土的铜刀、短剑被视为鄂尔多斯式青铜器的早期形态。所以，自夏代中期至早商时期朱开沟文化出土的青铜器成型工艺的发展程度，应该可以代表（呈现出）鄂尔多斯式青铜器形成时期，内蒙古中南部青铜器制作工艺的发展水平。同样，对同时期北方长城沿线东段的夏家店下层文化、大坨头文化所发现的青铜器造型方法与成型工艺的研究，亦可表露鄂尔多斯式青铜器形成阶段该地域的青铜器成型技术的发展情况。

北京科技大学冶金与材料史研究所曾对朱开沟遗址出土的33件铜器进行金相学[2]研究。这33件铜器中包括三段出土5件、四段出土8件和五段出土的20件。研究结果显示，三段出土的5件铜器中，有3件

---

[1] 易德生：《商周青铜矿料开发及其与商周文明的关系研究》，博士学位论文，武汉大学，2001年。

[2] "金相学"是针对金属合金成分、内部组织结构及其与各自性能关系进行研究的一门科学，目前主要运用的研究方法有二：一为光学金相显微术；二为电子显微学。援引自《中国大百科全书·矿冶》，中国大百科全书出版社1984年版，第350页。

材质为纯铜，1件为铜锡二元合金，1件为铜锡铅三元合金；四段出土的8件铜器中，有2件材料为纯铜，4件为铜锡二元合金，2件为铜锡铅三元合金；五段出土的20件铜器中，有5件为铜锡二元合金，14件为铜锡铅三元合金，1件为铜锡砷三元合金。[①] 研究结果显示，朱开沟文化夏代中期至早商时期出土铜器中，铜锡铅三元合金占比最大，高达52%，其次为铜锡合金，占比30%，纯铜占15%，而最少见者为铜锡砷三元合金的青铜器（表1.1）[②]。陕北出土铜器的合金成分研究表明：经检测的4件商代晚期铜器，其中1件为铅锡青铜，3件为锡青铜，可见该地区商代晚期的铜器主要为锡青铜。[③]

表1.1　　　朱开沟文化夏代中期至早商时期出土铜器的
合金成分检测数据统计　　　　单位：件，%

项目数据成分	三段	四段	五段	总数	占比
Cu	3	2		5	15
Cu、Sn	1	4	5	10	30
Cu、Sn、Pb	1	2	14	17	52
Cu、Sn、As			1	1	3

截至目前，尚无法得到关于夏家店下层文化大部青铜器的成分检测数据。但是，王永乐等学者在对夏家店下层文化出土青铜器做矿料来源分析时所选样品的成分数据，似乎也具有一定的参考价值。该次科学检测所采用的18件夏家店下层文化的青铜器样品中，成分为铜锡合金者

---

① 李秀辉、韩汝玢：《朱开沟遗址出土铜器的金相学研究》，《朱开沟：青铜时代早期遗址发掘报告》，文物出版社2000年版，第424页。
② 此图表系根据《朱开沟遗址出土铜器的金相学研究》一文中发表的数据整理。
③ 廉海萍、曹玮：《陕北铜器合金成份与制作技术的分析研究》，《陕北出土青铜器》第5卷，巴蜀书社2009年版，第972—977页。

10件，占样品总数的56%；成分为红铜者1件，占采样总数的5.6%；成分为铜锡铅砷合金者2件，占样品总数的11%；成分为铜锡铅合金者5件，占样品总数的28%。[1]还有学者对大甸子墓地出土的铜器做电镜成分测定，结果显示所检测的41件样品皆为含有金属锡的青铜制品，其中的29件为铅锡青铜，无纯铜制品。[2]关于大坨头文化出土的青铜器，目前尚未见有关于其合金成分研究的科学检测数据。

若将上述朱开沟文化青铜器成分的科学检测数据，与王永乐等人对夏家店下层文化青铜器样品成分的检测数据综合起来看，数量最多的当数铜锡铅合金与铜锡合金，其各占检测样品总数的43%和39%。这一现象与陕北地区出土青铜器的合金成分检测数据相似。陕北地区出土的各时代青铜器中，以铅锡青铜数量最多，其次为锡青铜，而殷墟出土青铜器的合金成分也与陕北地区出土青铜器的合金成分极其相似，刘建宇认为，或许陕北出土的部分青铜器就来自安阳。[3]当然，这一问题还有待进一步论证，但从早期北方长城沿线地带的中段、东段出土的青铜器，以及中原殷商青铜器在金属成分方面所呈现的一致性，至少可以说明：该时期，中原地区与北方长城沿线中段、东段地区之间，具有紧密的联系，在铸造工艺方面应该存在着相对密切的交流，这种密切程度可能已远远超出当今学者的想象。受检测的铜器样品中含有金属成分砷的铜器数量较少，如铅锡砷铜合金的铜器占所检测样品总数的4%，而锡砷铜合金铜器仅占检测样品总数的2%。成分为纯铜的仅占检测样品总数的10%。

我们知道，纯铜虽然可塑性强，但硬度较低。然而，若采用不同的成型工艺，也会导致纯铜的坚硬程度有所改变。例如，经过锻打加工的纯铜在硬度与强度方面均优于铸造成型的纯铜器物。有实验数据显示铸态纯铜

---

[1] 王永乐、梅建军等：《夏家店下层文化遗址出土铜器的矿料来源分析》，《文物保护与考古科学》2020年第3期。
[2] 李延祥、朱延平等：《辽西地区早期冶铜技术》，《广西民族学院学报》（自然科学版）2004年第2期。
[3] 刘建宇：《陕北地区出土商周时期青铜器的科学分析研究——兼论商代晚期晋陕高原与安阳殷墟的文化联系》，博士学位论文，北京科技大学，2015年。

器物的抗拉强度为 17kg/mm²，而经压力加工的纯铜器物在退火前其抗拉强度即达 20—24kg/mm²，在退火后其抗拉强度可达 40—50kg/mm²。[1] 而朱开沟文化三、四段出土的 5 件纯铜器物为 1 锥、2 臂钏、2 指环。由此看来，当时人们或许已对纯铜材质由铸造与压力成型所造成的硬度差别有所了解。

在纯铜中加入锡（或铅）后形成的青铜合金，其坚硬程度明显提升，熔点也在加入锡、铅成分后随之降低。纯铜的熔点为 1083℃，而当青铜中含锡量达到 25% 时，熔点则降至 800℃，而硬度却较纯铜增加数倍。[2] 另外，在相同的加工变形量下，砷铜和青铜的硬度均较纯铜高，此也是砷铜合金取代纯铜的重要现实原因。[3] "青铜器的化验表明，（中原地区）在商代已达到分别炼成铜、锡、铅三种金属然后配制合金的高级阶段。"[4] 而对朱开沟文化和夏家店下层文化出土青铜器的检测数据表明，青铜时代早期的北方长城沿线地带中段与东段发现的青铜器在金属成分上与中原殷商青铜器十分相似，都是以铜锡铅和铜锡合金为主，表明其已认识到锡、铅元素与铜的熔合，在铜的硬度与抗拉伸程度方面所起到的作用。

所以，朱开沟文化、大坨头文化以及夏家店下层文化在对于合金材料的成分与机械性能的认知方面应与中原地区相差无几。

北方长城沿线地带之所以未出现形似殷商的大型青铜礼器，其原因或许是多方面的。其一，应与铜矿资源的匮乏有关。《中国古代冶金》中提到的"在古代每炼 100 斤铜，即使选用最富的铜矿石，也要 300—400 斤"[5]。而张光直先生认为这种估算未免过于乐观，如果将矿石质量

---

[1] 孙淑云、潜伟：《古代铜、砷铜和青铜的使用与机械性能综述》，《机械技术史（2）——第二届中日机械技术史国际学术会议论文集》，机械工业出版社 2000 年版，第 238 页。
[2] 北京钢铁学院《中国古代冶金》编写组：《中国古代冶金》，文物出版社 1978 年版，第 33 页。
[3] 孙淑云、潜伟：《古代铜、砷铜和青铜的使用与机械性能综述》，《机械技术史（2）——第二届中日机械技术史国际学术会议论文集》，机械工业出版社 2000 年版，第 238—239 页。
[4] 北京钢铁学院《中国古代冶金》编写组：《中国古代冶金》，文物出版社 1978 年版，第 33 页。
[5] 北京钢铁学院《中国古代冶金》编写组：《中国古代冶金》，文物出版社 1978 年版，第 28 页。

第一章　鄂尔多斯式青铜器生成的自然环境与人文背景

与技术管理等各种因素都考虑进去，每炼100斤铜大约需要500斤矿石的估算才更合理。[①] 考古工作者对殷墟妇好墓出土的196件礼器和90余件其他器物进行称重，这些青铜器的总重量约达1625公斤。[②] 按照张光直先生提出的1∶5的比例估算，则需铜矿石近8吨。而用于铸造曾侯乙墓出土的近1万公斤青铜器则需50多吨铜矿石。[③] 如此巨大的开采规模对于中原以西或中原以北的这些方国来说是不可能实现的。其二，青铜时代初期的北方长城地带中段与东段区域，虽对青铜材料中的合金成分以及成型技术有较清晰的了解，但从工艺层面来看，其仍不具备铸造大型青铜礼器的能力。从朱开沟文化和夏家店下层文化的出土遗存来看，尚未发现能够铸造大型青铜容器的冶铸场所。从出土青铜器的范缝，出土炉渣与零星的铸范残片来看，其或已具备铸造青铜容器的能力，但对于殷商青铜礼器的铸造，仍是不可企及的。由此看来，鄂尔多斯式青铜器诞生的初期，北方长城地带中段与东段族群在青铜器铸造工艺方面与中原地区尚存在一定的差距。

　　从朱开沟文化与夏家店下层文化出土青铜器的成型工艺来看，当时人们采用的成型手段主要为铸造和锻造两种。夏家店下层文化大甸子墓地出土青铜器检测数据表明，铸造与热锻成型铜器的锡含量加权平均值乃是根据不同成型工艺进行调配的。[④] 说明制作者已经掌握了较高的青铜锻、铸造工艺技术。朱开沟文化出土铜器的金相学研究结果显示，同一件铜器的制作过程中，也经常会用到铸造与锻造两种工艺，例如：铸后冷加工、铸后热加工。所谓铸后冷加工，是指先将器物铸造成型后，在再结晶温度以下对刃口等部位进行锻打等压力加工。经检测，朱开沟文化四段M4060出土的编号为2694的指环即使用此种制作工艺；[⑤] 而铸后热加工，一般是指材料经铸造具备初步形态（即大形）后，再根

[①] 张光直：《中国青铜时代》，生活·读书·新知三联书店2013年版，第38页。
[②] 中国社会科学院考古研究所：《殷墟妇好墓》，文物出版社1980年版，第15—16页。
[③] 张光直：《中国青铜时代》，生活·读书·新知三联书店2013年版，第38页。
[④] 李延祥、朱延平等：《辽西地区早期冶铜技术》，《广西民族学院学报》（自然科学版）2004年第2期。
[⑤] 李秀辉、韩汝玢：《朱开沟遗址出土铜器的金相学研究》，《朱开沟：青铜时代早期遗址发掘报告》，文物出版社2000年版，第434—435页。

据需要将某一部分加热至再结晶温度（青铜的再结晶温度一般为500℃—800℃）以上进行锻造，获得所需器型的最终效果。李秀辉、韩汝玢二位学者在《朱开沟遗址出土铜器的金相学研究》一文中所提到的部分朱开沟出土铜器（例如：五段 M1040 出土的编号为 2645 的铜戈、编号为 2646 的环首刀和编号为 2647 的短剑等）所使用的热冷加工技术乃是指：材料先经过加热使其达到结晶温度以上进行加工，这种"加工"（成型）实际上可以有两种手段，即铸造和锻造。铸造也属于热加工，而锻造，在金属再结晶温度以上或以下都可进行。在材料加热至结晶温度以上、经铸造或锻造之后，再在其温度下降至再结晶温度以下对其进行锤锻，即为热冷加工技术。不同的成型工艺会使显微组织中晶粒的大小产生变化，对青铜的机械性能产生影响，也可以根据使用需求使同一青铜器不同部位的坚硬程度与延展度有所不同。

第三节 "创作"族群与形成过程

一 鄂尔多斯式青铜器的"创作"族群

如前所述，鄂尔多斯式青铜器在北方长城沿线地带起源的时间大致可划定为 3500—2800a B.P.，其在北方长城沿线中段出现于朱开沟文化晚期和李家崖文化、西岔文化遗址中；在长城沿线东段的魏营子文化、夏家店上层文化，燕山南麓的大坨头文化、围坊三期文化、张家园上层文化亦有发现。所以，若要探究鄂尔多斯式青铜器最早为何人所创制，就需要对上述各文化遗存的族属问题进行梳理。

到目前为止，考古学界对于朱开沟文化、夏家店下层文化和大坨头文化的族属尚无定论。夏至商前期处于传说时代，有关该时期北方民族的文字资料十分稀少且不清晰。从商代中期到春秋初期，北方长城沿线中段最具代表性的文化遗存当数李家崖文化和西岔文化，东段的代表性文化遗存当数魏营子文化和夏家店上层文化，还有燕山南麓的围坊三期文化和张家园上层文化。

吕智荣认为李家崖文化与古文献记载中的鬼方民族，在时代与活动区域两方面均吻合，并且李家崖遗址出土陶器上刻有"鬼"字，认为李家崖文化应为鬼方先民遗存。① 也有人认为石楼一带为沚方的文化遗存，沚方为殷之属国，而保德一带当数与沚方无关的游牧民族遗存。② 近年来在内蒙古清水河县发现的西岔文化遗存的族属问题、源流关系仍有待研究。有人赞同"西岔文化"的命名，认为其与李家崖文化、朱开沟文化晚期等遗存均不相同，是一种独立的文化遗存。③ 也有人将西岔三期发掘的豆、盆、罐、高领鬲与李家崖文化的同类器物对比，发现其形态极其相似，另外西岔三期的房屋构造形式与李家崖文化相似且规模亦无过大差别，墓葬形制、葬俗也与李家崖文化相似，故而认为西岔三期遗存当被视为李家崖文化范畴之内，称其为李家崖文化"西岔类型"。④ 如此来说，该时期长城沿线中段的早期鄂尔多斯式青铜器的创作主体当与鬼方或沚方密切相关。

关于长城沿线东段，魏营子文化的族属，学界也有多种不同观点。有人认为：魏营子文化是夏家店下层文化的延续，其青铜器也是在夏家店下层文化青铜冶铸业长期发展的基础上才得以形成的。⑤ 那么，其族属则应与夏家店下层文化族群有一定的关系。有人认为辽西地区出土有商人的青铜器，证明当时的商人在中国北方势力强大，⑥ 该地域为商文化所及之地。⑦ 而一些学者根据《国语·齐语》中齐桓公"北伐山戎、刜令支、斩孤竹而南归"的记载，推断：魏营子文化应为孤竹国的遗存。⑧

夏家店上层文化的渊源与族属问题，也是众说纷纭。渊源方面，有人认为虽然目前尚无足够证据证明夏家店上层文化系由魏营子文化发展

---

① 吕智荣：《鬼方文化及相关问题初探》，《文博》1990年第1期。
② 张万钟：《商时期石楼、保德与"沚方"的关系》，《中国历史博物馆馆刊》1989年第11期。
③ 马明志：《"西岔文化"初步研究》，《考古与文物》2009年第5期。
④ 吕智荣、孙战伟：《内蒙古西岔三期遗存性质考察》，《考古与文物》2015年第4期。
⑤ 郭大顺：《试论魏营子类型》，《考古学文化论集（一）》，文物出版社1987年版，第91页。
⑥ 晏琬：《北京、辽宁出土铜器与周初的燕》，《考古》1975年第5期。
⑦ 唐兰：《从河南郑州出土的商代前期青铜器谈起》，《文物》1973年第7期。
⑧ 乌恩岳斯图：《北方草原考古学文化研究：青铜时代至早期铁器时代》，科学出版社2007年版，第112—113页。

而来，但是二者在年代上基本衔接且有诸多相似的文化因素。[1] 也有人认为二者在存续时间上基本属于平行发展，只是魏营子文化的起始阶段略早于夏家店上层文化，二者并无承续关系。[2] 族属方面，靳枫毅先生通过《史记·匈奴列传》《史记·货殖列传》等文献描述的东胡族的地理位置、活动的时间范围，与夏家店上层文化的分布范围和存续时间相对照，又将夏家店上层文化遗存中的殉犬习俗和《后汉书·乌桓鲜卑列传》中所描述的葬俗相对照，再将夏家店上层文化中出土人物饰牌图像与史籍记载的、作为东胡后裔的乌桓和鲜卑的髡头习俗相对照，又佐以丧葬中的覆面葬俗和夏家店上层文化人骨的体质人类学考察数据，提出夏家店上层文化的族属应为东胡。[3] 但林沄先生认为夏家店上层文化与山戎的地望及活动年代更相符，其应属山戎的文化遗存。[4]

围坊三期文化被认定为大坨头文化的延续，而张家园上层文化的渊源则需从围坊三期文化中寻找，三者间具有明显的、较清晰的承续关系。关于围坊三期文化的族属也有争议，有人认为，围坊三期文化应为肃慎、燕亳的文化遗存。[5] 也有人认为围坊三期文化以及张家园上层文化的族属应为土方，并可能与早期的鲜卑族有密切关系。[6] 乌恩先生也认为围坊三期文化遗存的族属"非土方莫属"。[7] 关于张家园上层文化的族属问题也存在多种观点，有人认为其应为无终国的文化遗存。[8] 也有学者认为张家园上层文化可能是众多文化、习俗相近的方国（或族

---

[1] 朱永刚：《夏家店上层文化的初步研究》，《考古学文化论集（一）》，文物出版社1987年版，第117页。
[2] 董新林：《魏营子文化初步研究》，《考古学报》2000年第1期。
[3] 靳枫毅：《夏家店上层文化及其族属问题》，《考古学报》1987年第2期。
[4] 林沄：《东胡与山戎的考古探索》，《环渤海考古国际学术研讨会论文集》，知识出版社1996年版，第174—179页。
[5] 沈勇：《围坊三期文化初论》，《北方文物》1993年第3期。
[6] 史广峰、边质洁：《蓟县张家园商周遗存的族属问题》，《文物春秋》2002年第4期。
[7] 乌恩岳斯图：《北方草原考古学文化研究：青铜时代至早期铁器时代》，科学出版社2007年版，第137页。
[8] 韩嘉谷：《京津地区商周时期古文化发展的一点线索》，《中国考古学会第三次年会论文集》，文物出版社1981年版，第220—229页。

群）共同创造的。① 乌恩先生提出：张家园文化很难定义为哪一具体族群的文化遗存，但可以肯定其为燕山南麓的土著文化。②

田广金先生结合丁山、王国维、邹衡、郭沫若等众家观点，认为早期见于史籍的鬼方、土方、淳维、猃狁等北方部族，进入春秋后统称为"狄"，推测"商周至春秋时期的鄂尔多斯式青铜器，应为狄人的先期文化和狄人文化"③。也就是说，3500—2800a B. P. 北方长城沿线地带出现的鄂尔多斯式青铜器乃由曾被称为"鬼方""土方""淳维""猃狁""狄"——这些具有一定承续关系的北方部族所开创。而进入春秋以后，长城沿线东段夏家店上层文化的主人应为山戎，而长城地带中段的毛庆沟和林格尔的范家窑子则应为狄人文化遗存。进入战国时期之后，长城沿线东段的山戎被称为东胡，而山西北部、鄂尔多斯地区众狄则分化成"林胡""楼烦"两大部族。到了战国晚期匈奴强盛起来并统治了整个北方长城沿线地带以及漠北大部，所以战国晚期的鄂尔多斯式青铜器应为匈奴文化遗存，一直持续至两汉时期。因《史记·匈奴列传》载"冠带战国七，而三国边于匈奴"，田广金先生认为春秋晚期至战国早期，林胡或已融入匈奴，故该段的鄂尔多斯式青铜器或可称为"早期匈奴文化"。④

关于匈奴统治北方草原以前，鄂尔多斯式青铜器"创作"族群的探究，可能会一直作为一个有争议的学术问题而存在。中国历史上的夏朝尚处传说时代，而商周时期关于北方部族的文献记载本就稀少，只能从中原国家的卜辞、典籍中"猎获"只言片语。而对于这些久远的"只言片语"的解读或模糊含混，或歧义丛生。况且，这些"只言片语"对居于北方长城沿线地带的鬼方、土方、猃狁、山戎等部族的描述，多以中原民族为中心，记载中出现的"戎""狄"之类的称谓均含

---

① 乌恩岳斯图：《北方草原考古学文化研究：青铜时代至早期铁器时代》，科学出版社2007年版，第270页。
② 乌恩岳斯图：《北方草原考古学文化研究：青铜时代至早期铁器时代》，科学出版社2007年版，第271页。
③ 田广金、郭素新：《鄂尔多斯式青铜器》，文物出版社1986年版，第197页。
④ 田广金、郭素新：《鄂尔多斯式青铜器》，文物出版社1986年版，第198页。

有贬斥之意，文献中出现指代与借用现象也未可知。对于无文字的北方民族而言，又有多少聚居（或散居）的部落（或族群）因未见于中原民族的文献记载，而永远湮没在了历史的深处呢？因此，这些关于北方民族的、有限的文献资料也未必全部可靠。而那种试图梳理出匈奴以前北方地区各部族传承与影响关系的"理想化工作目标"，也许只会在无止无休的争论中变得遥不可及。

体质人类学检测数据表明，商周时期北方长城沿线地带的人种构成成分是比较复杂的。在生产力极其低下，人们的生产与生活极大依赖于气候、环境条件的时代，族群的流动、攻伐、侵占、融合、分化也应是极其频繁而复杂的。所以，关于 3500—2800a B. P. 鄂尔多斯式青铜器创作主体的问题，在这样的研究思路或语境下，可能会一直争论下去。但是，如果依照匈奴以前，北方长城沿线地带出土的鄂尔多斯式青铜器的造型演变状况，将关于族属关系问题的探究放在次要位置，我们或许能够从艺术人类学的视角对其起源问题做出一些有益的探讨。就像格罗塞所说：在布须曼人（Bushmen）的洞穴壁画中不可能找到个别艺术家的名字，我们只能看到失却个别面目的一大群人……我们只能将同时代或同地域的艺术品的大集体和整个的民族或整个的时代联合一起来看，艺术科学课题的第一个形式是心理学的，第二个形式却是社会学的。[①]

二 鄂尔多斯式青铜器的形成过程

格罗塞说："生产事业是所谓一切文化形式的命根；它给予其他的文化因子以最深刻最不可抵抗的影响，而它本身，除了地理、气候两条件的支配外，却很少受其他文化因子的影响。我们可以相当肯定地说，生产方式是最基本的文化现象，和它比较起来，一切其他文化现象都只是派生性、次要的……它们的形成和发展却受着最占优势的这个因子（即：'生产事业'）的巨大影响。"[②]

我们暂且搁置鄂尔多斯式青铜器形成时期，北方长城沿线地带的

---

① ［德］格罗塞：《艺术的起源》，商务印书馆1984年版，第9—10页。
② ［德］格罗塞：《艺术的起源》，商务印书馆1984年版，第29页。

第一章　鄂尔多斯式青铜器生成的自然环境与人文背景

族属问题。从鄂尔多斯式青铜器造型的发展样貌入手，以伴出的中原系青铜器造型为参照，结合北方长城沿线地带夏商时期的环境考古研究资料，我们似乎可以从另外一个角度探寻鄂尔多斯式青铜器的形成过程。

我们将北方长城沿线地带发现的早期鄂尔多斯式青铜器按照考古断代的时间顺序排列，就不难发现，早商时期到西周晚期（公元前15—前8世纪）的鄂尔多斯式青铜器在数量、品类、表现主题、造型风格等方面，都与对应时期北方长城沿线地带的气候条件、经济形态有着密切的关系，亦与对应时期、古文献记载的北方长城地带居民的文化形态有着紧密的联系。

我们知道，鄂尔多斯式青铜器的形成需要具备起码的两个条件：一是青铜材质的应用和具备一定的冶铸工艺；二是基于游（畜）牧文化基础上的动物纹主题的"采用"。如前所述，截至目前所发现年代最早的鄂尔多斯式青铜器来自朱开沟文化第五段。我们对朱开沟文化遗存做统计，朱开沟遗址发现的先民遗物约728件，出土随葬品约527件。[①]按材质大体可划分为石质、骨角材质（包括牙料）、陶、青铜、蚌壳与海贝等五类（表1.2）[②]。在朱开沟遗址发掘出的728件遗物中，青铜材质的兵器、工具及装饰品仅占2.74%，远不及石、陶、骨角等材质的遗物数量；在朱开沟文化墓葬中出土的527件随葬品中，青铜器仅占6.07%。

在辽西的夏家店下层文化中，出土青铜材质器物的数量也很少，虽然夏家店下层文化也已进入青铜时代。在夏家店下层文化发现陶器2000多件，器型规整、种类齐全，三足器与泥质黑陶十分发达。并且，出现了专为丧葬所用的彩陶（即：用红、白两种矿物色在烧制完成的器物表面绘制图案）明器。其中，大甸子墓地发掘的1600余件陶器中，这类彩陶即占1/4。

[①] 内蒙古自治区文物考古研究所：《朱开沟：青铜时代早期遗址发掘报告》，文物出版社2000年版，第51页。

[②] 此图表数据源自内蒙古自治区文物考古研究所《朱开沟：青铜时代早期遗址发掘报告》，文物出版社2000年版，第51—277页。

表 1.2　　　　　朱开沟文化遗存按材质分类统计数据

	石质	骨角材质（牙料）	陶	青铜	蚌壳与海贝	总计
朱开沟遗物数量（件）	244	245	218	20	1	728
各材质遗物占比（%）	33.5	33.6	29.9	2.74	0.14	
朱开沟随葬品数量（件）	25	35	293	32	142	527
各材质随葬品占比（%）	4.74	6.64	55.6	6.07	26.94	

夏家店下层文化遗址出土的石质器物大体可划分为两类，一类为石质工具或兵器，例如石斧、石刀、石铲、石凿、石锛、石钺、石范、石锄、石臼、石镞、石纺轮等，计400余件；另一类为石质装饰品，如玛瑙珠、石珠、石环、绿松石珠等，计4000余件。而夏家店下层文化中，金质、铅质、铜质器物总数也不过60余件，占夏家店下层文化出土器物总数不到1%。同样，燕山南麓大坨头文化出土器物也以陶器为大宗，青铜器不过20余件。

也就是说，公元前20—前13世纪的北方长城沿线地带（尤其中段和东段），青铜属极为稀有、珍贵之物。有人认为：夏朝都城的分布与中原铜锡矿的分布区相吻合，三代都城的屡次迁徙，应与追逐、掌控铜锡矿资源有直接关系。青铜器不只是奢侈品与装饰品，而是进行斗争、攫取权力、巩固统治的必要前提。[1] 青铜器对于夏商王朝来说，尚如此重要，长城沿线中段与东段的部族对于青铜资源的掌控量又远低于夏商王朝，所以青铜材质在北方部族中受珍视的程度亦不会低于中原地区。

朱开沟出土遗存的统计数据中，存在一个有趣的现象：遗址发掘出的石质工具、兵器及装饰品等遗物占所发掘遗物总数的33.5%，骨角（牙料）材质的兵器、工具及装饰品占总数的33.6%，而在墓葬中出土的527件随葬品中，石质与骨角质随葬品仅占4.74%和6.64%，远低于同类材质的比例，表明石质与骨角类材质的器物在丧葬习俗中并非主要随葬之物。陶质遗物占总数的29.9%，而陶质随葬品占总数的

---

[1] 张光直：《中国青铜时代》，生活·读书·新知三联书店2013年版，第38—60页。

55.6%，这种现象表明过着农耕定居生活的族群的丧葬习俗中陶器占有重要地位。青铜材质占遗物总数的2.74%，而青铜随葬品数量占总数的6.07%，说明丧葬习俗中的青铜器，虽然数量不多，但却是一些规格、等级较高的墓葬中的"新宠"，青铜材质本身的贵重程度要大于其作为器具的实用意义。

朱开沟文化发现的青铜器，除了具有早期北方风格的铜刀和两件具有中原造型风格的鼎和爵（残片）之外，其余皆属小件兵器或装饰品，造型简单、质朴。夏家店下层文化出土的60余件金属器中，耳环与指环就占51件。大甸子M677中的成年女性墓主人每个手指上都戴着一枚铜指环，小手指又加套一枚。另外，夏家店下层文化居民男女都有戴耳环的习俗，这些指环、耳环造型均简单、质朴。显然，其作为随葬品的意义应该是彰显墓主人身份的尊贵。也就是说，青铜时代早期的北方长城沿线地带，铜只是极少部分社会顶层人物所能掌控的"财富"，除具有一定的使用功能（如作为铜刀、铜錾、铜护牌、铜锥、铜镞等兵器或工具）之外，更重要的是材质本身所体现出来的一种关于身份等级、社会地位的标示意义，青铜器尚不具备陶器在该时期葬俗中所具有的意义。而此时的青铜器也未形成带有某种文化或宗教内涵的造型或图像。

所以，青铜时代早期在北方长城沿线地带，青铜主要作为一种"珍稀材料""统治工具""身份标识"的"物质"而存在。因而，其也成为各种权力集团竞相追逐的目标，这种"追逐"在导致青铜产量增加的同时，也使其从以石、陶、骨角为主的"可选材料范围"中渐渐"脱颖而出"，成为代表权力、财富乃至"先进生产力"的物质存在，逐渐成为制作兵器与生产生活工具的主要材料，也使以青铜铸造族群信仰体系中的"神灵""神物"成为可能。

青铜时代中期，北方长城地带中段的代表性文化遗存要数李家崖文化，出土的青铜器数量与种类骤增。如果田广金等学者提出的"李家崖文化是朱开沟文化的延续"的观点成立的话，那么，其正是在青铜材质从陶、石、骨角材质体系中剥离出来，并且在北方长城沿线地带、在北方民族青铜材料具有一定积累之后，陆续形成鄂尔多斯式青铜器早期动物纹造型的初级阶段。

朱开沟文化中发现了最早的、具有鄂尔多斯式青铜器造型风格的铜刀，同时也发现了来自中原地区的鼎、爵残片和青铜戈。这种现象当然可以被解释为朱开沟文化先民与中原的夏商王朝之间战争掠夺或交换馈赠的结果。但，是否也可以设想朱开沟文化先民中，就有来自中原的农耕族群呢？毕竟，早在全新世大暖期到来之际，就有中原农业居民经冀北、晋北到达岱海地区，或自黄河溯流而上到达河套地区从事农业耕作。[①]

李家崖文化发现的青铜器可明显区分为"殷墟式""混合式""土著式"[②]三类。根据这种现象我们似乎可以做出两种推断：一，该地区存在着分属不同文化的族群；二，该地区存在着不同的经济形态以及由此产生的不同文化习俗。如前所述，该时该地的族群问题，学界尚难达成共识，体质人类学提供的数据可在一定程度上提供关于人种成分的数据资料，然而这方面的资料又不够全面。所以，关于种族与族群问题的争论可能还要长期持续下去。但是，我们可以得知的是，从朱开沟文化到李家崖文化，其中显然存在着不同的经济形式，即农耕与畜牧和狩猎，只是不同时期农耕、畜牧和狩猎业在社会经济总和中所占比例不同，这是为考古资料所证实的。人们大多认为，这种农耕、畜牧与狩猎经济形式在当时社会是共存的，即：人们既从事农耕，又利用闲暇时间从事畜牧与狩猎。但是，同农耕一样，家畜蓄养和狩猎业也是比较"专业"的生业模式（尤其在当时生产力水平极低的状况下），各自需要不同的、"专门化"的知识与工具。因此，我们是否可以推断：北方长城沿线地带，从朱开沟文化到李家崖文化中，一直存在着一小部分专门从事畜牧或狩猎的人群呢？这部分人在长期的畜牧与狩猎生活中，改进并创造了适合畜牧与狩猎生业的生产工具。同时，在其内部也逐渐形成了基于畜牧与狩猎生业的、对于动物神灵的崇拜意识，继而产生出以

---

① 林沄：《中国北方长城地带游牧文化带的形成过程》，《林沄学术文集（二）》，科学出版社2009年版，第43页。

② 乌恩岳斯图：《北方草原考古学文化研究》，科学出版社2007年版，第150—151页。

动物纹饰为造型母题的鄂尔多斯式青铜器。这小部分专门从事畜牧或狩猎的人群，在不同时期或许表现为不同的组织形态，如以"氏族"为单位，或结成"部落"①。因为，朱开沟文化墓葬出土的随葬品，除了陶、石、骨角、青铜在不同时期会依材质而相对集中外，还存在另外一种现象，即：随葬品依不同生业模式的实用功能和造型风格而有所集中。例如：朱开沟文化第五段 M1083 中的随葬品为铜戈、铜鍪、石刀、石斧、带钮罐各1件（图1.8）②。M1040 出土Ⅰ式铜牌2件，Ⅱ式铜牌2件，铜短剑、铜刀、铜戈各1件（图1.9）③。这似乎可以说明墓主生前所从事的职业偏重战争、狩猎类，流动性较强、较多依靠武力的非农耕生业。而 M4014 出土的陪葬品则是由陶罐、陶鬲、陶盆、陶豆、双耳罐构成的一组陶器，同时用9副猪下颌骨整齐摆放、随葬其中。这类与农耕经济紧密相连的随葬品似乎也可表明墓主生前所从事的当为农耕生业。当然，在许多墓葬中，存在着代表农耕经济的器物（如陶罐、猪骨等）和代表畜牧、狩猎经济的器物（如羊下颌骨、野兽骨骼、石镞、铜镞等）伴出的情况，但我们细心研究还是会发现，其各自所占比例是不同的。这种现象或许与交换行为有关（因为在朱开沟文化遗存和墓葬中已经发现了用以代币的蚌壳和海贝）；也可能与各不同部族（或部落）的丧葬习俗有关。

费尔巴哈说："人的存在和生命所依靠的东西，对于人来说就是神。"④ 正如7000a B. P. 中原地区所处的母系氏族社会时期，因采集和农业生产劳作主要依靠妇女，且人们将妇女与生殖能力相联系，曾创造了一些用象牙、石头、陶土制成的、女性生殖特征十分明显的小型女神

---

① 本书关于"氏族""部落"的概念释义采用王小盾《原始信仰和中国古神》，上海古籍出版社1989年版，第31页注释："氏族"指按血缘关系结成的基本社会组织；"部落"指由两个以上血缘关系相近的氏族构成的社会组织。
② 内蒙古自治区文物考古研究所：《朱开沟：青铜时代早期遗址发掘报告》，文物出版社2000年版，第216页，图一七八。
③ 内蒙古自治区文物考古研究所：《朱开沟：青铜时代早期遗址发掘报告》，文物出版社2000年版，第224页，图一八九。
④ 费尔巴哈：《费尔巴哈哲学著作选集》下卷，生活·读书·新知三联书店1962年版，第438—439页。

像，表现对女性和肥沃土地的尊崇和崇拜。① 也就是说：越是与某一族群的生存、生计紧密相关的事物，就越易于产生源自该事物的信仰和禁忌。越是与族群生计关涉程度低的事物就越不容易成为族群的崇信对象。在朱开沟文化和李家崖文化的族群中，以农耕为主要生业的人群对动物的依赖和关注程度，要低于我们所设想的、小部分主要以畜牧和狩

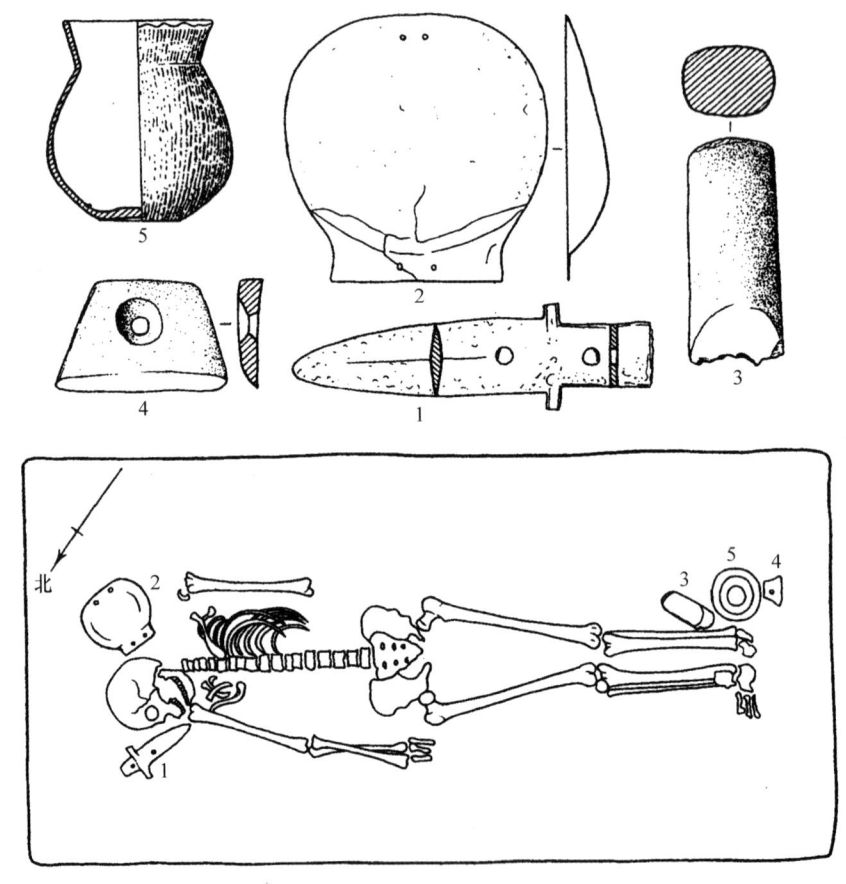

1.铜戈；2.铜鍪；3.石斧；4.石刀；5.带钮罐

图1.8 朱开沟文化第五段 M1083 中的随葬品

---

① 王小盾：《原始信仰和中国古神》，上海古籍出版社1989年版，第25页。

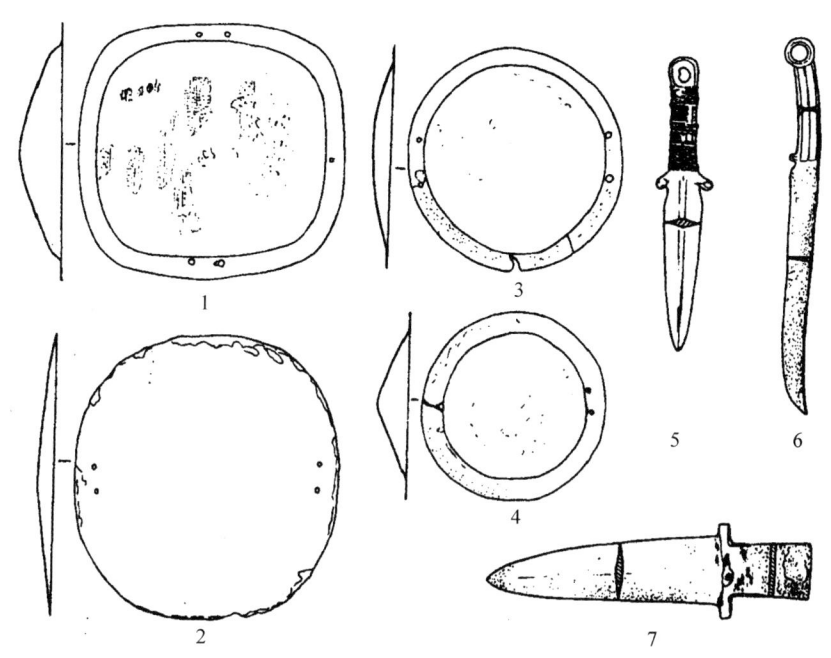

第一章 鄂尔多斯式青铜器生成的自然环境与人文背景

1、2.Ⅰ式铜牌；3、4.Ⅱ式铜牌；5.铜短剑；6.铜刀；7.铜戈

图1.9 朱开沟文化第五段M1040出土的铜器

猎为生计的人群。作为鄂尔多斯式青铜器动物纹造型形成的思想基础——崇拜动物神灵的信仰，或许是从这些专门从事畜牧与狩猎生业的"小部分人群"那里逐步生发并成长起来的。而未必是整个庞大族群所共同崇信的。后来随着气候由温湿向"干冷化"转变，农耕生业难以为继，原本从事农耕生业的人群渐渐减少农耕经济的比重，逐步向畜牧和狩猎业倾斜，其自然要遵循原已在"小部分人群"中形成的、适用于畜牧与狩猎业中的"神灵"崇拜与禁忌、仪式。

到此，我们或许可以产生这样的推断：虽然，夏商时期北方长城沿线地带的农耕人群从人种与文化习俗方面均有别于中原地区的农耕人群（林沄先生根据体质人类学的研究成果，提出夏家店下层文化的居民是定居的东亚蒙古人种，而遍布内蒙古中南部地区的庙子沟文化人群则表现为中原仰韶文化农耕人群与河套地区原住民融合的结果;[1] 考古发掘资料表明夏家店下层文化男女居民都有戴耳环的习俗,而朱开沟文化发现的环形器、大坨头文化出土的铜耳环的喇叭口造型又与夏家店下层文化的耳环相似)。但是,该时期北方长城沿线地带诞生的鄂尔多斯式青铜器的原初形态却脱胎于该地域与中原存有殊异的农耕文化。

北方长城沿线地带早期鄂尔多斯式青铜器的形成过程,似乎是一种由农耕文明中逐渐"剥离"开来的过程。这种"剥离"主要体现在两个方面:一是青铜材质从以石、陶土、骨角为主要造物材质系统中逐步"剥离",成为主要造物材质,成为鄂尔多斯式青铜器生成的重要物质前提;二是畜牧与狩猎生业从农耕经济中逐渐"剥离",形成了以畜牧和狩猎生业为核心的文化、信仰和禁忌、仪式。伴随着北方长城沿线气候逐步向干冷转化,农耕经济萎缩,越来越多的、原本从事农耕生业的氏族或部落开始转向畜牧业与狩猎业,文化和信仰中陆续融入对动物神灵的崇拜,而且这种对动物神灵崇拜的思想,随着畜牧与狩猎业在经济生活中的重要性的提升而变得越来越强烈。

本章小结

总体来看,鄂尔多斯式青铜器形成初期,北方长城沿线地带在矿产资源分布方面呈现出不均衡状态。位于内蒙古中南部的鄂尔多斯地区铜锡矿资源稀缺,朱开沟文化、陕北李家崖文化,甚至近年来发现的西岔文化遗址出土的青铜器,其原料均可能系从中原地区、甘青地区、甚至辽西地区输入。从商式青铜器与早期鄂尔多斯式青铜器伴出情况看、从殷商墓葬出土鄂尔多斯式青铜器的考古简报来看,夏商时期北方长城地带与中原地区应具有相当紧密的交往与联系,这不止体现为青铜原料的输入一方面。当时有部分鄂尔多斯式青铜器可能系由中原地区所造,而后传入北方的。而辽西地区有着相对丰富的铜锡矿资源,不仅可供本地

---

[1] 林沄:《中国北方长城地带游牧文化带的形成过程》,《林沄学术文集(二)》,科学出版社2009年版,第41页。

青铜器的铸造生产，甚至还会有原材料外流的可能性。

　　在青铜器铸造技术方面，当时的中原民族与北方民族间，亦应具有密切的交流、学习与借鉴。也应存在着极大的铸造匠人流动的可能性。从制作工艺来看，当时生活在内蒙古中南部地区与辽西地区的族群已经具备了一定水平的青铜器成型技术。他们对青铜材质的特性有较高水平的理解和掌握。例如，人们已经能够根据所需要器物的性能，在冶炼过程中进行合理的金属成分调配。也可根据器物的使用需求，通过铸造、冷锻、热锻、铸后冷加工、铸后热加工以及热冷加工等不同成型技术，使所造青铜器获得不同的坚硬程度、不同的抗拉伸强度以及不同的延展性，甚至可以实现同一青铜器的不同部位在延展性以及坚硬程度方面有所不同。

　　北方长城沿线地带由于受到了自夏朝开始的气候"干冷化"进程的影响，使农耕经济逐步向畜牧和狩猎经济转变，形成了半农半牧的经济格局。半农半牧的经济格局生成了与之相对应的文化形态，而这种文化形态又为鄂尔多斯式青铜器的生成做好了"文化准备"。

　　鄂尔多斯式青铜器在这样的现实条件与文化背景中，逐步发展了起来。

第二章

鄂尔多斯式青铜器造型的发展与演变

第一节 兵器与工具造型的演变

考古学界对鄂尔多斯式青铜器划分品类时，多从实用功能出发，将铜刀、短剑、鹤嘴斧、铜戈、铜镞、铜锥、铜凿、棍棒头等归为一类，名曰：兵器与工具类。这种划分方法内容全面、分类细致，便于通过器型对比排查各"式"、各"类"的源流与影响关系。对于兵器与工具来说，实用功能是其产生的"源动力"和其首要的存在价值。如前所述，北方长城沿线地带族群相比中原三代王朝来说，其所掌控的铜锡矿资源要贫乏得多。加之，更新世以来的气候"干冷化"促使该地区生业模式逐渐发生转变。北方长城地带的青铜器多为小件器物，精巧、便携、实用是其重要特征。尤其对于铜镞、铜锥、铜凿、铜戈、铜斧等器物，更重视其实用功能。器型的发展与演变多是出于对工具使用性能提升的需要。这种为提升工具使用性能而促进的造型演变，一方面源自铸造匠人在长期经验积累的基础上，萌生对旧有造型的改良和创新；另一方面是源自其他地域同类工具造型的传播与影响。一般来说，习俗与信仰的传播是缓慢的、长期的，需要逐步突破各种族群间的文化"边界"。而那些能够提高生产能力的先进科学（工艺）技术的传播却是迅速的、很少受到异族文化排斥与阻碍的。背后的根本原因是人们对于美好、富足的生活条件的永恒追求。

鄂尔多斯式青铜器中的铜镞、铜锥、铜戈、铜斧、铜凿等实用器

第二章　鄂尔多斯式青铜器造型的发展与演变

具，虽造型样式具有地域特征，但其上却很少见与实用功能无关的造型元素（如图案、纹样等）。鄂尔多斯地区收集到的编号为 E·264 至 E·284 的二十余件铜锥（图 2.1）[①]，被认定为早商时期遗物，属鄂尔多斯式青铜器中，铜锥造型的早期形态：一端扁平；另一端有圆锥状尖。[②] 无疑，这类铜锥除了实用功能和该时代铜——这种珍贵金属本身所承载的价值之外，并不具备文化与审美意义。田广金先生将具有铃形首部的铜锥（图 2.2）[③] 与铃首短剑相对照，推断其当属商代晚期遗物。从造型上说，这种具有铃形首部的铜锥造型产生的根本原因，亦应从实用功能方面寻求。圆润的铃形锥首造型，与瘤状锥首当具有相同的制作目的，即：便于手握以增强锥尖的穿透力。这些铜锥的尺寸多为5—15cm 不等，铃形首部的孔洞应用于穿绳系带，以便于悬挂和携带。所谓铃首中"应有已脱落的铜丸或石丸"[④] 的说法毕竟只是推测。而从实用功能的角度对该造型所做的解释或许更应该引起重视。如此说来，铃形首铜锥的造型应比瘤状首铜锥（图 2.3）[⑤] 更为先进。

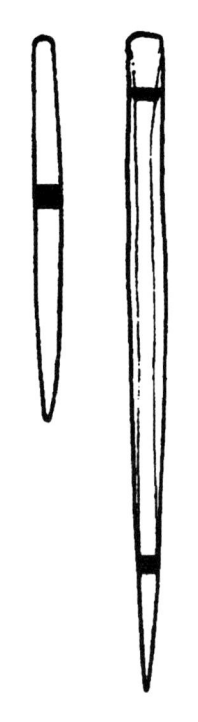

图 2.1　鄂尔多斯地区收集到的铜锥

　　同样，对于铜镞、铜斧、鹤嘴斧等造型的设计与改良亦主要出于实用目的。以铜镞——这种古代战争中消耗量较大的小件兵器为例，其设计与制作的核心要求应为：在尽可能节省宝贵的青铜资源的同时，具备更大的杀伤力。所以，鄂尔多斯式青铜器中的大量铜镞的造型都表现出制造者对于这两个核心要求的不懈探索。例如双翼倒须式

---

① 田广金、郭素新：《鄂尔多斯式青铜器》，文物出版社1986年版，第48页，图二五1、2。
② 田广金、郭素新：《鄂尔多斯式青铜器》，文物出版社1986年版，第47—49页。
③ 田广金、郭素新：《鄂尔多斯式青铜器》，文物出版社1986年版，第48页，图二五3至5。
④ 田广金、郭素新：《鄂尔多斯式青铜器》，文物出版社1986年版，第47页。
⑤ 田广金、郭素新：《鄂尔多斯式青铜器》，文物出版社1986年版，第48页，图二五6至9。

铜镞（图2.4）①的设计目的显然在于使受伤者难以从伤体内取出箭头。而三翼有銎式铜镞与三翼倒须式铜镞（图2.5）②所形成的三角形伤口要比双翼铜镞所形成的创口更难愈合。三翼倒须式铜镞则兼有箭头难以取出和创口难愈合两种杀伤优势。鄂尔多斯地区收集到的编号为E·1008、E·1009的三翼倒须式铜镞的脊侧还设计有三角形血槽，便于血液流出、使伤者快速毙命。

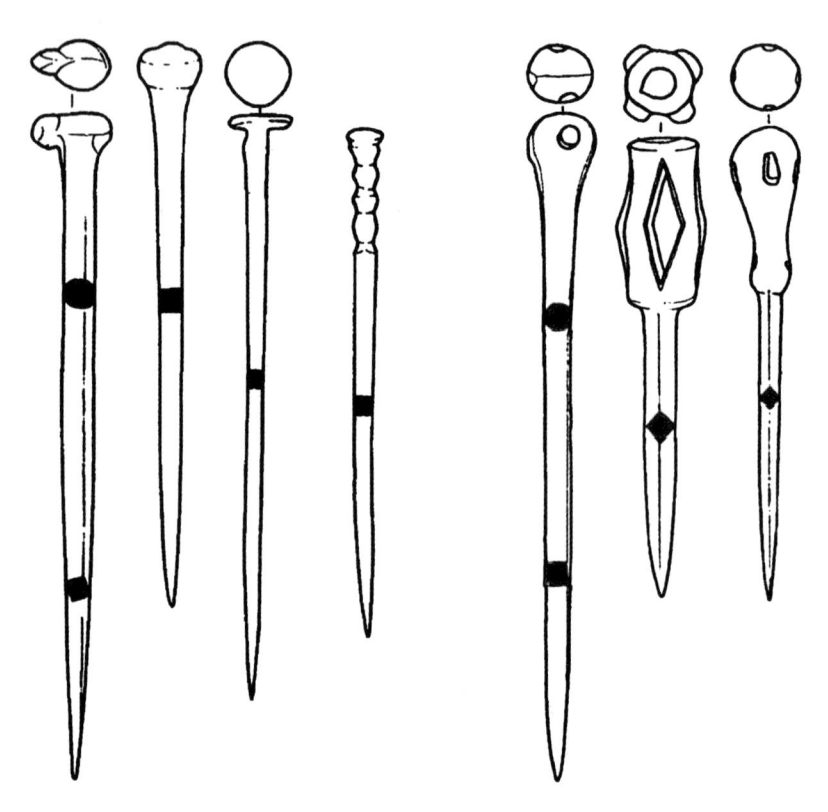

图2.2　铃形首铜锥　　　　　　**图2.3　瘤状首铜锥**

---

① 田广金、郭素新：《鄂尔多斯式青铜器》，文物出版社1986年版，第53页，图二八3至8。

② 田广金、郭素新：《鄂尔多斯式青铜器》，文物出版社1986年版，第56页，图三〇1至4。

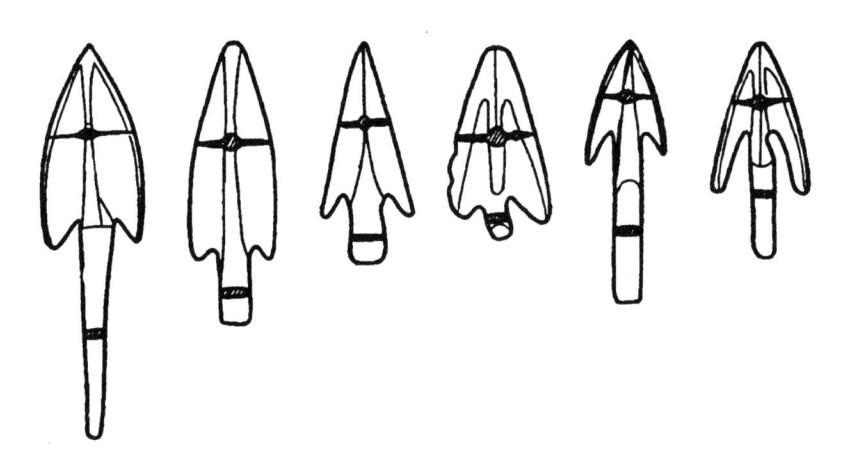

图 2.4　双翼倒须式铜镞

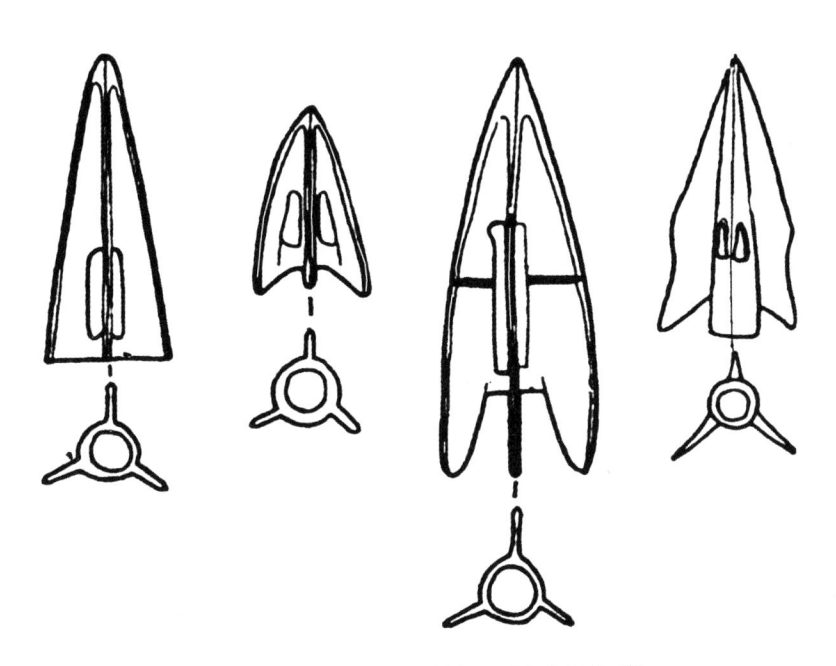

图 2.5　三翼有銎式铜镞与三翼倒须式铜镞

从目前所发现的鄂尔多斯式铜斧的造型来看，实用功能是其存在的唯一价值。鄂尔多斯地区收集的编号为 E·225 的铜斧，虽在凸棱下方有折线纹装饰，但这似偶然为之或信手拈来的简单纹饰并不具备民族文化层面的审美特征或"典型性"。

基于以上原因，我们在对兵器与工具的发展变化的研究中，对铜锥、铜镞、铜斧、铜凿等实用器具作以"简省"。鄂尔多斯式青铜器中的铜刀、短剑虽为实用器具（亦为兵器），但其在造型与装饰方面特征鲜明，在实用功能之外具有较强的文化与审美价值，因此，我们在兵器与工具类别之下对其造型做了相对细致的研究。

本节研究的主要对象为出土（或搜集）于鄂尔多斯地区的鄂尔多斯式铜刀与短剑。研究对象有铜刀196件。其中22件有确切出土来源，其主要出自毛庆沟墓地、桃红巴拉墓地、公苏壕墓地、西沟畔墓地、玉隆太墓地、补洞沟墓地以及范家窑子墓地。另有174件系鄂尔多斯及邻近地区的收集品，暂无法判定其详细来源，但其造型样式与出土刀剑相一致，且经考古工作者鉴别，故一并纳入研究范畴；短剑27件，其中12件为收集品，现藏鄂尔多斯博物馆及内蒙古博物院，其余15件分别出自毛庆沟墓地、公苏壕墓地、西沟畔墓地、范家窑子墓地以及呼鲁斯太墓地等。

一　早商时期铜刀与短剑的造型

现藏于鄂尔多斯博物馆的编号为E·10、E·11、E·12、E·13的铜刀断代为早商时期。从造型上看当属早期的鄂尔多斯式铜刀。而前述朱开沟文化第五段出土的铜刀M1040：3、铜短剑M1040：2（图1.1）断代亦为商代早期。E·12和E·13铜刀（图2.6）[①] 以及朱开沟M1040：3铜刀、M1040：2铜短剑虽同为鄂尔多斯式铜刀的早期形态，但在造型上却存在明显差别。如果说E·13、M1040：3、M1040：2均系鄂尔多斯式铜刀、剑的早期形态，那么相比之下，E·12造型则更加"古老"，其尚具有一定的"构件"属性，即其尚难以作为完整而独立的铜刀使用。E·12铜刀总长18.9cm，刀宽1.5cm，刀刃与刀柄无明

[①] 田广金、郭素新：《鄂尔多斯式青铜器》，文物出版社1986年版，第17页，图八2至3；图版三二1至2。

第二章　鄂尔多斯式青铜器造型的发展与演变

E·12　　　　　　　　E·13

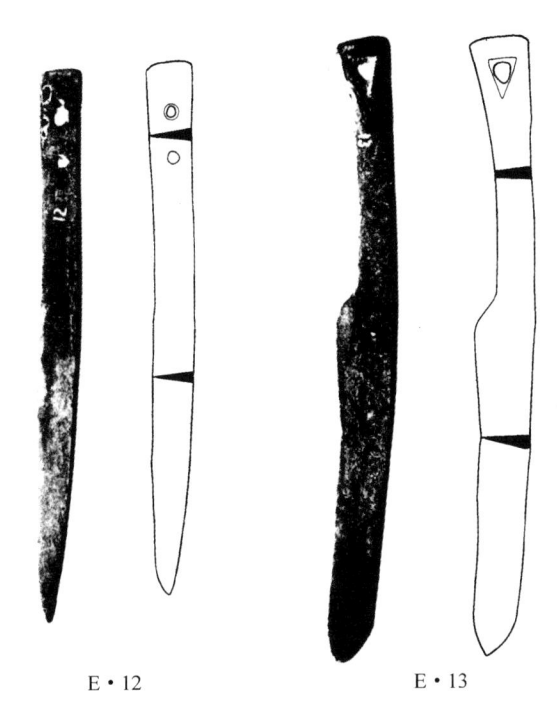

图2.6　现藏于鄂尔多斯博物馆的编号为E·12、E·13的早商时期铜刀

显分界。刀背厚度为0.3cm，刀刃与刀柄部位横截面形状相同（均为顶角尖锐的等腰三角形），甚至可以认为E·12铜刀的造型并无刀柄部分的设计。当铜作为一种新的材料问世，其最初的意义仅为对已有的石质、骨质乃至陶质工具（或器具）进行材料的替换。铜石并用时代乃至青铜时代早期大部分青铜器造型几乎都可从先期石质、陶质、骨质器具中找到"原型"。例如，朱开沟文化遗址出土的石斧（H2042：1、H1039：1）、石锛（T209②：1）、石凿（H1066：3）造型就与鄂尔多斯地区收集的商代晚期铜斧（如E·221、E·222、E·223）造型十分相似（图2.7）[①]。当然金属材料本身较之石材具有更好的延展性与可塑性，

[①] 内蒙古自治区文物考古研究所：《朱开沟：青铜时代早期遗址发掘报告》，文物出版社2000年版，第53页，图四二3、7；第55页，图四四3、6；田广金、郭素新：《鄂尔多斯式青铜器》，文物出版社1986年版，第41页，图二〇1至3。

能够铸造出更加轻便、精细的造型，而石材则较难实现。所以，青铜材质在仿制已有石器、骨器、陶器的过程中，会与原物造型产生一定的差异，但这种差异是由材料性能的差异决定的，新材料对旧材料的替换往往会使新的器具在功能上更加轻便、适用，在造型上更加精巧、美观，所以这种造型上呈现的"差异"往往是进步的。

石斧H2042:1　　石斧H1039:1　　石锛T209②:1　　石凿H1066:3

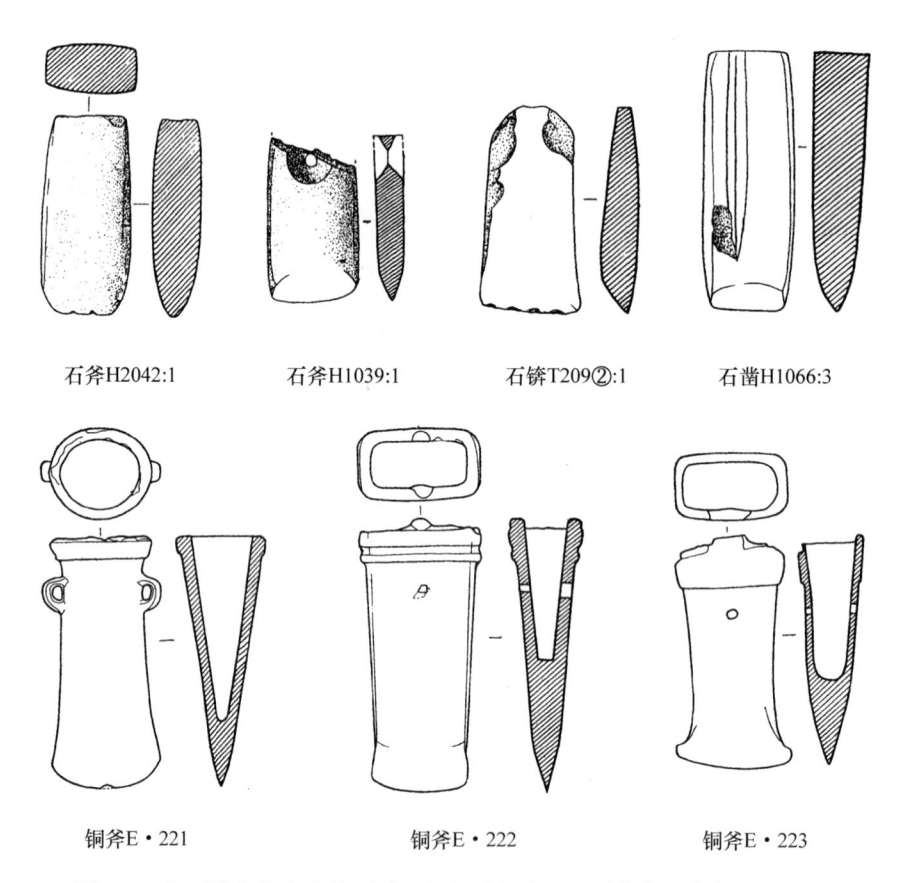

铜斧E·221　　　铜斧E·222　　　铜斧E·223

图2.7　朱开沟文化出土的石质工具与鄂尔多斯地区收集的商代晚期铜斧

同样，铜石并用时期乃至青铜时代初期诸如铜刀、铜锥、铜镞等小件鄂尔多斯式青铜器造型与此前的骨刀、石镰、骨锥、骨镞的造型也极其相似，说明其也是仿照已然存在的石器、骨器造型而铸（锻）造出来的（图2.8）[①]。图2.8中的骨锥造型与图2.3中的瘤状首铜锥造型具有高度的相似性。说明瘤状首铜锥的原型为骨锥造型。而锥体顶部的所谓"瘤状首"乃是出于实用目的（即便于持握以增强穿透力）而借助于骨关节部位突起的"瘤状"造型磨制而成。这种造型的骨锥在长久的使用过程中，因设计合理、便于使用，其本身的造型便成为"定式"，乃至青铜材料出现以后，人们制作的铜锥，多模拟（或遵循）骨锥造型的"定式"，形成了所谓的"瘤状首"铜锥。而当我们将图2.4中的双翼倒须式铜镞与图2.8中的骨镞造型相比，便会发现其造型如出一辙。只是图2.8中的骨镞双翼尾部缺少"倒须"。这种铜镞上的"倒

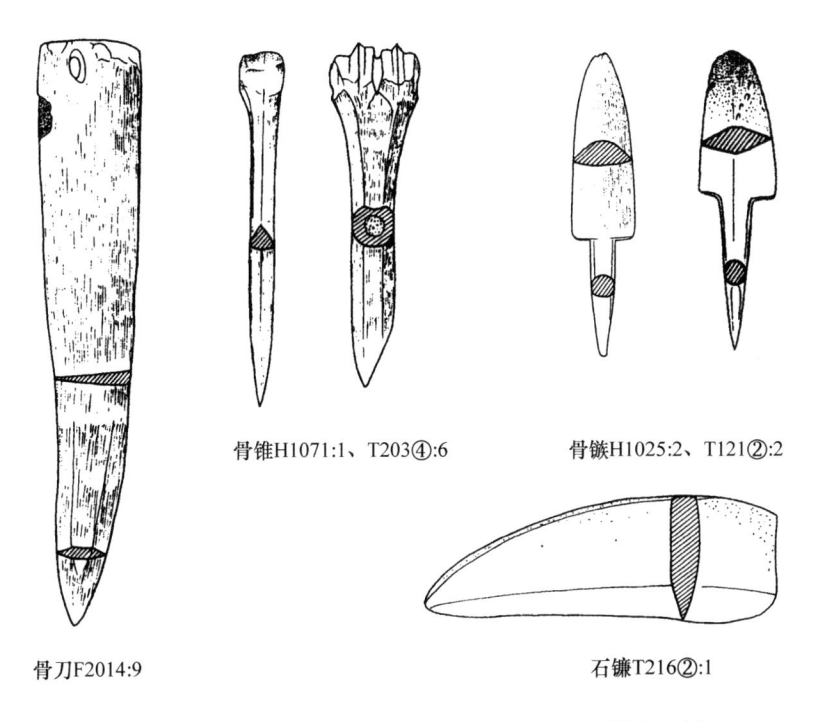

骨刀F2014:9　　骨锥H1071:1、T203④:6　　骨镞H1025:2、T121②:2　　石镰T216②:1

图2.8　朱开沟文化遗址出土的骨刀、骨锥、骨镞和石镰

[①] 内蒙古自治区文物考古研究所：《朱开沟：青铜时代早期遗址发掘报告》，文物出版社2000年版，第69页，图五五1；第73页，图五七4、2；第76页，图五九1；第74页，图五八7；第61页，图四八4。

须"造型以及三翼铜镞中的"三翼"造型的出现,系得益于金属铜的可塑性和先进的冶铸工艺。这种"创新性"的造型换作骨质材料则较难实现。

当我们将早商时期的鄂尔多斯式铜刀(E·12)与朱开沟出土的骨刀(F2014:9)、石镰(T216②:1)进行对比,则不难发现铜刀与骨刀、石镰在造型方面具有极大的相似性,当然也存在着一定的造型差异,但是这种造型差异亦是由于材料的物理属性和成型工艺所造成的。

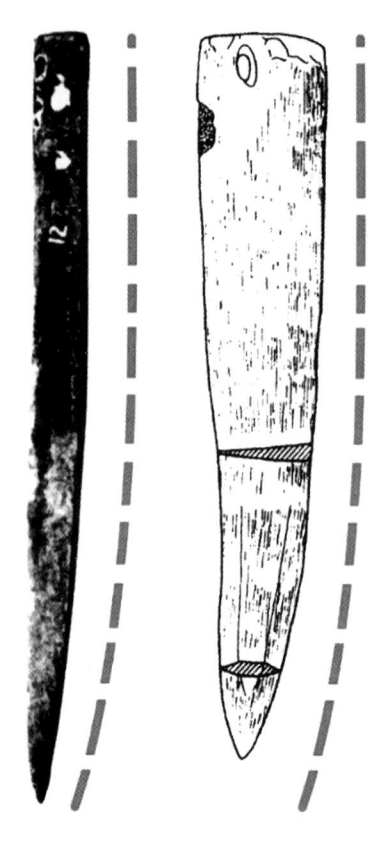

我们将 E·12 铜刀与骨刀 F2014:9、石镰 T216②:1 的造型进行对比(图2.9)。E·12 铜刀通长18.9cm,宽1.5cm,刀背厚度0.3cm;骨刀 F2014:9 全长17.1cm,宽3.1cm,厚度0.5cm;石镰 T216②:1 的长度为13.6cm,宽度5cm,背厚1.1cm。一般来说,长度相近的刀剑多具有相近的使用功能。长度在30cm以下者,均应为近身防御兵器,或兼具日常生活使用功能。E·12 铜刀与骨刀 F2014:9 在造型对比上具有较大的相似度:均无刀柄,通体单面刃,骨刀 F2014:9 尖部为双面刃。二者长度相近,尤其刀背线条所形成的曲度亦十分相近,这种相近的刀背线条曲度更说明了 E·12 铜刀造型与早期骨刀"定式"的紧密关联[①]。骨刀 F2014:9 末端有一穿孔,疑似用于同木柄衔接或用于系带悬挂。而 E·12 铜刀末端有两个大小相近的

图2.9 E·12 铜刀与骨刀 F2014:9

[①] 田广金、郭素新:《鄂尔多斯式青铜器》,文物出版社1986年版,图版三二1;内蒙古自治区文物考古研究所:《朱开沟:青铜时代早期遗址发掘报告》,文物出版社2000年版,第69页,图五五1。

钉孔，两个钉孔之间的距离约为 2cm。这种钉孔的距离，正适宜在安装纵向或横向木柄时用以固定铜刀。尤其当安装横向木柄时（造型与戈相似），相距 2cm 左右的钉孔多用以固定横截面直径为 3.5—4cm 的木柄（正适宜手握）。

E·12 铜刀宽度与长度比值为 0.079，而骨刀 F2014：9 宽度与长度比值为 0.181，并且骨刀 F2014：9 的厚度也接近于 E·12 铜刀的二倍，而编号为 T216②：1 的石镰宽度与长度的比值达 0.367，刀背厚度达 1.1cm。这种尺寸比例之差异盖由材料物理属性所致。骨质材料的坚硬度不如金属铜，其厚度亦有限，所以要保持其结实耐用的唯一方法便是增大其宽度与长度的比值。骨刀前端尖部内聚、厚度增加且磨制双刃，在便于穿刺的同时也使刀尖部不易折断。石刀与石镰类器具因石料质脆易碎，故其宽度与长度更加接近，方可使其经久耐用。

早商时期当属鄂尔多斯式铜刀的滥觞期。E·12 与 E·13 铜刀虽同为鄂尔多斯式铜刀的早期形态，但 E·13 铜刀显然较 E·12 铜刀造型更加完整。从严格意义上来说，E·12 尚处于"准铜刀"形态。甚至可以理解为：其是由金属铜仿制的"骨刀"。刀柄与刀刃尚未明确区分，或许具备更宽泛的使用功能。比如，可以根据不同需要，通过预留的钉孔与不同长度的柄部相衔接从而形成便于防身或日常使用的匕首，或组装成长柄兵器以利于作战。当 E·12 铜刀与木柄纵向组装可构成利于穿刺、投射的兵器，当其与木柄横向（垂直）组装时，又会形成类似戈一样的兵器，具有更强的攻击力。与 E·12 铜刀相比，E·13 铜刀的造型则更加完整，柄部设计变窄，横截面呈长方形，与刃部做明确区分。其与后期的鄂尔多斯式铜刀在造型上具有更加紧密的承续关系。柄首上的孔洞在后期的铜刀造型中得以长期延续，且常以不同的造型样式呈现出来（包括与动物造型的结合）。

根据上述研究，我们或许可以得出这样的结论：滥觞期的鄂尔多斯式铜刀造型乃是脱胎于先前的骨刀与石刀。当青铜材质出现以后，人们模仿着已有器物（骨刀、石刀）的造型，运用新的材料（铜）与工艺（铸造或锻造），创造出如 E·12 一样的早期铜刀。背后的本质可视为造型的继承与材料的替换。而 E·13 铜刀、朱开沟 M1040：3 铜刀、

M1040：2短剑，虽与E·12铜刀同处于早商时期，但从造型上来看，其却是比E·12更先进的且出现更晚的刀、剑造型样式。

二 晚商至西周时期的铜刀与短剑

1. 铜刀

晚商时期，北方长城沿线地带的冶炼与铸铜技术水平明显提升。从鄂尔多斯式铜刀发展的纵向轨迹来看，如果说早商时期是鄂尔多斯式铜刀的草创阶段，那么晚商与西周时期当被视作其发展与繁盛阶段，也是鄂尔多斯式铜刀造型的重要"探索期"，这种"探索"主要体现在对铜刀刀身曲率和铜刀造型所呈现的视觉平衡的探索。

根据现有的、被断代为晚商、西周时期的铜刀造型来看，这一时期的铜刀造型可谓异彩纷呈。田广金先生根据鄂尔多斯式铜刀的柄部造型将其分为A、B两类：将柄部造型扁平、横截面为椭圆形的铜刀归为A类铜刀；将刀柄中间部位凹陷且两侧有棱状突起的铜刀归为B类铜刀。[①] 从考古学的研究角度，这种分类方式无可厚非。但是从艺术造型角度对鄂尔多斯式铜刀进行研究，上述分类方法和据其所划分出的类别却并不适用。

在经历了早商时期的草创阶段之后，鄂尔多斯式铜刀逐渐摆脱了那种原始的、需与木柄结合使用的、具有"构件"性质的造型样态，形成了柄、刃分明，通体合铸的完整形态。这种柄、刃一体，通体铸造的铜刀在造型设计方面的首要问题，便是柄部与刃部造型的"衔接"问题。这是一种抽象的、形体与形体间的"契合"问题。刀柄造型与刀刃造型要有所区分，这种"区分"源于使用功能的需要，以求在使用中达到简易、适用、便携、顺畅；同时，柄部造型与刃部造型又要有机统一，这种"统一"源于视觉审美的追求，体现为：铜刀造型需具有视觉效果上的整体性，这种"整体性"在此或可解释为造型的紧凑感、节奏感、连续性或内在力的平衡关系。在一定程度上或许可以说：鄂尔多斯式铜刀在摆脱了原始造型样态以后，是在通体铸造所带来的、关于

[①] 田广金、郭素新：《鄂尔多斯式青铜器》，文物出版社1986年版，第16页。

对柄、刃造型的区分与统一等问题的探索与解决的过程中，逐步发展并走向繁盛的。

如前所述，E·12铜刀造型十分原始，其可被视为以金属铜对早期的骨刀乃至石刀、石镰造型的仿效。而类似于E·13之类的铜刀与前者相比，已然成为鄂尔多斯式铜刀的典型样式。鄂尔多斯式铜刀由E·12类型向以E·13为代表的典型铜刀类型的演化，可以理解为E·12类型铜刀造型的"分化"，即从刀刃末端"分离"出刀柄的造型。然而，这种功能区域的造型分割，是在不改变铜刀背部通体线条的连续性的前提下进行的，此正是贯穿鄂尔多斯式铜刀造型整个发展历程的一大特点。

西周时期，在鄂尔多斯式铜刀的制作过程中，人们似乎在尝试各种造型样式的可行性。但是，却从未破坏铜刀背部（包括柄部、刃部在内）线条的整体性与连续性。换句话说，整个铜刀背部的线条一直保持着连续与顺畅，从未被"阻断"和"割裂"。如图2.10中的1、2号铜刀（西周时期的鄂尔多斯式铜刀），背部主线条连续、流动、顺畅，而3、4号短刀（印度、尼泊尔短刀）背部主线条的连续性被割裂，在视觉对力的知觉上，表现为一种外力（楔形部位所示）对连续的主线所产生的流动、延展的力的入侵和阻断（图2.10）[1]。

在鄂尔多斯式铜刀的设计中，刀背线条的形态对于整个铜刀造型来说具有决定性作用，是整个铜刀造型的主线与"脊梁"。贡布里希在论述装饰纹样图案创作与形成的过程中曾用到过"生长，生发"一词。这种以动态的观点看待造型生成的方式或许更适宜于理解鄂尔多斯式铜刀造型的创制。即是说鄂尔多斯式铜刀造型是一种动态的"生成"过程。先设定（或创制）出决定铜刀造型样式的、作为主线和"脊梁"的刀背线条，其余造型则是依据这根主线，由背部向刃部"成长""生发"得来的。而这种"成长"与"生发"所遵循的隐性"规则"便是造型

---

[1] 田广金、郭素新：《鄂尔多斯式青铜器》，文物出版社1986年版，图版三四9、图版三五9；周纬：《亚洲古兵器图说》，中国友谊出版公司2009年版，图版二，波斯及印度精美刀剑5；图版十六，伦敦莫尔伯勒宫所藏尼泊尔古兵器9。

1   2   3   4

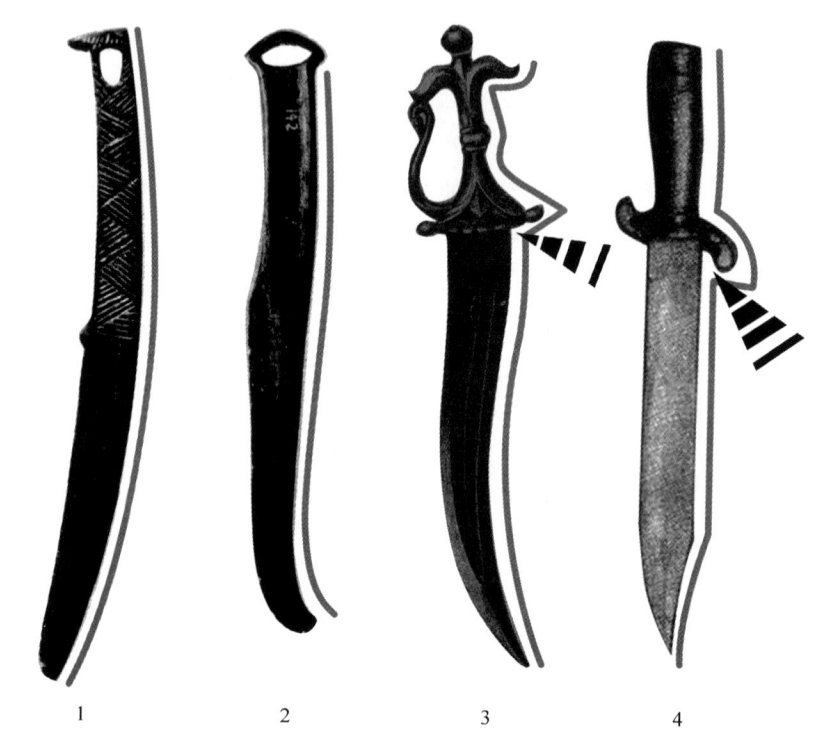

图 2.10 西周时期的鄂尔多斯式铜刀与印度、尼泊尔短刀

本身所形成的视觉力的均衡。

  鄂尔多斯式铜刀背部的整体线条（以下简称："刀背主线"）似乎是在牢牢地掌控铜刀的造型特征。由于受到实用功能（如简洁、便携、锋利、顺滑、便于切割或穿刺等）与制作工艺的约束，刀背主线的变化形式也相对有限。出于对鄂尔多斯式铜刀造型研究的需要，我们根据其刀背主线形态将鄂尔多斯式铜刀概括为"弧背刀"、"钩背刀"与"直背刀"三种形态。所谓"弧背刀"即刀背主线向内侧（刀刃方向）呈弧形弯曲的铜刀。刀背主线弧度大小不等，有的弧度明显，有的仅隐约可见，但皆流畅顺滑。"钩背刀"是指刀背主线在刀刃部位向外侧（刀刃的反向）挑出，形成弧状钩，而刀体造型依弧钩主线设计、生成的铜刀。"直背刀"是指刀背主线为直线，而刀体造型系从直线生发出来的铜刀形态（图2.11）①。

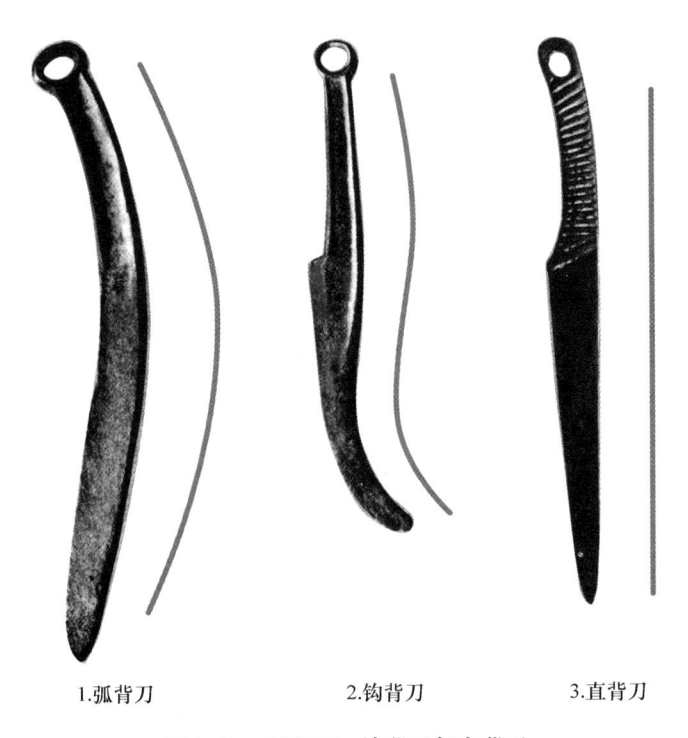

1.弧背刀　　　2.钩背刀　　　3.直背刀
图2.11　弧背刀、钩背刀与直背刀

三种刀背主线形态之间也存在着动态的变化关系。其中，弧背刀的刀背主线形态可被视为一种"中间样态"，当其向动感、激烈、"浪漫"的感受倾斜，主线弧度形态便继续生发、强化，即可衍生为钩背刀造型。当其偏向规整、洗练、"冷静"，弧度缩减，便可逐步衍生为直背刀造型。从现有资料来看，晚商及西周时期鄂尔多斯地区最繁盛的铜刀造型当属弧背刀与钩背刀。

正如阿恩海姆所说："视知觉就是对于视觉力的知觉，每一个视觉事物都是一种显著的动力性事件。"② 而这种"动力"是由形式建构起

---

① 田广金、郭素新：《鄂尔多斯式青铜器》，文物出版社1986年版，图版三六2、3，图版三五1。
② ［美］鲁道夫·阿恩海姆：《艺术与视知觉》，滕守尧、朱疆源译，四川人民出版社2019年版，第435页。

来的。不同造型以一定的方式构建（结合）起来，形成能够为视觉所知觉到的"力"。这种"力"并非现实世界真实存在的力，而是图形、图像作用于人的视觉后，为人所知觉到的关于方向、重量、平衡、张力等，归属于感知层面的力的形式。

知觉力的平衡是鄂尔多斯式铜刀造型所追求的重要内容。如前所述，弧背刀的造型当属一种"中间形态"，其在动感与变化方面强于直背刀，但弱于钩背刀。弧背刀造型似乎在用一种最质朴的方式寻求一种内在力的平衡。我们选取13把具有代表性的弧背刀进行造型研究（表2.1）[①]。这13把弧背刀中，刀刃长度占铜刀总长度的56%—58%的铜刀共4把；刀刃长度占铜刀总长度50%—53%的共6把。另外3把铜刀中，E·183刀刃长度占总长度的43%；E·164刀刃长度占总长度的46%；而E·155刀刃长度占铜刀总长度的68%。

表2.1　　　　　　　　**具有典型性的13把弧背刀尺寸数据**

标本	总长（cm）	刃长（cm）	刃长占比（%）	柄长（cm）	柄长占比（%）
E·13	22.0	12.8	58	9.2	42
E·34	20.9	11.9	57	9.0	43
E·36	19.0	10.9	57	8.1	43
E·100	21.4	11.1	51	10.3	48
E·92	21.5	11.0	53	10.0	47
E·132	20.2	10.7	53	9.5	47
E·135	19.3	10.8	56	8.5	44
E·143	17.0	9.0	53	8.0	47
E·183	16.2	7.0	43	9.2	57
E·155	22.2	15.0	68	7.2	32
E·157	16.0	8.0	50	8.0	50
E·164	18.0	8.3	46	9.7	54
E·182	16.4	8.5	52	7.9	48

①　此表所选作研究标本的13把铜刀尺寸测量的原始数据来自田广金、郭素新《鄂尔多斯式青铜器》，文物出版社1986年版，第27—32页。

铜刀 E·183 刃部呈现的不规则曲线表明，其可能是由于长期使用，反复磨制而使刃部变形、长度缩减，刀刃曲线也有异于其他同类型铜刀。当然，E·183 为双环首造型铜刀，同属双环首造型的 E·184、E·185 铜刀，刀刃部位也短于刀柄长度，在同样具有因反复磨制（甚至回炉锻打）而导致的刃部长度缩减的可能性之外，也存在另外一种可能，即：双环首铜刀在当时属于特殊类型或具有特定功用，从而出现刃短柄长的现象（图 2.12）①。E·164 刀刃长度占铜刀总长度的 46%，刃部造型也有较明显的长期磨制的痕迹，故怀疑其刃部尺寸亦是因长期使用、磨制而减损。E·155 刀刃长度虽占总长度的 68%，但是刀刃与刀柄部位并无明显分界，在长期的使用和打磨过程中，难免出现刀刃部

E·183　　　　E·184　　　　E·185

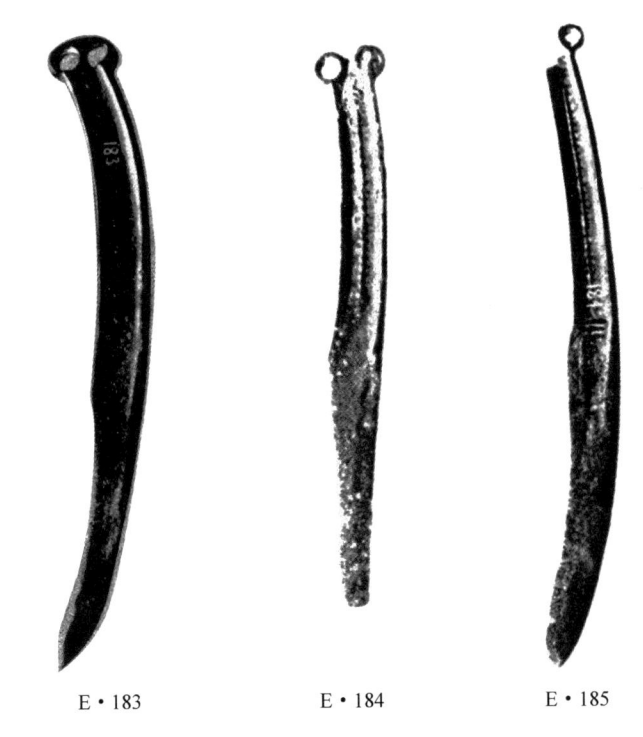

图 2.12　双环首铜刀

---

① 田广金、郭素新：《鄂尔多斯式青铜器》，文物出版社 1986 年版，图版三六 9，图版三七 1 至 2。

位的"伸长"。另外，这种柄刃相连、宽窄相似的铜刀，在测量时也难免存在些许误差。

晚商与西周时期绝大部分鄂尔多斯式铜刀中的弧背刀，刀刃部位长度都略微大于刀柄长度。刀背弧线匀整顺滑，便于产生一种相对简单的视觉力的平衡状态。当铜刀刃部与柄部宽度相近、刀背主线为顺滑而连续的曲线时，该曲线"顶点"① 所处的位置就显得尤为重要。顶点所偏向的一端，一般会呈现出一种重力消减现象。当然，对立方向的重力则明显增加。如图2.13（彩图一）所示，当刀背主线的两个端点落于水平面时，顶点似乎成了弧线的唯一重要支撑点。自顶点到端点A的距离小于顶点到端点B的距离，顶点到端点A的弧线下降趋势显得急促，而其到端点B的弧线则更显平缓。由此造成了一种视觉上的失衡现象：似乎顶点到端点B的线段的重量要大于其到端点A的线段重量。但是，在弧背刀中的这一"失衡"现象，却通过柄首与刀尖的造型变化得到了"弥补"。柄首向下（指图2.13中水平面以下）延伸的形体和环首造型，使由顶点到端点A的部分获得了一种向下方（即水平面以下）生长的动力。而刀尖造型的弧线的两端，均呈现出一种向上的"转向"，与柄首造型向下的张力相比，更显现出一种轻盈与灵动，水平面

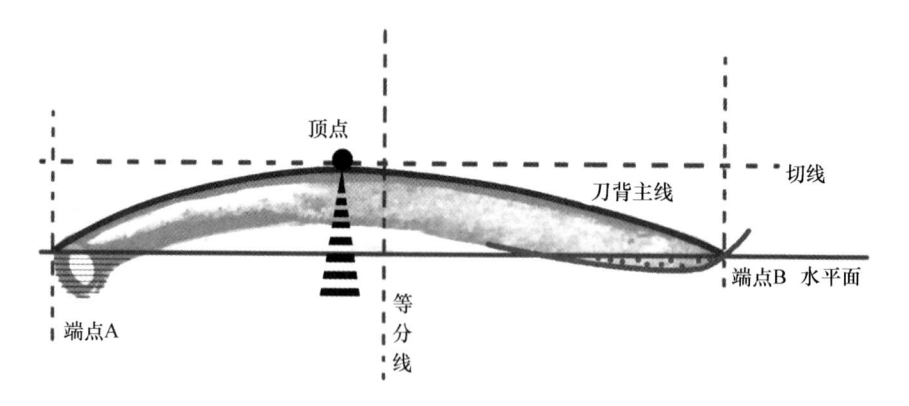

图2.13　典型弧背刀造型的视知觉动力分析

---

① 在此所谓的"顶点"是指刀背主线的两个端点处于同一水平面时，平行于该水平面的直线与刀背主线（弧线）所产生的唯一切点。

以下小面积的弯月造型收拢起刀刃线条的延伸感。这种造型的微妙处理手法，将顶点偏移所造成的"失衡"调适到平衡状态，使平衡蕴藏于变化之中，变化营造着平衡之态，匀称而不刻板，灵动而不逾矩。有时，刀柄上所刻画的装饰纹样也可用于营造一种视觉力的平衡。

除了弧背刀以外，钩背刀也是晚商与西周时期比较流行的铜刀样式。从现有发掘资料来看，钩背刀尺寸大小不一，刃部与刀柄尺寸变化不等，不似弧背刀那样：刀刃与刀柄在比例设计上具有较明显的规律。如果说，弧背刀具有较强的防身与攻击功能，那么钩背刀便携的特点、内敛的尖部造型，或许表明其以日常使用为主要功能。本文在此选取了E·168、E·159、E·181、E·160四把具有典型造型特征的钩背刀进行分析（图2.14；彩图二）①。钩背刀背部主线曲度差异较大，但均在刀尖部位或刀刃前部向外"卷曲"，刀刃亦随背部主线向外"翻转"，这种造型使刃部范围得到了极大的扩充。在使用过程中，可根据被切割物体的坚硬程度，宽窄程度调整刀刃的使用部位，用力大小以及力的作

E·168　　E·159　　E·181　　E·160

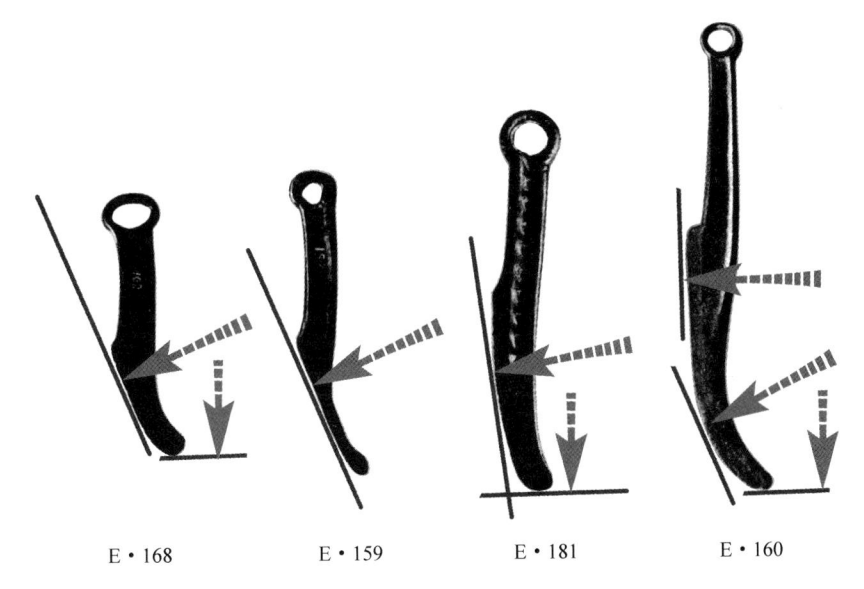

图2.14　具有典型造型特征的钩背刀

---

① 田广金、郭素新：《鄂尔多斯式青铜器》，文物出版社1986年版，图版三六5、6、7、3。

用点。但钩背刀的尖部多较弧背刀钝，攻击性能较差，所以其应该更适合日常生活使用。与另外两种铜刀样式相比较，钩背刀是鄂尔多斯式铜刀中造型最灵动而"活泼"的一种样式。到了春秋时期，鄂尔多斯及周边地区出土的钩背刀数量明显减少，直背刀数量骤增。部分春秋时期的弧背刀的背部主线的曲度也明显减弱。

晚商与西周时期鄂尔多斯地区出土铜刀柄首多为环状首（包括一定数量的双环首铜刀）。同时，也发现有少部分柄首饰有动物造型的铜刀。例如编号为58·3·153柄首饰圆雕立式山羊的铜刀；编号为E·115柄首有立式野兽（形体模糊）造型的铜刀；编号为E·117柄首由鸟头构成圆环造型的铜刀。但上述铜刀多为残件，难以对其做整体的造型研究。

这一时期刀柄的装饰纹样也多为抽象纹样，如三角纹、折线纹、鱼骨纹等。同时也可见以线概括的禽鸟造型、以连续排列的方式饰于铜刀柄部，例如编号为E·137的铜刀，即在柄部饰有相同的、呈行进状态的5只禽鸟造型；编号为E·15的铜刀柄部饰有7只展翅冲天的飞鸟造型。与同时期青铜饰牌相比，铜刀上所呈现的以动物为表现主题的造型并不多。

晚商与西周时期的鄂尔多斯式铜刀似乎一直在通过自身造型寻求一种刀体内在力的冲突与均衡。尤其是弧背刀，其善于通过线的长短、俯仰、弧的张弛、形的大小、方圆、钩折，以及装饰纹样的秩序等各种抽象表现手法，创造"形体矛盾"，再以合理的构成样式"化解矛盾"，用一种来自造型的力，将先前形体中已然形成的、冲突的力抵消，产生跌宕后的宁静、冲突之后的和谐。钩背刀造型相对"自由""活泼"，但貌似缺少一种源自形体衔接所产生的内在"约束力"。与弧背刀相比，钩背刀数量较少，到春秋时期，鄂尔多斯地区出土的钩背刀就更加少见。我们对出现这种现象的原因做两种猜测：第一，钩背刀本是鄂尔多斯式铜刀繁盛时期，对铜刀造型的一种探索和尝试，在漫长的发展过程中，因其呈现的"造型之美"与人们的审美趣味相左而逐渐式微；第二，人们在争夺社会资源的斗争中，更需要一种便携的、兼具日常使用与攻击、防卫功能于一体的短兵器，而钩背刀造型适合日常生活使用，但攻击与防御功能较弱，因而慢慢消逝。人们对刀剑的这种（集日常使用与攻击、防卫功能于一体的）特殊需求或许也是春秋时期直背刀与青铜短剑数量增多的原因之一。

晚商与西周时期的鄂尔多斯式青铜刀造型，似乎体现了一种为寻找最理想的铜刀造型样式而百折不回的动力。当然，这种对铜刀造型样式的追求是建立在当时铸（锻）造工艺基础之上的，即首先要追求铜刀的使用性能（如韧性与锋利程度等），在此基础上便是对铜刀完美造型样式的追求。这一时期，铁器尚未出现，北方地区亦无诸如镶嵌宝石以满足审美要求的工艺技术，铜在当时仍属最宝贵的社会资源。于是，在具有良好使用性能的基础上，对铜刀本身完美造型的推敲与寻求，便成为能将美赋予这种"珍稀之物"的唯一途径。所以，我一直认为西周乃至春秋早期的一些鄂尔多斯式铜刀造型已臻完美之境。这种铜刀的造型之美并不因时代久远而显得稚嫩。后世虽工艺进步、文明提升，但仍有大量刀剑在造型所构建的美感方面，未能与西周时期的一些鄂尔多斯式铜刀匹敌。这种造型的美感源自其内在比例、线条以及部分装饰纹样所共同营造的均衡、适度与和谐。而这种抽象的造型之美的形成，也是由于除此之外，贵重的铜刀之美无从体现。所以，当时对铜刀造型抽象之美的"单一"追求，是纯粹的、别无他法的、懵懂开创的。所追求的这种由铜刀造型本身所体现出来的、纯粹的抽象之美与"力的和谐"，对于当时的人们来说，是说不清、道不明的，是只能依靠灵敏的视觉和心理感受去捕捉的，是在千百次失败之后才逐渐沉积下来的。

2. 短剑

现藏于内蒙古博物院、断代为晚商时期的铃首青铜短剑（图2.15：1）[1]则具有显著的地域文化特征，多被视为鄂尔多斯式青铜短剑的早期形态。这种铃首短剑，在鄂尔多斯式青铜器中似乎更应被视为铜刀与短剑的"结合体"。其柄部造型乃为典型的鄂尔多斯式铜刀造型，而剑身柱脊、双刃造型又为短剑所有。该短剑柄部弯曲、中间饰点状纹，柄首为一铜铃造型。"一"字形剑格将柄部与剑身截然分开。双刃几近对称，

---

[1] 田广金、郭素新：《鄂尔多斯式青铜器》，文物出版社1986年版，图版二六1、2。

中有柱状脊。与铃首弯转同侧的剑刃中部出现微弧，表明该部位乃因频繁使用而磨损严重，剑尖圆钝，似有意为之。因为，早商时期使用的铜刀（如 E·12）就已能打造（或磨制）出锋利的尖部。从圆钝的剑尖与刃部磨损状况看其使用功能，似乎切割多于穿刺。而铃首造型与其下方的圆形环扣（应为系绳穗所用）的存在，似乎表明此物应为巫术或祭祀仪式上所使用的礼器。

根据现有考古资料来看，晚商乃至西周时期鄂尔多斯地区出现的短剑数量都极其有限。鱼形铃状柄短剑（图 2.15：2），柄部中空，内有铜丸（已脱落），外饰鱼鳞纹，便于持握。剑格收缩，剑身造型平直、舒展，中有菱形脊，双刃对称，被划入鄂尔多斯式青铜短剑发展阶段中的第二期，属西周时期遗物。① 然而，鱼形铃状柄短剑与同时期的铃首青铜短剑相比，"鱼纹"主题似乎更接近于农耕文化。但是，从整体造型来看，鱼形铃状柄短剑才更合乎"剑"的"造型规范"，当数严格意义上的短剑形态。

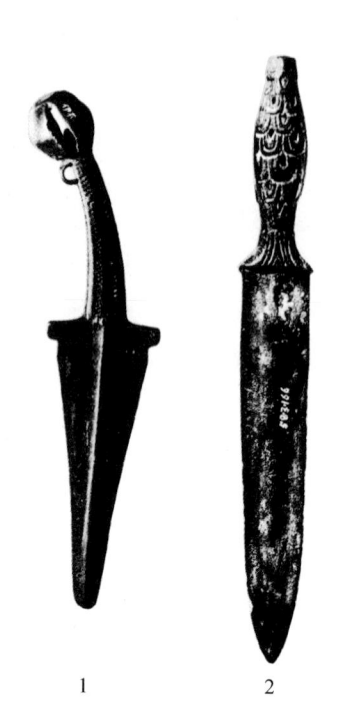

1　　　2

图 2.15　铃首青铜短剑与鱼形铃状柄短剑

三　春秋时期的铜刀与短剑

1. 铜刀

从鄂尔多斯式铜刀造型的发展历程来看，如果说早商时期是其草创阶段，晚商与西周时期是发展、繁荣阶段，那么春秋时期便是其衰落阶段。据现有考古资料，鄂尔多斯及周边地区所出土和收集到的春秋时期的鄂尔多斯式铜刀数量较少，战国时期的鄂尔多斯式铜刀亦为数不多。似乎让人感到，西周时期人们对完美的铜刀造型的极致追求、对脱离骨

---

① 田广金、郭素新：《鄂尔多斯式青铜器》，文物出版社 1986 年版，第 13—14 页。

第二章　鄂尔多斯式青铜器造型的发展与演变

刀造型"范本"之后的青铜刀"可能"拥有的、美的形态的极力探索，突然之间归于沉寂。

春秋时期的鄂尔多斯式铜刀造型相比西周时期的铜刀造型，种类并无增加。大部分青铜刀延续着原有的弧背刀造型，只是刀背主线的弧度有所减弱，向直线形态发展，似乎不再需要"费心劳神"探索铜刀本身的造型变化，也不需要去思索如何改变形体、曲率使铜刀产生一种新的平衡状态（图2.16）[①]。这一点可被视为其与 E·156（图2.13）一类铜刀之间的重要区别。这一时期，鄂尔多斯地区仍可见钩背刀，但数量极少。从有限的几把钩背刀造型来看，其显然失去了西周时期钩背刀

E·92　　　　E·43　　　　E·54

图2.16　春秋时期的鄂尔多斯式弧背铜刀

[①] 田广金、郭素新：《鄂尔多斯式青铜器》，文物出版社1986年版，图版三三5、1、3。

◇◇ 鄂尔多斯式青铜器造型艺术研究

造型所呈现出来的那种对铜刀造型可能性设计方案的探索动力。尽管西周时期的钩背刀在造型的规整、比例的协调、视觉力的均衡等方面还有待提升，但其造型的完整性与造型本身所呈现出来的美感仍非春秋时期的钩背刀可比。

从现有的编号为 E·53、E·75、E·46、E·55、E·36 等几把春秋时期的钩背刀造型来看（图 2.17）[①]，春秋时期的钩背刀造型似乎粗糙而随意，刀身各部位的比例关系以及形体之间的衔接关系显然没有经过反复的推敲、琢磨，但这些钩背刀的刀柄上却出现了较前期更复杂的线刻装饰。

E·53　　E·75　　E·46　　E·55　　E·36

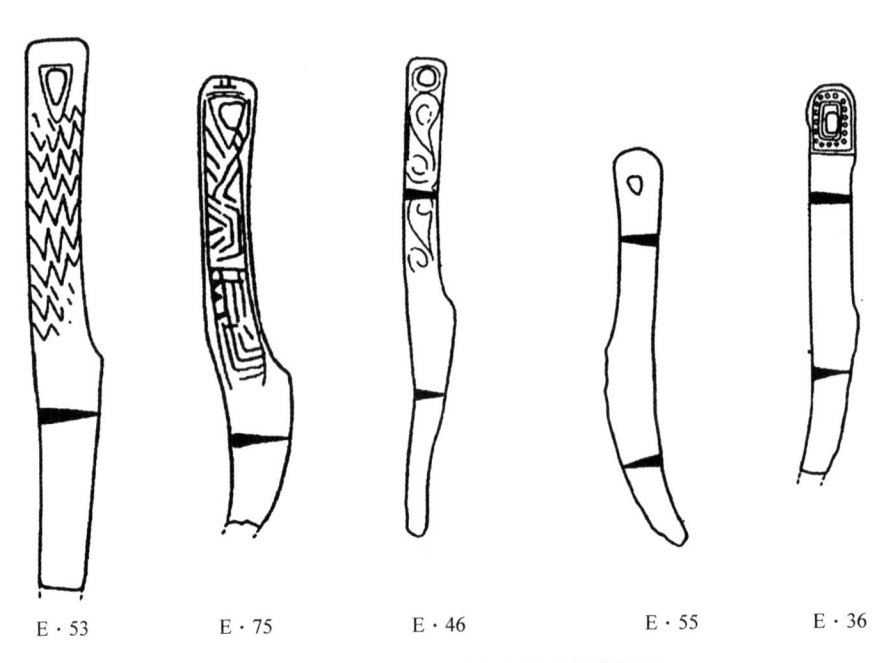

图 2.17　春秋时期的鄂尔多斯式钩背铜刀

直背刀在晚商和西周时期就已萌芽，当时的铜刀造型严谨，注重追求一种动态中的平衡与平衡中的"动感"相结合的完美形态，因此直

---

① 田广金、郭素新：《鄂尔多斯式青铜器》，文物出版社1986年版，第19页，图一〇6、7、8、9、10。

背刀柄部多会产生相应的曲度,使其形态与弧背刀差异不甚明显,例如鄂尔多斯地区收集到的编号为 E·125 的铜刀即属此类(图 2.18)①。西周晚期出现了形态完整、造型精美、比例匀称的直背刀造型,例如 E·15 铜刀(图 2.18),背部主线平直、刀身挺拔俊朗,刀柄内侧与刀刃部分线条流畅,柄与刃的长度比例接近黄金分割,柄部以正面、上升状的禽鸟纹作连续排列,从视觉上增加柄部量感的同时也与刀体的"挺拔俊朗"相协调。

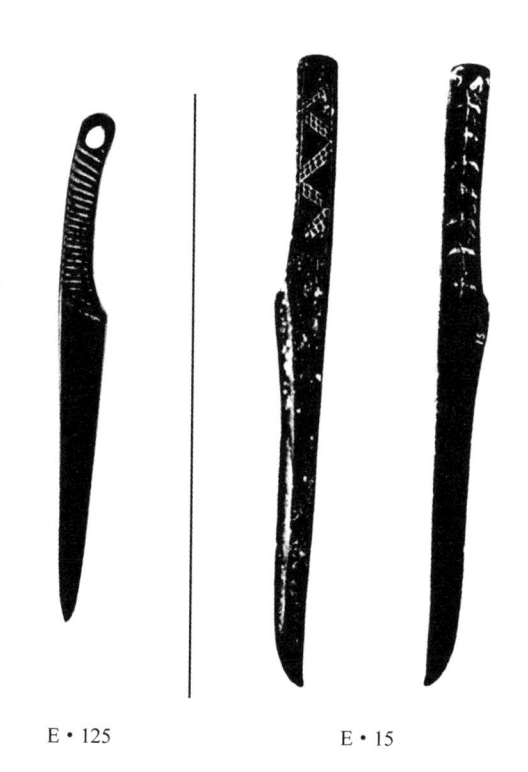

E·125　　E·15

图 2.18　编号为 E·125 和 E·15 的鄂尔多斯式直背铜刀

春秋时期仍可见典型的直背刀,但数量有限。需要注意的是春秋时期,弧背刀的背部曲线弧度减弱,向直线形态演进,展现出一种倾向于

---

① 田广金、郭素新:《鄂尔多斯式青铜器》,文物出版社 1986 年版,图版三五 1、图版三二 4。

直背刀的新型弧背刀造型。直背刀的特点是具有极强的攻击力和防御能力。那强劲挺拔的刀身、延长的刃部、锋利的刀尖，都标示了刺杀与防身乃是其主要功能。这应与社会发展到春秋时期，北方长城沿线资源争夺加剧、大小斗争频繁有直接关系。在具有攻击和防御功能的同时，亦不妨碍日常使用，这或是直背刀流传、发展以及弧背刀形态向直背刀"偏移"的重要原因之一。所以，春秋时期直背刀造型未见明显衰颓，弧背刀向直背刀形态演进，与典型的直背刀共同成为该阶段鄂尔多斯及周边地区人们普遍喜爱的铜刀造型。

春秋时期鄂尔多斯及周边地区出现的鄂尔多斯式铜刀的一个较重要的特点是：在一些铜刀的柄部出现了作为装饰的动物纹造型。西周时期出现的立羊圆雕以及变形的鸟头圆雕造型乃是装饰于铜刀柄首（图2.19）[1]，由于刃部残缺，不宜对其造型、类别等问题遽下断语。

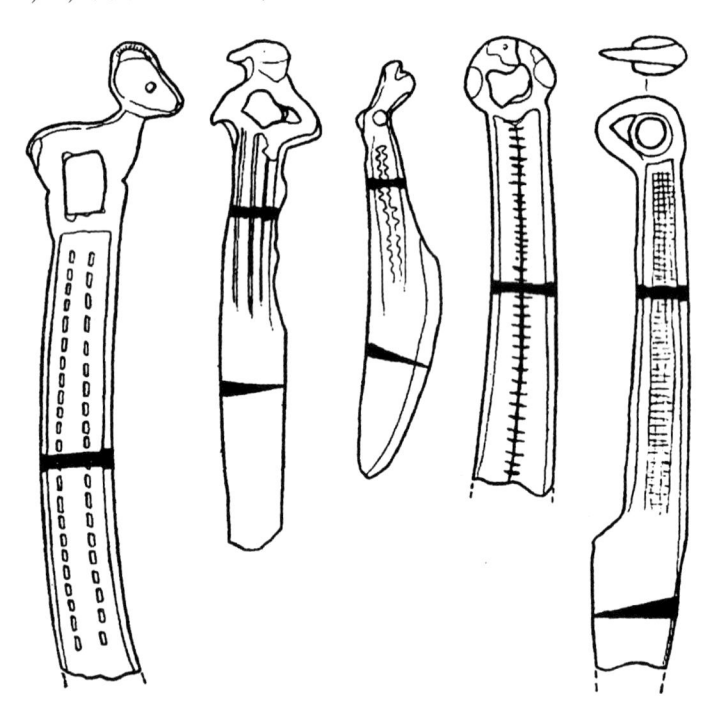

图 2.19　柄首饰有立羊和鸟头圆雕的铜刀

---

[1] 田广金、郭素新：《鄂尔多斯式青铜器》，文物出版社1986年版，第21页，图一二。

第二章 鄂尔多斯式青铜器造型的发展与演变 ◇◇

鄂尔多斯及周边地区发现的西周时期的鄂尔多斯式铜刀柄部的装饰纹样，常见有折线纹、鱼骨纹、锯齿纹以及连续排列的三角纹等，后面将做专门论述。西周时期也曾发现如 E·15、E·137 铜刀柄部所装饰的禽鸟纹饰（图 2.20）[①]，但这种纹饰落笔于禽鸟的整体轮廓，E·15 表现的是展开双翅的禽鸟的正面造型，而 E·137 所表现的似乎是整列行进的家禽形象，或许其与此地早期的农耕文明有关。春秋时期铜刀上出现的以禽鸟为主题的圆雕造型，多装饰于柄首部位，与前期相比，更注重鸟头轮廓、眼部、尖利的喙等局部的刻画，如铜刀 E·29 即属此时期较具代表性的造型样式（图 2.20）。

E·15　　　E·137　　　E·29

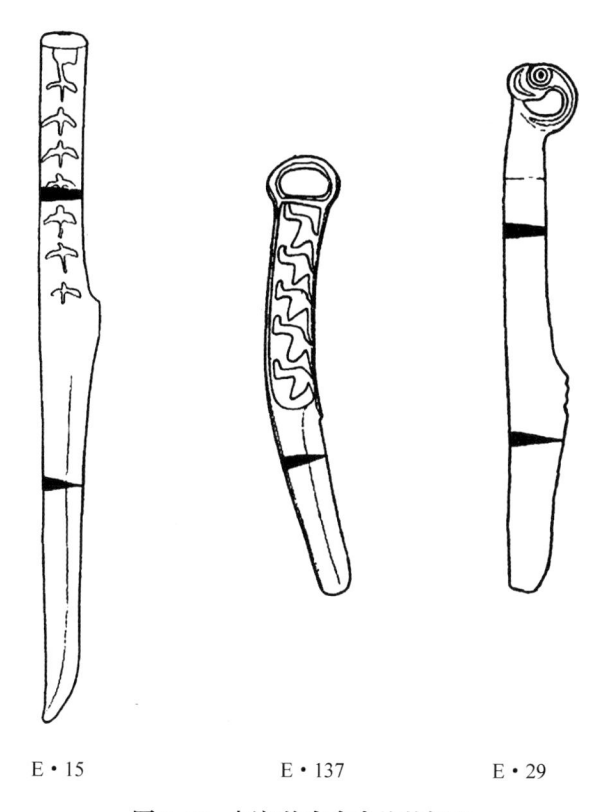

图 2.20 柄部饰有禽鸟纹的铜刀

[①] 田广金、郭素新：《鄂尔多斯式青铜器》，文物出版社 1986 年版，第 17 页，图八 5；第 23 页，图一四 6；第 18 页，图九 1。

春秋时期铜刀柄部所刻绘的写实动物纹饰多以虎、鹿、野猪等野兽和羊、马等家畜为主要表现题材。其设计方法应是先绘制单一动物纹饰，而后再采用连续或对称的排列方式，生发开去，营造一种绵远丰富的"画面"氛围。例如，E·54 铜刀柄 a 面即是先以单线描绘野猪轮廓，而后以背部线条为虚拟轴线"镜像"形成一组图像，再将此组图像连续排列，构成柄部的动物纹装饰效果；E·54 铜刀柄 b 面则是先以单线勾勒马的轮廓线，比例准确、造型简洁，再采用连续排列的方法形成"画面"前景，之后再以类似的曲线填充空白部分，即使在刀柄的狭小面积中，也可营造出畜群繁盛的景象，这种"镜像"与排列的手法在后来的鄂尔多斯式青铜器上，一直是动物纹饰的重要构成手段。而 E·92 和 E·43 则是仅在柄部刻绘了单体动物形象，E·92 刻绘了猛兽的侧面形象，似俯身潜行、蓄势待发，这种动势在后来的鄂尔多斯式动物纹造型中，是十分常见的典型动物姿态之一。E·43 铜刀柄部也只刻绘了一只单体动物造型，但头部难以辨认（图 2.21）[1]。在此之前的铜刀上极少见到此类主题的动物纹样。同时期（春秋时期）的青铜饰牌中，关于虎、鹿、羊、马等主题的艺术造型也并不多见，此时鄂尔多斯式青铜饰牌（饰件）的纹饰主题以禽鸟造型和"双珠兽头饰"[2]较为常见。目前来看，鄂尔多斯及周边地区出土的青铜器中，以虎、

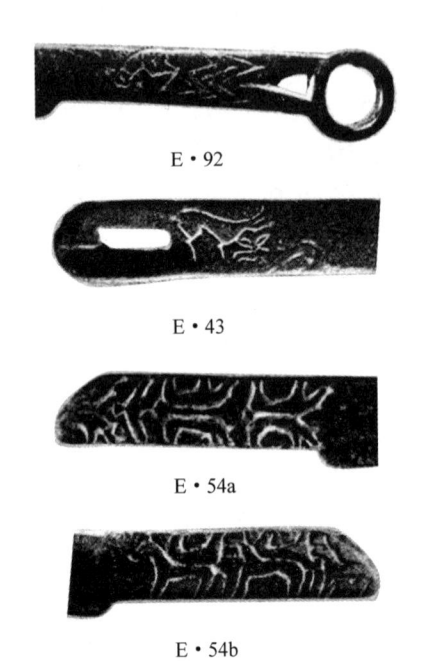

图 2.21 春秋时期鄂尔多斯式铜刀柄部所刻绘的动物纹

---

[1] 田广金、郭素新：《鄂尔多斯式青铜器》，文物出版社 1986 年版，图版三三 1、3、5。
[2] 本章后有文字对"双珠兽头饰"造型进行专门研究与阐述，根据笔者研究结果，"双珠兽头饰"的称谓未必准确。为便于表述，在此暂以该器物的原有称谓代之。

鹿、羊、马为主题的动物纹装饰似乎先被用以装饰铜刀柄部（部分铜刀刃部亦有动物纹装饰），而后才渐趋成为青铜饰牌（件）的装饰主题。

鄂尔多斯博物馆展陈有一些似乎"更为典型"的鄂尔多斯式青铜刀。刀柄部（刃部）装饰有更清晰、精美的动物纹造型。例如卧虎纹柄青铜刀（图2.22：1）[①]，整个铜刀柄部为一俯卧姿态的猛虎造型。背部曲线张弛有度、流畅自然。虎口大张形成一个圆形孔洞，与鄂尔多斯式铜刀的柄部环首相一致，应该是为了便于悬挂和携带而设计。由猛虎斑纹联想、生发出来的弧形纹均匀排列，与前后两处团块状环形纹结合，具有较强的装饰意味。同时，凹凸的虎纹也产生了更强的摩擦力，便于持握。虎尾卷曲呈钩状，以阴刻形式延伸至刀刃部位，强化刀柄与刃部的整体关系。双虎首鹿羊纹柄青铜刀（图2.22：2）柄首部有两只相对的猛虎造型，柄部与刃部贯通并以鹿纹浮雕装饰，共有相同的鹿纹12幅由柄首向刀尖部连续排列，为了适应刀刃变化，鹿纹至刀尖部位逐渐缩小，似乎让人感到奔腾的群鹿，连绵不绝。双虎三鹿纹柄青铜刀（图2.22：3）柄部一面饰有三只相同的鹿造型，另一面饰有双虎造型，均为相同纹饰连续排列，这种同一纹样的连续排列或为虎鹿追逐、虎噬羊等纹样的前身。鄂尔多斯式铜刀中常见刀柄双面装饰纹样相异的情况，也是鄂尔多斯式铜刀的一个突出特点。野猪首菱形纹柄青铜刀（图2.22：4），在柄首部侍立一圆雕野猪造型。该造型乃是选取两只野猪头与身体的前半部做镜像结合，看起来生动却又均衡、简洁却不单调，柄部以菱形纹装饰，与柄首造型相映成趣。环首虎纹柄青铜刀（图2.22：5）柄部以浮雕形式饰有双虎造型，二虎造型相同、均为俯卧、双尾相对，似镜像而出。与上述铜刀装饰纹样相似者还有鄂尔多斯博物馆收藏的虎纹柄青铜刀、鹿头纹柄青铜刀、双虎四鹿纹柄青铜刀、环首三马七鸭纹柄青铜刀、镂空兽纹青铜刀、双兽纹青铜刀、环首四鹿纹柄青铜刀、飞鸿纹柄青铜刀、环首奔马飞鸿纹青铜刀等等。

[①] 曹玮：《萌芽·成长·融合：东周时期北方青铜文化臻萃》，三秦出版社2012年版，第125—131页。

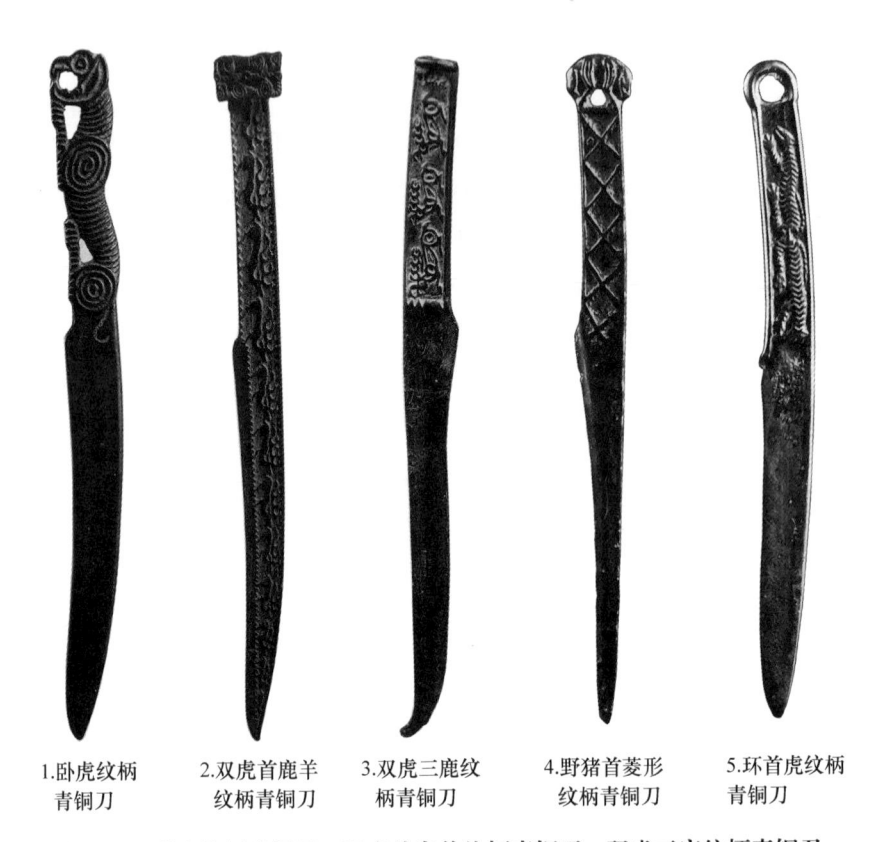

1.卧虎纹柄　　2.双虎首鹿羊　　3.双虎三鹿纹　　4.野猪首菱形　　5.环首虎纹柄
　青铜刀　　　　纹柄青铜刀　　　柄青铜刀　　　　纹柄青铜刀　　　青铜刀

图 2.22　卧虎纹柄青铜刀、双虎首鹿羊纹柄青铜刀、双虎三鹿纹柄青铜刀、野猪首菱形纹柄青铜刀、环首虎纹柄青铜刀

由于这部分青铜刀的相关考古学鉴定资料尚待完善（例如所属区域、创制年代等），故在此关于鄂尔多斯式铜刀造型发展问题的研究中，未将其纳入整体研究范畴。现有的一些文献中对这部分铜刀断代的表述比较含混，例如卧虎纹柄青铜刀被标注为"两周之际至春秋早中期"[①]的作品。如果我们前面对于鄂尔多斯式铜刀发展历程的研究结果能够为人们所接受的话，依照鄂尔多斯式铜刀的造型发展规律来看，此

---

① 曹玮：《萌芽·成长·融合：东周时期北方青铜文化臻萃》，三秦出版社 2012 年版，第 127 页。

部分青铜刀年代大多应断为春秋中、晚期。不可否认的是，这些青铜刀上所饰的动物纹样，均具备鄂尔多斯式青铜器动物纹样的典型特征，这些纹样的构造与组合规律均为鄂尔多斯式青铜器上动物纹样设计与构成的典型手法。

总体来看，春秋时期鄂尔多斯地区的铜刀造型在达到巅峰之后，便迅速衰落。这种衰落主要体现在，相当一部分铜刀形体的比例关系失去了西周时期的严谨"推敲"，出现了视觉力的失衡现象。刀柄上所出现的写实动物纹装饰固然为青铜刀注入了新鲜的血液（丰富了铜刀的造型也强化了文化内涵），然而铜刀本身"构造"的衰落非纹样装饰所能挽救。如果卧虎纹柄青铜刀一类造型的铜刀，他日经考古学与金相学相关领域研究确定：其确为鄂尔多斯当地所造，且可准确断代为春秋时期的话，则我们必须承认这些青铜刀从造型与文化内涵两方面均可被视为鄂尔多斯式青铜刀衰落之前的"昙花一现"，精美至极。

2. 短剑

春秋早中期，青铜短剑亦不常见，田广金先生在《鄂尔多斯式青铜器》一书、关于青铜短剑的章节中将编号为58·3·167的虺龙纹首青铜短剑（图2.23）[①] 划归为J型。该短剑柄首为方形，上饰虺龙纹，柄部扁圆，四个三角形孔洞对称排列。剑格呈椭圆形，饰饕餮兽面纹，菱形脊贯穿剑身。一般来说，鱼形纹、虺龙纹、饕餮纹多见于农耕民族器物装饰。从装饰纹样上来看，其与"典型的"鄂尔多斯式青铜短剑存有殊异，也许与外来文化影响有关。总之，鄂尔多斯式青铜短剑造型经历西周时期和春秋早中期两个发展阶段，曲柄造型渐渐式微，剑首、剑柄、剑身通体形成了均衡对称的造型程式、并流传开去，鄂尔多斯式青铜短剑造型的发展自此开启了新的篇章。

春秋晚期至战国早期，鄂尔多斯式青铜短剑造型的发展进入鼎盛时期。西周时期的鱼形铃状柄短剑与春秋早中期的虺龙纹首青铜短剑所秉承的"对称、均衡"的造型原则一直延续了下来。这一时期的鄂尔多

[①] 田广金、郭素新：《鄂尔多斯式青铜器》，文物出版社1986年版，图版三—3，图版二七2、3，图版二八3、2。

58·3·167　　公·M1:5　　毛·M45:3　　呼·M1:3　　西·M3:1

图2.23　虺龙纹首青铜短剑与被命名为公·M1：5、毛·M45：3、呼·M1：3、西·M3：1的青铜短剑

斯式青铜短剑，主要出现两种造型风格：一种剑柄与剑身修长挺拔，给人以清丽灵秀之感，例如短剑公·M1：5、毛·M45：3等（图2.23）；另一种剑柄与剑身的宽度得到扩张，造型本身有浑厚雄强之感，例如短剑呼·M1：3、西·M3：1等（图2.23）。同虺龙纹首青铜短剑相似的是，这一时期的青铜短剑普遍注重柄首与剑格的装饰。但多以禽鸟、动物为表现主题，选取典型特征做一定的夸张、变形，创作出有规律、有节奏的纹饰，再通过镜像等手法创作出匀称、均衡的造型，以适应该时期青铜短剑的装饰需求。例如编号为毛·M59：2的青铜短剑（图2.24）①，柄首部饰有写实的双鸟头造型，圆睁双眼、炯炯有

---

① 田广金、郭素新：《鄂尔多斯式青铜器》，文物出版社1986年版，图版二六3；图版二七1、4。

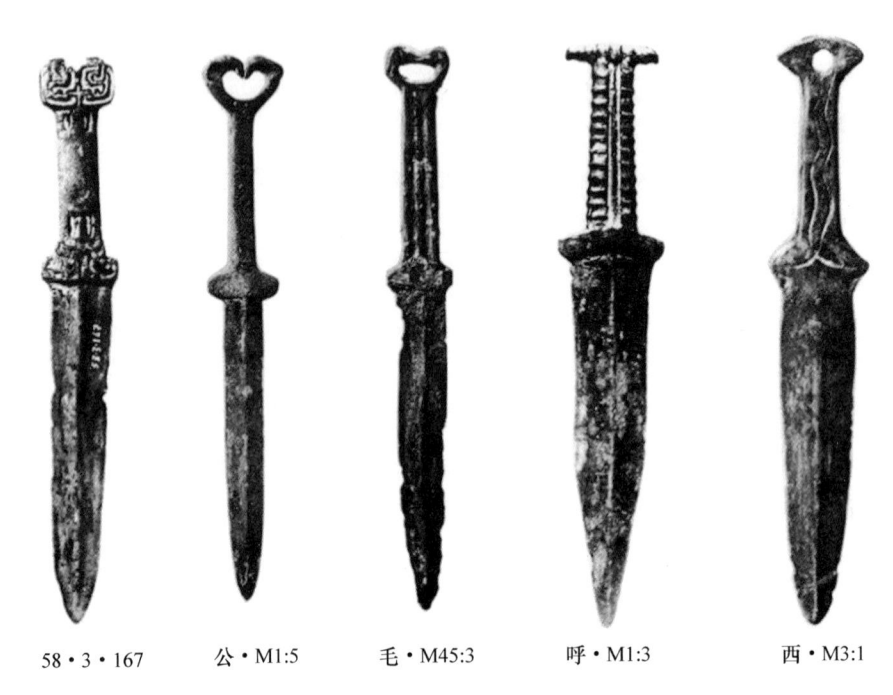

神，夸张的喙向内弯曲构成双环，背部以匀整的曲线装饰，好似在表现其蓬松的羽毛。此双鸟纹饰系镜像得出，更增强了短剑的均衡感。毛·M58：4青铜短剑（图2.24），柄首仍为双鸟头造型（其一残缺），鸟喙硬朗尖利，剑格采用圆环与钩状喙造型相结合的装饰线条，剑脊呈菱形突起，外观硬朗匀称。另有毛·M70：3、公M1：5等青铜短剑造型也均属此类。

毛·M59:2　　毛·M58:4　　E·1

图2.24　编号为毛·M59：2、毛·M58：4、E·1的青铜短剑

战国早期的编号为E·1的青铜短剑（图2.24）上的动物纹装饰，或可被视为短剑造型与动物纹饰相结合的典范之作。柄首、剑柄、剑格均以镂空动物纹装饰，与剑身相映成趣，给人以轻盈、通透之感。柄首饰有后肢弯曲、头部反转的双鹿造型，左右对称，剑格以同样造型装饰，四鹿相顾、设计巧妙。剑柄中间镂空雕刻两只俯卧的绵羊造型，形象相同，但姿势反转，使短剑左右，不偏不倚，确保均衡，构思巧妙，令人瞠目。

自战国早期开始，长城沿线中段区域的青铜短剑逐渐转向"精简"

风格。柄首部分原本多以双鸟或双鹿等构成的对称造型逐渐精简为双环造型，辅以曲率相近的线条装饰。剑格上的动物纹装饰也逐步简化，例如曾出现于 E·2 短剑（图 2.25）①剑格上的双鸟头造型，在后来的短剑中即很少见到。这一时期短剑柄部多以一或二道凹槽装饰，或以细小而倾斜的阴刻直线装饰，例如，E·3 短剑、E·4 短剑、毛·M60：6 短剑、63·5·116 短剑（图 2.25）皆属此类。

E·2　　　E·3　　　E·4　　　毛·M60:6　　　63·5·116

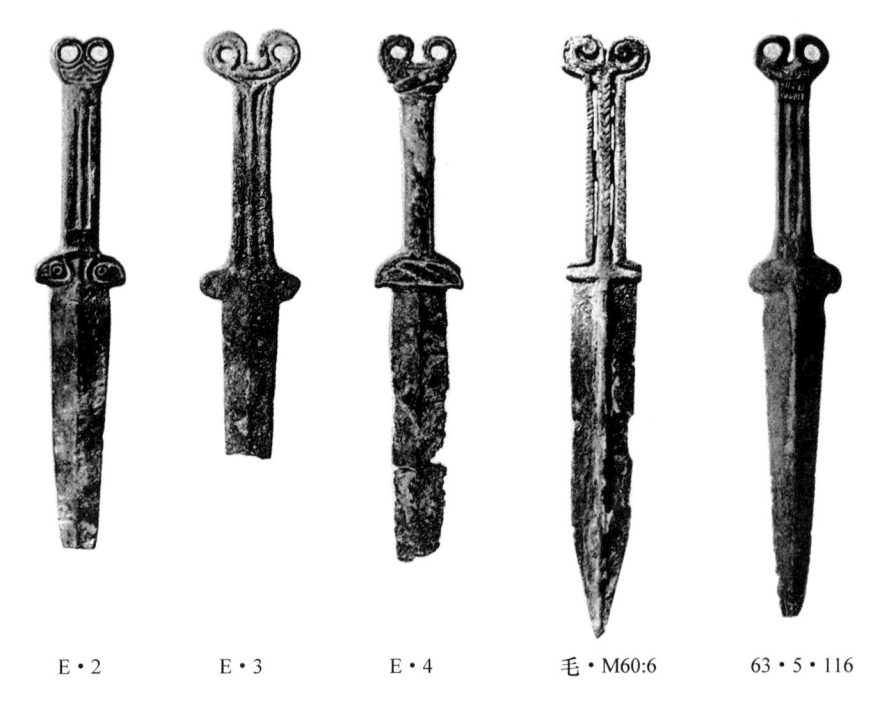

图 2.25　编号为 E·2、E·3、E·4、毛·M60：6、63·5·116 的青铜短剑

战国中期，短剑造型更加"精简"，原本由触角式短剑发展而成的双环首短剑，双环合二为一，形成单环首短剑，圆环居柄首正中，个别短剑柄首圆环与柄部以抽象纹样装饰，如短剑 E·5（图 2.26：1）②。而大

---

① 田广金、郭素新：《鄂尔多斯式青铜器》，文物出版社 1986 年版，图版二九 2、3、4，图版二八 4，图版二九 1。
② 田广金、郭素新：《鄂尔多斯式青铜器》，文物出版社 1986 年版，图版三〇。

第二章 鄂尔多斯式青铜器造型的发展与演变

部分短剑为素面，无装饰纹样，只是柄首圆环或剑格造型略有差异，例如圆环为正圆或椭圆，剑格为翼状剑格或三角剑格等（图2.26：2、3、4）。战国中晚期，长城地带中段的鄂尔多斯式青铜短剑数量明显减少，且先前短剑上曾有的动物纹装饰迅速衰落，我们将此阶段视为鄂尔多斯式青铜短剑的衰败时期。这种现象并非凭空出现，而是具有深层的社会原因。首先，从艺术发展规律来看，任何一种风格、一个流派都逃脱不了由草创到繁盛再到衰败的循环，这是事物发展的客观规律，是不可逆的规律，鄂尔多斯式青铜短剑造型的发展也是一样。再者，铁器的出现，使原本无比珍贵的青铜材料变得逊色，受重视程度大不如前，尤其在兵器制造领域。钢铁兵刃较青铜兵器更加坚硬、锋利。从前人们对青铜刀剑的倾慕逐步转向了对钢铁兵器的追逐。所以，铁器时代的到来也是鄂尔多斯式青铜短剑造型衰落的另一个重要原因。

图2.26 战国中期的单环首短剑

第二节　动物纹饰件造型的演变

早在旧石器时代晚期（30000—10000a B.P.），人类社会就已经产生了造型艺术。从旧石器时代到新石器时代，都有史前人类的造型艺术遗存被发现，这些造型艺术多以雕刻、建筑、岩画、洞穴壁画等形式呈现。暂不论艺术是起源于巫术还是起源于游戏，抑或是起源于劳动，史前雕刻、建筑、岩画、壁画内在的造型之美是不可否认的。这种造型之美的背后无疑存在着与之相匹配的文明形态与审美意识。人们的审美意识（审美需求）并不仅仅外化为建筑、壁画、岩画等人体之外的对象物，同时也表现在对人体本身的装饰上，如头饰、项饰、腰带饰、服饰上的花边纹样等，在内蒙古自治区赤峰市敖汉旗发现的 8000a B.P. 的兴隆洼文化墓穴中，就发现有管状玉珏和以贝壳及野猪獠牙为材料制作的装饰品。[①] 人们甚至也在身体肌肤上纹刺一些图形、图案，用于表达某种思想或信仰，也包含一定的审美成分。例如火地岛上的原始族群就多有在身上、脸上纹刺对称图案的习俗，安达曼群岛上的原始居民也喜欢以对称的图案纹身。[②] 以文刺图案来装饰身体的习俗在阿尔泰巴泽雷克墓主身上也有发现。类似实例不胜枚举。

总之，大量考古资料表明，在史前人类当中即已产生以饰品、饰件，或者美观（或带有一定象征或巫术意义）的图像、图形来装饰身体的习俗。用以装饰身体的饰品、饰件或许带有一定的标识（如系自己部落或族群的图腾标志）功能，或许用以制造饰件的材质具有一定的象征、祈福功能或巫术信仰意义（例如用野猪獠牙象征佩戴者的勇猛和接受野猪赋予的神力等）。但加工制作的过程却体现了人们的审美标准，例如对光滑的表面、规整的圆孔、对称的块面以及有节奏感的边缘曲线的喜爱。也就是说，在中国北方草原进入青铜时代之前，该地域

---

① 中国社会科学院考古研究所内蒙古工作队：《内蒙古敖汉旗兴隆洼聚落遗址1992年发掘简报》，《考古》1997年第1期。
② [美] 弗朗兹·博厄斯：《原始艺术》，金辉译，刘乃元校，上海文艺出版社1989年版，第23—25页。

所生活的族群即已存在以饰件、饰品（甚至纹身）来装饰身体的习俗。只是，这些饰品中只有以玉石、骨角、贝壳等作为材质者方能历经千年（甚至万年）不朽，流传至今。所以，最早期的鄂尔多斯式青铜饰件仍有模仿此前已有的、以软材质（易朽材料）制作的带有一定文化（或宗教）内涵的"装饰品"造型的可能性。

当青铜材料出现以后，人类社会由新石器时代跨入铜石并用时代，再进入青铜时代，青铜材料无疑被视为最宝贵的社会资源，其同国家（或族群）最重要的两件大事紧密相连，"国之大事，在祀与戎"，谁拥有青铜，以其铸造礼器，便拥有了与天、神沟通的特权，成为人们的精神领袖；谁拥有青铜，以其铸造兵器，便拥有了强大的武装力量，掌握生杀大权，成为国之君王。所以，青铜最早被用于铸造礼器和兵器。这也是北方草原鄂尔多斯式青铜刀造型的发展成熟均早于青铜装饰品的重要原因。

《鄂尔多斯式青铜器》一书中的断代资料显示，鄂尔多斯式青铜器中最早的装饰品有直立铜人、半蹲式铜人、铜马饰件、"骑士骑马饰件"和"双珠兽头饰"。其中，编号为E·1610的直立铜人（图2.27）[1]和编号为E·1611、E·1612的半蹲式铜人（图2.27）被断代为春秋以前[2]。从造型上看，其应为祭祀仪式或巫术仪式中所使用的"礼器"，或为人们所崇信的祖先或神灵的替代物（即用于代表人们崇拜的偶像）。《鄂尔多斯式青铜器》一书中推测编号为E·1595、E·1599的铜马形饰，和编号为E·1601、E·1608、E·1609的"骑马武士铜饰"（图2.27）为春秋以前的作品。[3] 国内亦有其他学者持此观点。[4] 但是林沄先生认为这种"骑马武士铜饰"应为"猴子骑马"。截至目前，尚未从墓葬中发现这种铜马形饰和骑马武士铜饰，现有遗存均为征集品。而国外学者

---

[1] 田广金、郭素新：《鄂尔多斯式青铜器》，文物出版社1986年版，图版九一7、8，图版八九1至5。
[2] 田广金、郭素新：《鄂尔多斯式青铜器》，文物出版社1986年版，第134—136页。
[3] 田广金、郭素新：《鄂尔多斯式青铜器》，文物出版社1986年版，第134—136页。
[4] 王克林：《骑马民族文化的概念与缘起》，《华夏考古》1998年第3期；安忠义：《先秦骑兵的诞生和演变》，《考古与文物》2002年第4期。

◇◇ 鄂尔多斯式青铜器造型艺术研究

对一件造型完全相同的饰件材质的科学检测结果显示：其材质为黄铜（即铜锌合金），而中国唐代以前的护身符饰件均不使用黄铜。所以先前推测其为春秋（或之前）时期遗存的说法应属"讹误"。① 据此，或许只有"双珠兽头饰"可被视作鄂尔多斯式青铜器中年代最早且率先形成稳定的造型风格的青铜饰件。

E·1610　　　　E·1611　　　　E·1612

E·1595　　　　　　E·1599

E·1601　　　　E·1608　　　　E·1609

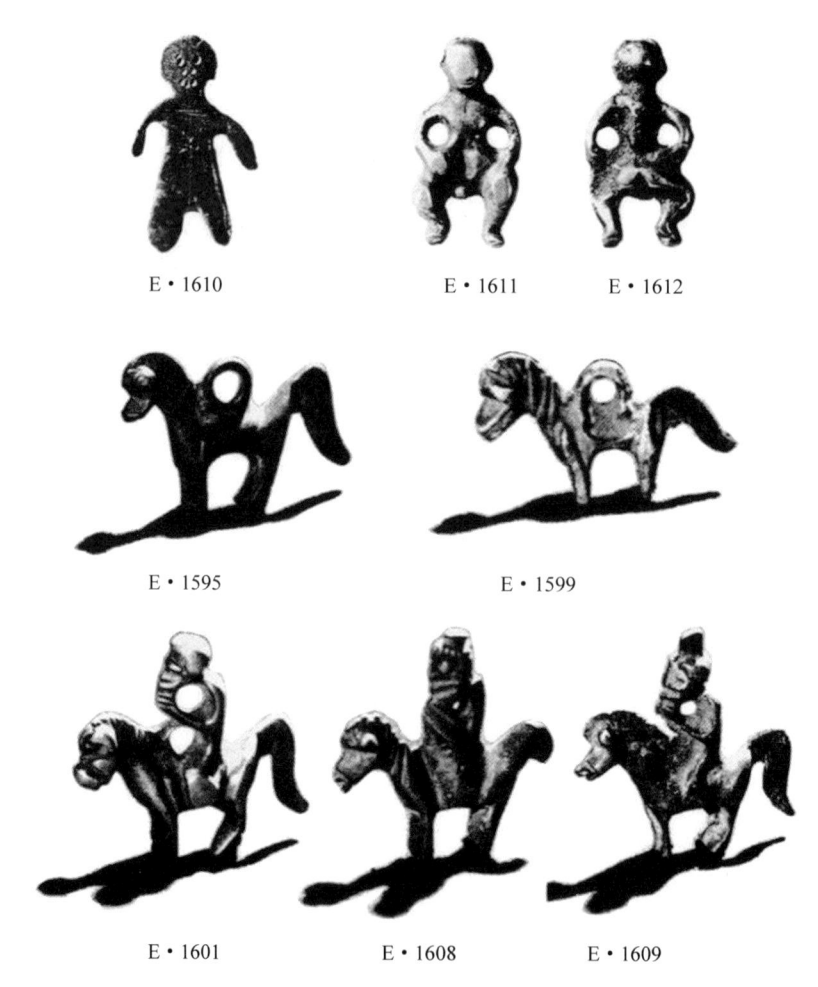

图2.27　直立铜人、半蹲式铜人、铜马饰件与"骑士骑马饰件"

---

① 林沄：《所谓"青铜骑马造像"的考辨》，《林沄学术文集（二）》，科学出版社2009年版，第85—87页。

一 西周时期的"双珠兽头饰"

双珠兽头饰乃是一种装饰意味极强的小型青铜饰件,应起源于西周时期。其多是由两个相联结的铜扣(部分为一个铜扣)和一段分岔的"耳"(或"尾")构成。铜扣的背后有桥状钮,用以缝缀于衣物或冠带之上,根据不同式样,其长度由 2.9cm 至 5cm 不等(图 2.28)[①]。

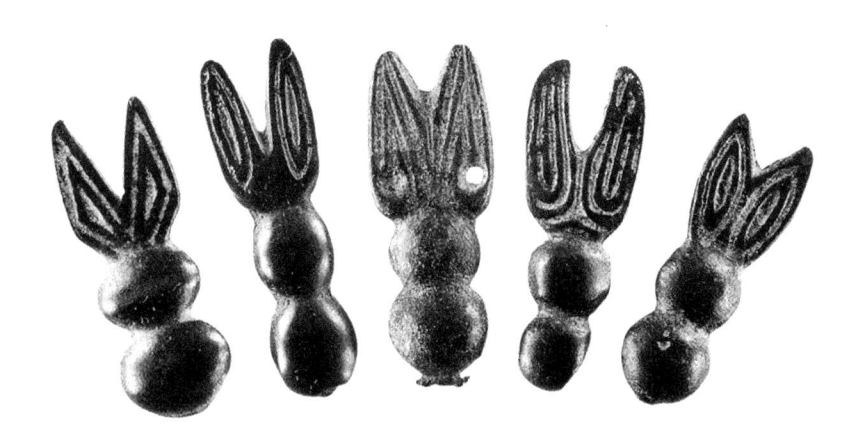

图 2.28 双珠兽头饰

这种饰件存世数量较大,仅鄂尔多斯地区就收集到近三百件,在夏家店上层文化中也有较多发现,并且在西伯利亚叶尼塞河的卡拉苏克文化中也广为流行。其在早期北方社会流行了近四个世纪,分布地域广泛,且保有相对稳定的形式,又有相对完整的发展序列。在其装饰功能之外,显然具有特定的象征意义与文化内涵。那么,它缘何生成?如何演变?造型与社会文化之间又具有怎样的深切关联?对于这些"源头问题"的解析,是研究鄂尔多斯式青铜饰件所遇到的第一个问题。

В. В. 沃尔科夫在其著作《蒙古的青铜时代和早期铁器时代》中,收录此类饰件十余件,并做了一般性介绍。[②] 田广金先生在《鄂尔多斯

[①] 鄂尔多斯博物馆:《鄂尔多斯青铜器》,文物出版社 2006 年版,第 278 页下图。

[②] В. В, «Волков. Бронзовый и ранний железныйвек Северной Монголии», Улан-Батор, 1967, Рис. 4, 1, 2, 12–21.

式青铜器》一书中，认为此饰件的装饰语言源于写实动物造型，故称其为"双珠兽头饰"（因佩戴时两"耳"下垂，也可称之为"双尾铜饰"），并对其发展序列与演变关系做出一定的分析与推断，成为研究此类青铜饰件的、难得的理论成果。[①] 乌恩先生在其著作《北方草原考古文化研究：青铜时代至早期铁器时代》中也曾对此饰件作过介绍，称其为"双尾垂饰"。刘国祥先生在《夏家店上层文化青铜器研究》中称其为"双尾饰"，亦认为"这种弧形双尾实际代表着抽象的兽头形象"[②]。

从截至目前的考古发掘情况来看，双珠兽头饰在鄂尔多斯地区主要为征集品，但在夏家店上层文化的墓葬中有较多的出土发现。其中水泉城子M7701出土1件，热水汤墓葬出土2件，夏家店M11出土20件，周家地M2出土2件，南山根M3出土40件。[③] 根据考古学对夏家店上层文化断代情况，出土双珠兽头饰的夏家店M11与南山根M3，应属于夏家店上层文化第二期，相当于西周中晚期至春秋早期（公元前9—前8世纪）。[④] 而水泉城子M7701和热水汤墓，早于夏家店M11，夏家店M11又早于南山根遗址M1—M4，之后才是周家地M2。[⑤] 由此可知，夏家店上层文化中出土的双珠兽头饰的存续时间大约为西周中晚期（公元前9世纪）至春秋中晚期（公元前6世纪）。

考古学界已经基本认定夏家店上层文化的主要分布区域为西拉木伦河与老哈河流域，族属为我国北方的少数民族——山戎，年代为西周早期至春秋中期（公元前11—前7世纪）。[⑥] 朱开沟文化与夏家店

[①] 田广金、郭素新：《鄂尔多斯式青铜器》，文物出版社1986年版，第124—127页。
[②] 刘国祥：《夏家店上层文化青铜器研究》，《东北与北方青铜时代》，文物出版社2016年版，第219页。
[③] 刘国祥：《夏家店上层文化青铜器研究》，《东北与北方青铜时代》，文物出版社2016年版，第199页。
[④] 乌恩岳斯图：《北方草原考古学文化研究：青铜时代至早期铁器时代》，科学出版社2007年版，第176—177页。
[⑤] 刘国祥：《夏家店上层文化青铜器研究》，《东北与北方青铜时代》，文物出版社2016年版，第204—205页。
[⑥] 乌恩岳斯图：《北方草原考古学文化研究：青铜时代至早期铁器时代》，科学出版社2007年版，第176—177页。

下层文化应为同一时期,即夏至商前期(约公元前 20—前 14 世纪)。而毛庆沟文化与桃红巴拉文化的时期约为春秋中期至战国晚期(约公元前 7—前 3 世纪)。所以,在鄂尔多斯地区与夏家店上层文化同时期(公元前 11—前 7 世纪)的文化存在缺环,尚待新的考古发掘资料的弥补。一般来说,相似青铜器造型风格的背后,定然存在相似的社会文化形态。所以,我们研究双珠兽头饰可暂以夏家店上层文化的社会形态为背景。

马克思说:"不同的公社在各自的自然环境中,找到不同的生产资料和不同的生活资料。因此,它们的生产方式、生活方式和产品,也就各不相同。"① 而不同的生产与生活方式,无疑对应着不同的文化信仰与习俗。"夏家店上层文化的居民过着定居生活,从事一定的农业生产,其经济形态基本处于由半农半牧向早期游牧业过渡阶段。"② 其文化信仰当属农耕社会文化信仰与早期游(畜)牧社会文化信仰相掺混的状态。

夏家店上层文化考古发掘中,发现了货币的早期替代品——海贝,表明其与中原各国间已然存在商品交换关系。史籍中也多有山戎与齐、鲁、燕等国发生战争的记载。《竹书纪年》载:"宣王四十年(前 788 年),晋人败北戎于汾、隰。"(史学家多认为北戎即山戎)《后汉书·西羌传》载:平王二年(前 769 年),"邢侯大破北戎"[3]。《左传》载:鲁桓公六年(前 706 年),"北戎伐齐,齐侯使乞师于郑。郑大子忽帅师救齐。六月,大败戎师,获其二帅大良、少良,甲首三百,以献于齐"[4]。《史记·齐太公世家》载:"齐桓公二十三年(前 663 年),山戎伐燕,燕告急齐,齐桓公救燕,遂伐山戎,至于孤竹而还。"[5]

考古工作者,在夏家店上层文化中的南山根、小黑石沟等地的墓葬

---

① 《马克思恩格斯全集》第 23 卷,人民出版社 1972 年版,第 390 页。
② 乌恩岳斯图:《北方草原考古学文化研究:青铜时代至早期铁器时代》,科学出版社 2007 年版,第 200—202 页。
③ (宋)范晔:《后汉书·西羌传》卷 87,中华书局 1965 年版。
④ (春秋)左丘明,李梦生注:《左传今注》,凤凰出版社 2008 年版,第 43 页。
⑤ (汉)司马迁:《史记·齐太公世家》卷 32,中华书局 1959 年版。

中出土了大量中原青铜礼器,包括簋、鼎、簠、甗、罍、盉、壶、尊、匜等,兵器有直内三穿铜戈、管銎铜钺。① 无疑,夏家店上层文化(尤其繁盛期)与中原诸侯国之间存在着深层而紧密的联系。

所以,夏家店上层文化社会定然存在崇拜祖先神灵的思想。"在早期中国,宗教也是一种工具。早期中国王朝统治者充当着神灵与先祖世界的代言人,众神灵和偶像化的祖先以及礼制系统所赋予他们的权力远远超过武力的威慑。"②《左传·成公十三年》载"国之大事,在祀与戎"③,李宗侗说:"祀是祭祀祖先,或曰祭神,本身就带着神圣的性质,可是戎和它并列,就是因为在没有作战以前,必须到庙里去祭祀,出征是受神的命令"。④ 在这种宗教信仰影响下,祖先神的形象虽有通过不同图像组合而形成的理想化图腾形态,但祖先神的形象终归未脱离人的特质。南山根石椁墓出土的曲刃匕首式阴阳短剑,剑柄为一对相背的男女全身裸体雕像,此并非作为实战兵器使用,而应为该族先民的原始宗教崇拜——祖先崇拜的神圣信物,或与祈求族群繁衍的"生殖崇拜"有关。⑤ 小黑石沟M8501出土的杖首,也有人面形、祖形,即是祖先崇拜与生殖崇拜思想的体现。

然而,游牧生态却也催生了另一体系的宗教信仰——以泛灵信仰为特点的萨满宗教观。秋浦指出:"萨满教是我国北方阿尔泰语系一些民族普遍信仰的宗教,起源于远古。"⑥ 满都尔图也曾说:"萨满教是一种原始多神教,我国北方阿尔泰语系各民族都曾信过萨满教。"⑦ 在夏家店上层文化遗址,出土了一定数量的动物主题青铜饰牌,这种饰牌虽制

---

① 乌恩岳斯图:《北方草原考古学文化研究:青铜时代至早期铁器时代》,科学出版社2007年版,第204—205页。
② [美]杨晓能:《另一种古史:青铜器纹饰、图形文字与图像铭文的解读》,唐际根、孙亚冰译,生活·读书·新知三联书店2017年版,第416页。
③ (春秋)左丘明,李梦生注:《左传今注》,凤凰出版社2008年版,第329页。
④ 李宗侗:《中国古代社会史》,中国台湾华冈出版有限公司1977年版,第213—214页。
⑤ 吕大吉、何耀华:《中国原始宗教资料集成:考古卷》,中国社会科学出版社1996年版,第108—110页。
⑥ 秋浦:《萨满教研究》,上海人民出版社1985年版,第1页。
⑦ 满都尔图:《中国北方民族的萨满教》,《萨满教文化研究》第1辑,吉林人民出版社1988年版,第53—59页。

第二章 鄂尔多斯式青铜器造型的发展与演变

作粗糙，但也绝非纯装饰之用，而应为萨满宗教观崇信动物神灵的体现。宁城南山根102号石椁墓中出土的刻纹骨板（图2.29）[①]，"是描写狩猎场面的图画，从此骨板画面上猎人形象来看，下身赤裸且露出生殖器，此骨板当非一般的生活写实图画，可能与巫术狩猎信念有关，是一种巫术狩猎画板，一侧有四钻孔可能是绑在死者臂上的，或意在让死者彼世使用，此物可能是死者生前的巫术法器，属于'灵物'之类"。[②]

所以，结合农耕文明与早期游牧文明的宗教观，审视夏家店上层文化出土的青铜器，我们不难得出这样的结论：夏家店上层文化处于半农半牧文化形态向游牧文明转变的进程中，其同时具备了祖先崇拜、父系氏族生殖崇拜和萨满宗教观中动物神灵崇拜的信仰状态。体现宗教观念的青铜器造型主题，也基本可以分为两大类：倾向于表现人的主题和倾向于表现动物的主题。这样看来，双珠兽头饰造型也就存在着两种可能的来源，一是出于祖先崇拜或生殖崇拜而表现人；二是出于萨满宗教观下的神灵崇拜而表现动物。

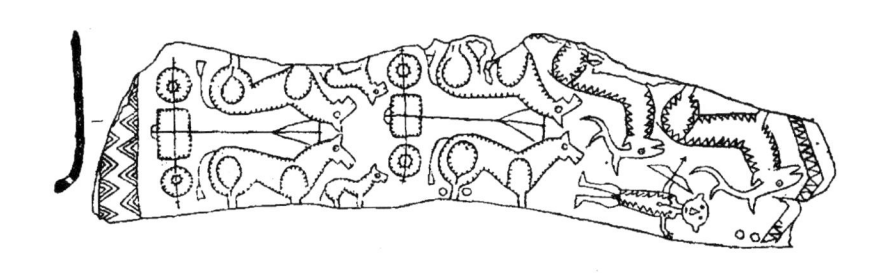

图2.29 宁城南山根102号石椁墓中出土的刻纹骨板

从艺术造型的角度看，双珠兽头饰该归入抽象化、符号化的装饰语言之列。毕竟到目前为止，称其为"兽头饰"的学者也没能说清楚其"双耳"和身体部分，究竟属于哪类动物？称其为"双尾饰"的学者也

[①] 吕大吉、何耀华：《中国原始宗教资料集成：考古卷》，中国社会科学出版社1996年版，第112页，图2 刻纹骨板（M102∶18）。

[②] 吕大吉、何耀华：《中国原始宗教资料集成：考古卷》，中国社会科学出版社1996年版，第112—113页。

未能说明"双尾"是何象征？从何而来？

李泽厚先生对仰韶、马家窑陶器纹样研究的理论，对于我们研究双珠兽头饰或具指导意义。"仰韶、马家窑的某些几何纹样已比较清晰地表明，它们是由动物形象的写实而逐渐变为抽象化、符号化的。由再现（模拟）到表现（抽象化），由写实到符号化，这正是一个由内容到形式的积淀过程，也正是美作为'有意味的形式'的原始形成过程。"① 双珠兽头饰的抽象形态亦应有其写实形象可以追溯。那么，根据夏家店上层文化的信仰状态，对其原初写实形态的追溯，基本有两个方向：人物和动物。通过装饰、造型语言的系统比对，我们认为其出于前者，即双珠兽头饰是在祖先崇拜信仰下，由表现人的造型（或"祖形"）演变而来。

我们看到，与双珠兽头饰同期的独体（不包含剑柄等器物上的装饰纹样）动物纹饰件，基本为写实动物造型，粗糙的形象表明其正处于该主题饰件的草创阶段。与之相比，同期的人物主题造型却手法娴熟、刻画精致，甚至精致到了后世可根据曲刃匕首式阴阳短剑的剑柄上男女雕像的面部特征，对其族群所属人种进行推测与分类。这无疑说明，以人为主题的造型在此之前已然经历过漫长的发展过程。到此，已具备了由"再现（模拟）到表现（抽象化）"的前提条件。

考古发现，"夏家店上层文化的居民有祭祀的习俗"②。在祭祀与军事同在且同等重要的情况下，为何早期以人物为造型主题的青铜饰件却比较少见？我们从1949年以前，仍处于原始"家族公社"时代的狩猎鄂温克人那里或许能得到些启示。"在狩猎鄂温克人举行的萨满教各种仪式中，对各种动物图腾崇拜的需要促使他们以各种手段来塑造各种崇拜偶像的实体，而整个萨满教造型艺术中，立体造型艺术（有木雕、布偶及皮偶等）也占有很大比重。"③ 所以夏家店上层文化中，早期祖

---

① 李泽厚：《美的历程》，生活·读书·新知三联书店2009年版，第17—18页。
② 乌恩岳斯图：《北方草原考古学文化研究：青铜时代至早期铁器时代》，科学出版社2007年版，第179页。
③ 鄂·苏日台：《狩猎民族原始艺术》，内蒙古文化出版社1992年版，第57页。

第二章　鄂尔多斯式青铜器造型的发展与演变

先崇拜思想下的立体造型可能为非金属材料所制，造型与工艺虽然得到了长期的积累和发展，但却因为材料易于腐朽而难以流传。

田广金先生提出"双珠兽头饰"称谓与乌恩先生提出"双尾饰"称谓的直接区别是观察方向不同。根据考古发掘情况看，这种双珠兽头饰多出于墓主头部或腰间，铜扣背后的桥形钮缝缀于冠带之上，两圆形铜扣在上，双尾在下，我们要根据其出土情况来确立观察方式并做解读。田广金先生将双珠兽头饰划分为 A、B、C 三类。从动物造型起源的观点出发，推断 A1 式为最初形态，其他各式均系由此衍生出来。[①]但是，我们若将祖先崇拜与父系氏族下的生殖崇拜作为双珠兽头饰的文化起源，则可做出以下论断。

第一，A1 式与 A2 式，从中段横纹来看，无疑属于同一序列。夏家店上层文化的社会形态处于发展层次较高的父系氏族社会，属于具有较严密社会组织的奴隶制政权。[②] 在出土器物中，有若干件铜勺柄部铸成祖形，均为生殖崇拜的实物证据。[③] 而 A2 式双珠兽头饰造型与"祖"造型极其相似，应该是从父系氏族生殖崇拜的信仰习俗中衍生而来。而且，这样的造型在古代盛行生殖崇拜信仰的民族中，并不罕见（图 2.30）[④]。

第二，从艺术造型上看，B1 式、B2 式、B3 式、B4 式之间具有极为连贯的演变关系（A3 式应属于 B3 类型），但其原初形态应为祖先崇拜下的人物造型（图 2.31）[⑤]。我们将宁城南山根 102 号石椁墓中出土的刻纹骨板中的人物造型和曲刃匕首式阴阳短剑的剑柄人物造型提取出来，与 B1、B2 式双珠兽头饰相比，发现其造型间有承续关系，进一步

[①] 田广金、郭素新：《鄂尔多斯式青铜器》，文物出版社 1986 年版，第 126—127 页。
[②] 郑绍宗：《山戎民族及其文化考——关于夏家店上层文化社会性质的研究》，《环渤海考古国际学术讨论会论文集》，知识出版社 1996 年版，第 188—190 页。
[③] 乌恩岳斯图：《北方草原考古学文化研究：青铜时代至早期铁器时代》，科学出版社 2007 年版，第 202 页。
[④] 田广金、郭素新：《鄂尔多斯式青铜器》，文物出版社 1986 年版，图版八四 1 至 4，图版八五 6、7。
[⑤] 田广金、郭素新：《鄂尔多斯式青铜器》，文物出版社 1986 年版，图版八四 5 至 8。

证明了双珠兽头饰造型起源于人物造型的说法（图2.32）①。双珠兽头饰上的第一个圆扣为人物头部的简化造型。第二个圆扣为人物腹部的简化造型，双手已融入腹部造型之中。而所谓"双耳"（或"双尾"）则应为人物双腿形象，"经历了一个由合并到分开的过程"②。

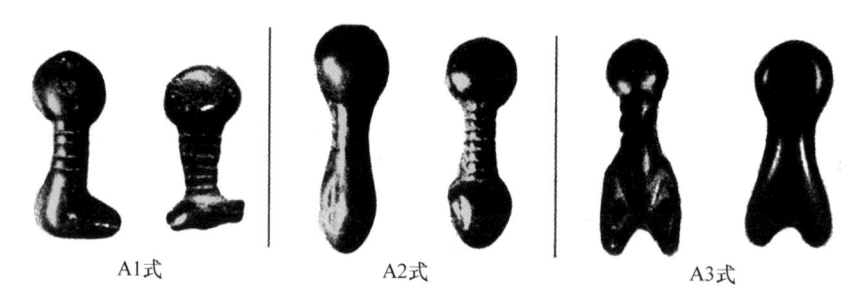

图2.30 A1式与A2式双珠兽头饰

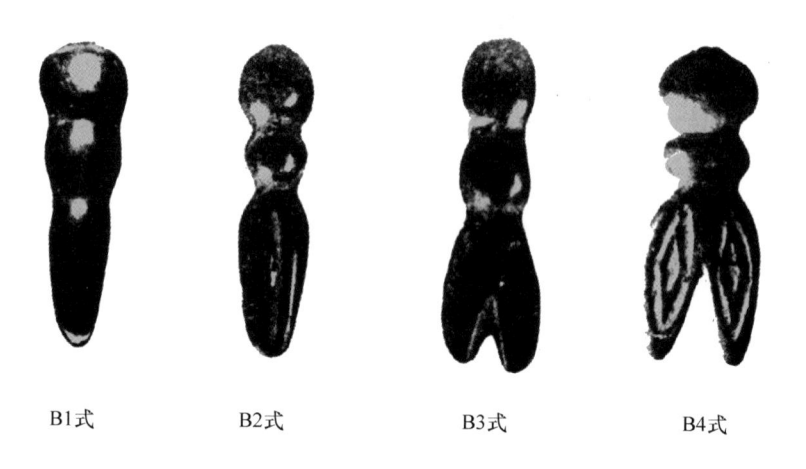

图2.31 B1式至B4式双珠兽头饰

---

① 刘国祥：《夏家店上层文化青铜器研究》，《东北与北方青铜时代》，文物出版社2016年版，第183页，图四6；吕大吉、何耀华：《中国原始宗教资料集成：考古卷》，中国社会科学出版社1996年版，第112页，图2刻纹骨板（M102：18）；田广金、郭素新：《鄂尔多斯式青铜器》，文物出版社1986年版，图版八四5、6。

② 田广金、郭素新：《鄂尔多斯式青铜器》，文物出版社1986年版，第124—126页。

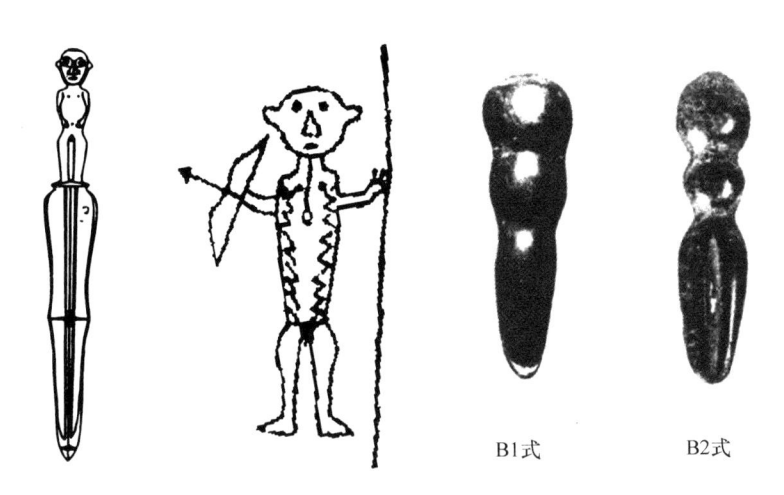

图 2.32　曲刃匕首式阴阳短剑、宁城南山根 102 号石椁墓中出土的刻纹骨板中的人物造型与 B1、B2 式双珠兽头饰

对于头部、腹部形体做如此概括，一来因为双珠兽头饰的尺寸较小，不便于做更细致的刻画。再者，这种饰件往往是几十个相同的造型排列缝缀于冠带之上，是为装饰，若过分追求细致刻画，在佩戴时更易显得琐碎而杂乱。

从南山根 102 号石椁墓中出土的刻纹骨板造型来看，马与狗是从正面观察所得的形象，而车架是从顶面观察所得的形象，车轮又是从侧面观察所得的形象。人是从正前方观察所得的形象。如此描绘的形象在当时并非只为观看，而是竭尽所能地传达着人们"头脑中的真实认知"。不能以一点透视法的观察和理解方式来认识（或解读）这种图像。他们所创造的造型是其用眼睛（甚至从不同角度）看见的形象，加上头脑中理解的形象，加上宗教思维联想的形象，共同"构筑"了最终的"艺术"形象，即：将眼睛观察到的形象与意识层面的指示性符号相结合的构造方式。这里，头、腹部的"圆扣造型"均为意识层面的符号性表达。

而头的圆形为何与腹部等大？甚至大于腹部圆形？一来由于其源于符号的替代，是观念意识的物化，而非精细观察下的写实描绘。二来，古代北方民族所崇信的萨满宗教观，相信灵魂存在的同时，认为动物和人的灵魂都寄居在头颅之中，所以头（或兽首）也因灵魂而更显重要。《汉书·匈奴传》载："昌、猛与单于及大臣俱登匈奴诺水东山，刑白马，单于以径路刀金留犁挠酒，以老上单于所破月氏王头为饮器者共饮血盟。"① 可见，与径路刀同时出现在重大盟誓中的，以月氏王头所做成的饮器，应为匈奴重大礼仪中的"重器"。况且，自老上单于到此时与昌、猛盟誓的呼韩邪单于，前后一百余年，作为饮器的月氏王头仍旧保留且在重大场合使用，这其中与头颅承载灵魂的观念是分不开的。而鹿的灵魂积聚在鹿角之中的观念，导致此后的鄂尔多斯式青铜器中以鹿为主题的造型十分注重对鹿角造型的强化和夸张，也意在对灵魂的表现与彰显。后来的鄂尔多斯式青铜器造型，普遍表现出头与身体的比例明显大于对应的真实动物的头与身体的比例（尤其在浮雕当中，圆雕多注重对鹿角的夸张）。这种对灵魂崇拜的意识，在造型上直接表现为对头部造型的强化或夸张。所以，在这样的宗教观念下，头部"符号化"的圆形，被夸张、夸大就容易理解了。

第三，C1、C2、C3 式，从形态上比较，仍是由人物造型衍生而来。但由于理解方式不同而导致造型手法有别，孔洞造型贯穿其间，应为同一文化信仰状态下，不同地域的风格差异所致，但从后期双尾发展情况看，又与 B4 式造型逐渐融合。

综上所述，双珠兽头饰并非源自写实兽头造型，而是由农耕文明祖先崇拜与父系氏族社会生殖崇拜信仰下，以人或"祖"为表现主题的写实造型演变而来。今天，极具装饰意味的双珠兽头饰呈现在我们面前，其发展的前身、演变的历程已湮没在历史的长河之中。写实的造型已演化成抽象的、简练的"有意味的形式"，曾承载的信仰与符号背后的精神所指已经遗失。当它脱离了其原本的文化信仰内涵，"突兀"地呈现在当代人面前时，带来的只能是"奇特""神秘"或"优美""古朴"之类的赞叹之声。而文化内涵和深层渊源却如海面下的冰山，静静地沉寂、等待发掘。其作为鄂尔多斯式青铜装饰品的最早形态，从内

---

① （汉）班固：《汉书·匈奴传》，中华书局1962年版。

容与文化层面却起源于北方长城沿线地带的早期农耕文明。沉淀下来的装饰形式、饰件形制，甚至佩戴习俗却长期保留，并流传了下来。伴随北方长城沿线——这一"新月形地带"气候向"干冷化"转变，生业模式由农业转向半农半牧，再转变为游牧生业模式，文化与习俗也随之转变。装饰形式与造型语言之下，表现的主题与内容也悄然发生了变化。

二 春秋晚期：动物纹饰件的滥觞

如果说"双珠兽头饰"起源于春秋以前（西周时期），那么我们说鄂尔多斯式青铜饰件始于该历史时段应该是没有问题的。虽然"双珠兽头饰"的造型来源并非"兽头"（即并非以动物主题为原型），但是，从有限的史料记载中，我们发现该历史阶段生活在鄂尔多斯地区（乃至辽西地区）的族群并没有发生大规模的更替或迁徙。只是由于气候环境的演变，导致前、后期生业模式的更迭，即由农业经济逐步转向半农半牧经济，再转为游（畜）牧经济。考古发掘资料已然证实，夏商时期生活在鄂尔多斯地区（以朱开沟文化为代表）的族群和生活在辽西地区（以夏家店下层文化为代表）的族群均以农耕为主要生业，畜牧业与狩猎业为辅助生业（前后期所占比重存在差异）。虽然同为从事农业耕作的族群，但却与中原农耕人群有所不同。这种差异不仅体现在农业发展水平方面，在文化习俗方面也同样存在。

鄂尔多斯式青铜装饰品虽在西周时期即已存在，但该时期的青铜装饰品造型主题却并不以动物为主。而是在父系氏族社会中的祖先崇拜与生殖崇拜的影响下，以人物或男根造型为主要表现主题。或是以其在漫长的农耕生业中所形成的，与农耕族群的文化习俗紧密相连的一些禽鸟、家畜或"创想"的动植物图腾造型为表现主题。如前所述，春秋早中期，如"双珠兽头饰"等鄂尔多斯式青铜装饰品造型，即应是源自祖先崇拜与生殖崇拜。除了"双珠兽头饰"以外，在鄂尔多斯及周边地区，一种被称为"双鸟纹饰牌"的小型青铜饰件也发现较多，从毛庆沟M47发掘出土的情况看，其多用于腰带装饰。这种双鸟纹饰牌多以禽鸟为表现主题，双鸟头相背呈"S"形反向联结（图2.33：1、2）①。但其中有部分饰牌虽归入此类，形象却并非双鸟，只是与双鸟纹饰牌采用了相同的造型样式。这部分饰牌的造型主题暂无法辨认，其与羊、龙的形象均有相似之处。抑或为人们综合若干种动物（图像）特征而创作的、某一部落的图腾形象（图2.33：3至5）。然而，上述主题却是农耕文化族群的造型艺术中经常表现的。

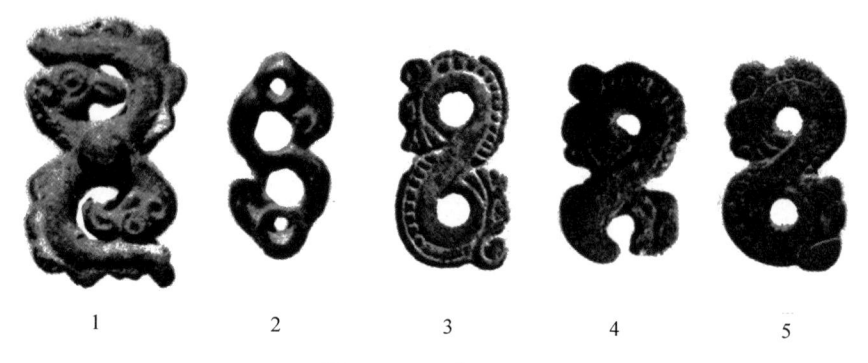

图2.33　双鸟纹饰牌

也就是说，鄂尔多斯式青铜饰件在春秋早中期甚至上溯到西周时期，造型选取的表现主题乃是农耕文化习俗中的常见题材。当然，虽同以农耕为业，但这一地区的农耕族群与中原地区的农耕族群尚存差异。

春秋晚期，在鄂尔多斯地区出现了以写实手法表现正面动物头部的小型青铜饰件，人们称之为"兽头饰"（图2.34）②。这种兽头饰尖嘴尖耳，多以两个圆圈表现眼睛，或线刻或镂空。背后有桥状钮，作缝缀衣饰之用。如果"马家窑及仰韶文化陶器上的抽象几何纹样乃是由写实动物纹造型演变而来"③的这一论断具有一定的普遍意义的话，那么，春秋晚期在鄂尔多斯地区出现的这种小件、单体写实兽头饰，或可被视为以动物纹为表现主题的鄂尔多斯式青铜装饰品的最初形态。也就

---

① 田广金、郭素新：《鄂尔多斯式青铜器》，文物出版社1986年版，图版七九1至5。
② 田广金、郭素新：《鄂尔多斯式青铜器》，文物出版社1986年版，图版八三1至7、10。
③ 李泽厚：《美的历程》，生活·读书·新知三联书店2009年版，第17—18页。

是说，以动物纹（野兽纹）为表现主题的鄂尔多斯式青铜装饰品当系由此开始的。从造型上看，这种兽头饰造型简练而质朴，制作者似乎在努力寻求着一种最易于得到的装饰意味——通过中轴对称所创造的"平衡"。局部出现的非对称现象，或囿于粗简的铸造工艺。当然，从青铜刀剑的发展历程来看，春秋晚期的鄂尔多斯及其周边地区的青铜铸造技术早已十分成熟，将这种兽头饰造型铸造得准确而精美应不成问题。所以，这种现象背后的原因，或许是这些兽头饰之类的装饰品并非铸造青铜刀剑的人群（或"部门"）所造。

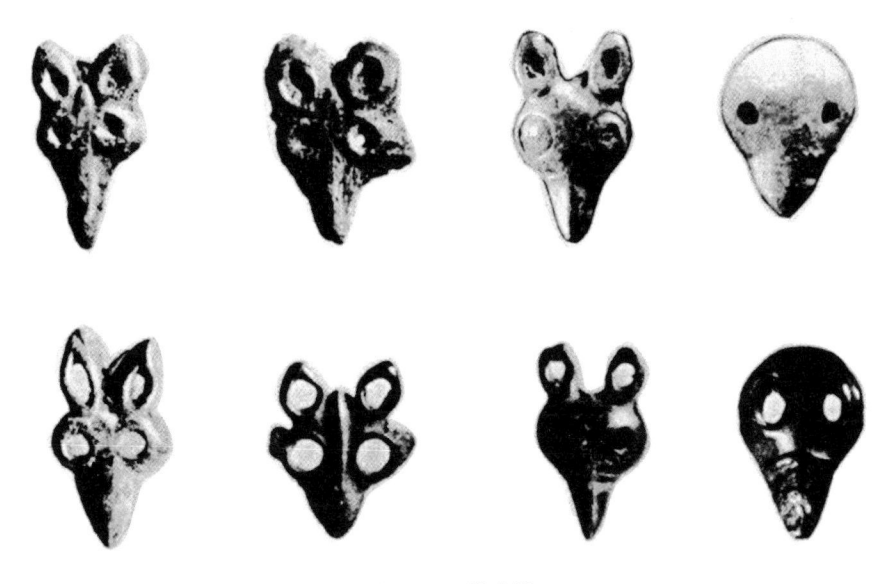

图 2.34　兽头饰

此期，鄂尔多斯地区还出现了与这种正面写实的尖嘴尖耳的兽头饰形制相同、大小相近的牛头形饰件（图 2.35：1 至 3）[①]。其也是以写实手法，从正面表现牛头的形态特征，同时注重对构图内在平衡的"维系"，眼睛同样是以线刻或孔洞的形式表现出来。在以动物纹为表现主题的鄂尔多斯式青铜饰品发展的早期，这似乎是一种典型样式，而这种

---

① 田广金、郭素新：《鄂尔多斯式青铜器》，文物出版社 1986 年版，图版八三 15 至 17。

典型样式在后来的发展历程中数量明显缩减，虽偶有发现，但与此期相比，在材料、工艺以及造型精度、装饰风格等方面，均有明显差异。当然，关于"牛"这一造型主题的文化属性问题，仍有待深入研究。

图2.35 牛头形饰件和表现野猪、虎、鹿侧面特征的小型青铜饰件

与这种写实正面兽头饰时代相近的，是一种从侧面刻画整个动物形态特征的单体、小型青铜饰件（图2.35：4至6）①，多以野猪、虎、鹿等为表现主题。这一形制的青铜饰件与上述兽头饰、牛头饰一样，是以动物纹为主题的早期鄂尔多斯式青铜饰品的基本形态，此后众多形式复杂的青铜饰牌（饰件）乃是由此衍生出来的。例如《内蒙古长城地带》一书中收录的鹿纹饰牌（图2.36：5）②就可以由鄂尔多斯博物馆收藏的编号为E·1591（图2.36：1）③一类的侧面单体写实鹿造型通过变

---

① 田广金、郭素新：《鄂尔多斯式青铜器》，文物出版社1986年版，图版八八9、7、4。
② 田广金、郭素新：《鄂尔多斯式青铜器》，文物出版社1986年版，第74页，图四—7。
③ 田广金、郭素新：《鄂尔多斯式青铜器》，文物出版社1986年版，图版八八4。

第二章 鄂尔多斯式青铜器造型的发展与演变

换得来，即：先复制类似 E·1591 一类的单体动物造型做连续排列，再使复制的单体造型做镜像式的反向排列。在基本的构图形式生成之后，人们会再做调整，使两只鹿的造型存在细微差异，这种现象在鄂尔多斯式青铜器动物纹造型中是十分常见的，背后或存在来自文化习俗、巫术、禁忌等方面的某种"规约"限制。

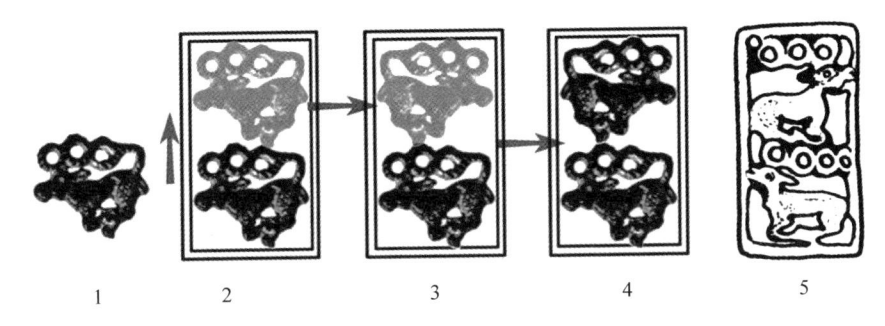

图 2.36　从单体鹿纹饰件到鹿纹饰牌的转化

春秋早期以禽鸟为主题的造型在此期间仍然得以延续。双鸟纹饰牌逐渐向抽象形态演化，鸟喙、眼等形态特征逐渐被顺畅的曲线和圆圈（或孔洞）所取代，造型精巧、流畅顺滑，也具有一定的内在"约束力"，这种"约束力"或许是由形体的对称形态所构成的，极具装饰意味。有人根据饰牌呈现出来的这种抽象的卷曲形态而称之为"云纹饰牌"（图 2.37）[①]。的确，当一种造型艺术在其发展中，本源主题特征陆续"遗失"、被抽象的点、线、面、色彩等纯粹造型语言所取代，其

图 2.37　云纹饰牌

[①] 田广金、郭素新：《鄂尔多斯式青铜器》，文物出版社 1986 年版，图版七九 7、11、14、12。

原来所承载的文化意义也就消失殆尽,所留下的就只有纯粹的造型、装饰的意味和仅与视觉接受相关的、美的形态。

鸟纹主题在春秋晚期衍生出了一种单体"雏鸟"造型的青铜饰牌,毛·M61:3·②、西·M3:19(图2.38;彩图三)[①] 是较典型的样式。这种"雏鸟"造型的饰牌,写实性大不如前,但是眼睛与夸张的喙部仍清晰可辨。如果以一个圆面为中心点,将单体雏鸟饰牌中眼与喙的造型复制、对称、组合,便可得到如毛·M44:5 一类形制的、鸟纹青铜饰牌(图2.38)。

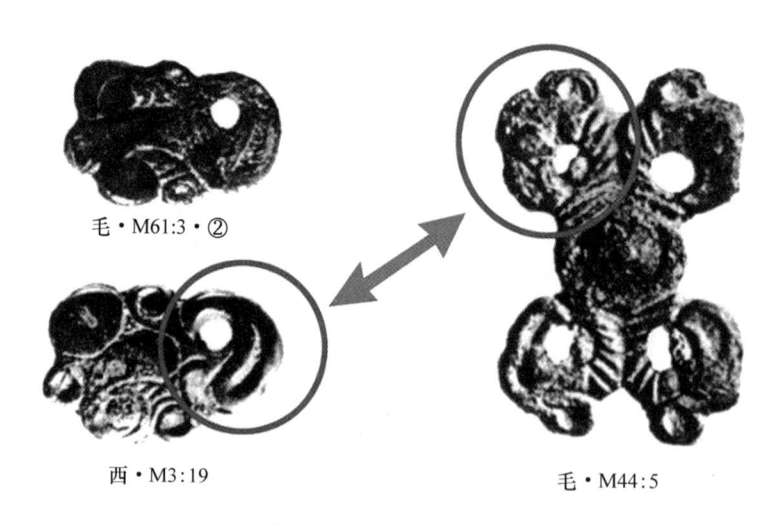

图 2.38　鸟纹青铜饰牌

桃红巴拉墓群出土的编号为桃·M5:7 的群马纹饰牌(图2.39:1)[②],同《内蒙古长城地带》一书中收录的群马纹饰牌(图2.39:2)、群羊纹饰牌(图2.39:3)均具有相似的构成形式。其均由单体马(羊)的侧面造型自上而下连续排列生成,在排列过程中,相邻动物造型的首尾方向相异,以使构图取得变化、均衡之感。虽然,这

[①]　田广金、郭素新:《鄂尔多斯式青铜器》,文物出版社1986年版,图版八七3、4、6。
[②]　田广金、郭素新:《鄂尔多斯式青铜器》,文物出版社1986年版,图版五八3;第74页;图四—3、4。

一时期此类形制的青铜饰牌造型相对粗糙，但其所沉淀下来的创作方法与构图形式，却在后来的鄂尔多斯式青铜动物纹饰牌中得到广泛应用。

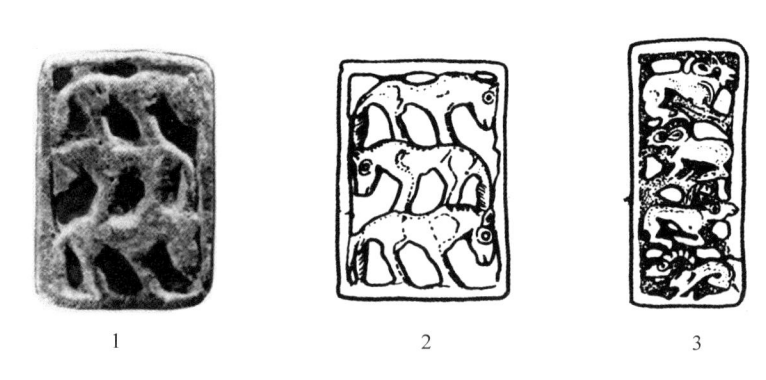

图2.39　群马纹饰牌与群羊纹饰牌

综上所述，春秋晚期至战国早期，作为鄂尔多斯式青铜动物纹饰件的一个发展阶段，主要体现出以下三个方面的发展规律：首先，动物纹饰牌的发展系由单体动物纹造型开始的，早期的单体动物纹造型主要有正面写实兽头饰和侧面整体动物写实纹饰两种，造型虽简单却能够准确表现动物的形态特征，兽头饰构图注重对称与平衡；其次，先期农耕文化所流传下来的禽鸟纹造型（虽有部分已演化为抽象造型）与新兴起的动物纹饰牌共存；最后，由单体动物纹造型衍生出来的相对复杂的、具有装饰意味的饰牌形制已经开始出现。

三　战国时期：动物纹饰件的繁盛

根据现有出土遗存来看，战国中晚期当是鄂尔多斯式青铜饰件造型发展的巅峰时代，是最辉煌的时期。这一时期作品给人的第一感受就是：造型主题空前丰富。发展期的鄂尔多斯式青铜饰件，所表现的多是根植于农耕文明的造型主题。自春秋晚期开始，随着北方长城沿线地带气候与生业模式的转变，青铜饰件中陆续融入了虎、野猪、鹿、羊、马等与游牧文化关系紧密的造型主题。到了战国中晚期，又发现有狻猊、狼、犬、刺猬、鹰、天鹅以及由鹰喙马身造型构成的"神兽"主题。纵观鄂尔多斯式青铜饰件的发展历程,没有哪个时代的造型主题如此丰富。

战国中晚期的青铜饰件从艺术形式方面,可划分为圆雕与浮雕两类(目前来看,鄂尔多斯及周边地区出土的动物造型青铜圆雕数量不多),所表现的主题有羊、马、鹿、狻猊、刺猬、禽鸟(主要为鹰、鹳)等。战国中晚期在鄂尔多斯及周边地区发现的青铜动物主题圆雕,多为辕饰或竿头饰,也有非实用类的、独立动物主题圆雕在墓葬中被发掘出土。严格来说,鄂尔多斯式青铜器中的动物主题圆雕当属礼器、实用、装饰三重属性合一的"综合体"。礼器意义在先,而后是实用功能,再后是装饰功能。当然,战国中晚期个别墓葬(如玉隆太战国墓)中出土的非竿头饰(或辕头饰)的圆雕青铜鹿应为纯粹的礼器。

在动物主题圆雕类别中,阿鲁柴登出土的匈奴王金冠饰顶部的神鹰造型是一个极其特殊的例子。这一金冠饰顶部的神鹰身体部分以金片制成,"外实"而中空。双翅与背部用锤锻工艺表现神鹰的羽毛,以绿松石制作神鹰的头部与颈部。在神鹰造型体内(腹部下端)有一根金丝顺着颈部与头部相连,使镶嵌在颈部凹槽中的绿松石制作的头部能够自由摆动。佩戴者只要稍有动作,头上的神鹰便会首尾摆动、金光璀璨、栩栩如生(图2.40;彩图四)[①]。如果说金冠饰顶的神鹰造型有实用功能的话,就在于它是作为一种权力与神性的标示符号,时时向人们宣示着等级秩序,是政治功能的一种体现。在萨满教中,神鹰被认定为萨满的化身,这种动物主题本身就具有一定的宗教意义,象征着与天、神沟通的特权。而装饰与审美功能则是在这种特殊的实用功能基础上产生的,因为其是用来标示权力与神圣,也使其外在的装饰与造型之美上升到极高的境界。具有一般实用功能的动物主题圆雕,如辕饰或竿头饰,多与圆銎或方銎相结合。銎的两侧多留有钉孔,以便于同木制的车辕或竿头固定。圆雕动物造型一般通过佇立(或蹲伏)于銎上,或以动物

[①] 田广金、郭素新:《鄂尔多斯式青铜器》,文物出版社1986年版,图版一。

第二章　鄂尔多斯式青铜器造型的发展与演变

脖颈为銎两种方式与銎衔接，十分巧妙（图2.41；彩图五）①。

图2.40　阿鲁柴登出土的匈奴王金冠饰

图2.41　有圆雕动物造型的辕饰与竿头饰

---

① 田广金、郭素新：《鄂尔多斯式青铜器》，文物出版社1986年版，第166页，图一一四7；第169页，图一一七4、7。

121

就这一时期的青铜动物主题圆雕造型本身而言，其与浮雕动物纹造型不同。浮雕饰件上的动物纹造型是将写实的动物造型与夸张、变形的表现手法相结合，并带有一定的装饰意味。而圆雕动物造型几乎是完全写实的。浮雕动物造型的头部大多被有意增大，通过细致的塑造以突出头部的重要性。而大多圆雕动物造型的头部与身体的比例关系与真实动物比例相仿。并且，很少对头部做过分的刻画与表现，而是照顾整体关系，对动物周身的每一部位形体都表现得恰如其分。

玉隆太战国墓中出土的圆雕青铜群鹿。鹿呈蹲踞姿态，共5件，2件有角，其一鹿角分五叉，呈向上生长态势，鹿的形象生动逼真，腹部中空铸造、外形饱满圆润，但无銎孔（图2.42）[①]；准格尔旗速机沟出土鹿造型青铜圆雕6件，立式长角鹿2件，造型大小相同，腹部中空、神态生动。[②] 从这种青铜圆雕本身看，没有銎孔设计亦未保留钉孔，其并非辕饰或竿头饰之类的实用器物。速机沟出土的圆雕青铜群鹿（图2.43）[③] 与玉隆太出土的青铜群鹿在形制上具有一定的相通之处：两组铜群鹿中均为有角鹿与无角鹿的组合，且有角鹿的数量少于无角鹿；在形态方面，多为蹲踞姿态，鹿头微微抬起、凝视前方，显得恭谨、宁静而肃穆，与同时期的浮雕鹿造型有明显差别。所以，这样的圆雕动物造型应是在社会地位较高的死者的丧葬仪式中使用的明器，承载着一定的宗教或巫术观念。在鄂尔多斯式青铜器的发展过程中，目前只有战国晚期的墓葬中，才发现了以青铜动物主题圆雕做明器的现象。在战国晚期之前，以及两汉时期鄂尔多斯及邻近地区的墓葬中，均未发现这种现象。这也在一定程度上体现出战国晚期鄂尔多斯式青铜动物饰件的发展达到了顶峰。让人感到奇怪的是，这种青铜动物主题圆雕在战国晚期似乎突然出现就已具有极高的写实水准，达到相当高的艺术水平，昙花一现后，又悄然消逝，再无踪影。

---

① 田广金、郭素新：《鄂尔多斯式青铜器》，文物出版社1986年版，图版一〇八。
② 盖山林：《准格尔旗速机沟出土的铜器》，《鄂尔多斯式青铜器》，文物出版社1986年版，第372页。
③ 田广金、郭素新：《鄂尔多斯式青铜器》，文物出版社1986年版，图版一〇九。

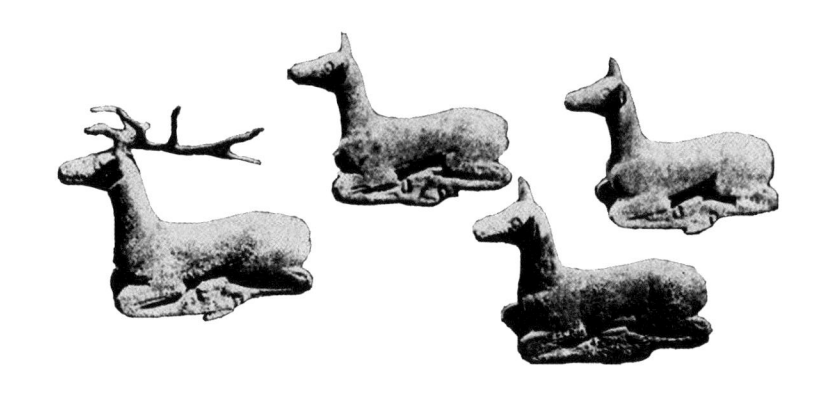

图 2.42　玉隆太战国墓中出土的圆雕青铜群鹿

图 2.43　速机沟出土的圆雕青铜群鹿

与圆雕相比，鄂尔多斯式青铜动物纹饰件中的浮雕数量更多，且构成形式也更复杂多样。同前一时期（春秋晚期及战国早期）的动物纹相比，战国中晚期的浮雕动物纹造型已得到长足发展，主要体现在以下几个方面。

首先，春秋晚期与战国早期的单体兽头造型在此阶段仍有延续（数量稀少），但是塑造手法上早已脱离了前期那种古拙、纯朴的风貌，而走向精巧、细致、规整、丰富和华丽。例如阿鲁柴登战国匈奴墓出土的虎头形饰件（图2.44：1）[①]，以白银铸造而成，虎口大张、双目圆睁、情态生动自然；编号为 E·1274 的牛头形饰件（图2.44：2），错金银工艺制成，所塑造的牛头双目圆睁，牛耳与牛角并拢的设计增强了饰件的厚重感与整体感，沿中轴线严格对称的造型带着些许庄重与肃穆，而额上的卷云装饰打破了古朴、凝重，平添了几分华丽与雅致。这一时期有部分单体兽头饰造型，出于适用功能需要与圆环相结合，形成美观适用的小型饰件。例如阿鲁柴登出土的由黄金铸就的虎头形饰件（图2.44：3），虎口衔环，环上雕刻有四个狼头形象，两两相对、情态生动。

1　　　　　　　　2　　　　　　　　3

图2.44　虎头形银饰件、牛头形错金银饰件和虎头形金饰件

其次，从正侧面塑造整体动物造型的浮雕发生了新的变化，这种变化是循序渐进的。春秋晚期至战国早期，这种小型青铜饰件似乎仅为老老实实地表现出动物侧面形象既已满足。而表现的方法也主要靠轮廓线来塑造（强化）动物的典型特征，在轮廓线以内的形体起伏关系不甚明显，仅概括成简单的体块，略微塑造（图2.45：1）[②]，而个别饰牌似

[①] 田广金、郭素新:《鄂尔多斯式青铜器》，文物出版社1986年版，图版一一五5；图版三八18；图版一一五4。

[②] 田广金、郭素新:《鄂尔多斯式青铜器》，文物出版社1986年版，图版七〇下图；图版六六9。

第二章　鄂尔多斯式青铜器造型的发展与演变

乎更趋近于"剪影"类的平面效果。和林格尔范家窑子出土的、战国早期的动物纹饰牌（图2.45：2），在塑造手法上似乎更进一步，即在边缘线以内，用线刻区分动物身体的不同部位，并开始运用装饰性线纹做不同部位的质感区分。

图2.45　虎咬羊纹饰牌与范家窑子出土的动物纹饰牌

到了战国中晚期，饰牌上动物浮雕的头部被夸大，动物口、眼造型夸张，并且刻画得更加精致，已能通过对动物口、眼、耳、鼻的塑造表情达意，如阿鲁柴登战国匈奴墓出土的、以薄金片压成的卧虎形金饰件（图2.46；彩图六）[1]。

图2.46　卧虎形金饰件

---

[1] 鄂尔多斯博物馆：《鄂尔多斯青铜器》，文物出版社2006年版，第205页。

在准确表现动物形体、注重刻画动物神态的同时，动物形体表面的装饰语言也得到进一步发展。这种"装饰语言"是塑造写实动物浮雕的一个重要手段，即：借助点、线、（或由点、线构成的）块面等造型元素，通过点、线的疏密对比，通过线的长短对比、曲直对比、方向差异，以及由线所构成的不同纹饰，来表现不同动物的特点（或同一动物身体不同部位的质感），也可借助上述手法，根据画面需要使不同动物（或同一动物身体的不同部位）在二维平面中所呈现的前后空间关系得以加强。例如西沟畔战国墓 M·2 出土的虎豕咬斗纹金饰牌（图2.47；彩图七）[1]即是运用这种装饰语言进行塑造的成功典范。该饰牌中，细密的短直线按照野猪身体扭曲的弧度排列。虎身以柳叶曲线作为虎纹装饰，间隔较宽，与野猪身体上的装饰线形成鲜明的疏密对比。野猪身体上密集的短细线均为阴刻而成，大量细小的凹面降低了整个野猪身体部分的明度，疏朗的虎纹配合凸起的造型使虎的身体部位的明度提高，如此手法强化的明暗对比与虚实关系，于平面中增强了画面的纵深感，明确了虎、豕咬斗时，形体在纵深维度上的层次关系。

图2.47 虎豕咬斗纹金饰牌

---

[1] 鄂尔多斯博物馆：《鄂尔多斯青铜器》，文物出版社2006年版，第158页。

第二章　鄂尔多斯式青铜器造型的发展与演变

　　战国中晚期，鄂尔多斯式青铜动物纹饰牌除了注重动物形体本身在比例、质感、神态等方面的写实表现之外，更注重将动物还原于其所生存的"世界"，表现动物咬斗、嬉戏、交媾等真实生活场景。这种"场景式"的描绘，突破了原本仅表现动物形态特征的单纯而局限的造型程式，使还原于场景中的动物造型更加灵活生动，饰牌构图更加巧妙多样，表现情节更加贴近生活，且能极大地凸显地域特色与民族精神。有了这一主题上的突破，才使战国中晚期动物主题浮雕的构图样式更加异彩纷呈。例如，凉城崞县窑子出土的虎咬马纹饰牌（图2.48；彩图八）[1]，伊金霍洛旗石灰沟出土的双虎咬斗纹银饰牌（图2.49；彩图九）[2]以及上面提到的虎豕咬斗纹饰牌（图2.47）等，均属这一时期典型的"场景式"动物纹浮雕。

图2.48　虎咬马纹饰牌　　　　图2.49　双虎咬斗纹银饰牌

　　鄂尔多斯式青铜饰件中出现的"怪兽"造型，是战国晚期动物纹造型的重要主题。所谓"怪兽"是指鄂尔多斯式青铜器造型主题中，一种由鹰喙、马（或鹿）身、鹿角、马蹄共同组成的一种现实世界中不存在的、虚幻的动物形象。似鹰非鹰、似马非马、似鹿非鹿，既无法根据生活中的对应动物为其命名，亦无法根据其造型特征命名。所以前期的研究者多称之为"怪兽"。后来，有学者提出：这种题材在草原上广泛流传，表现出游牧人对此造型主题的喜爱，并且中原也常有仿效者，所以不宜用"怪"——这类含有贬义的字词形容，提倡应该命名

---

[1] 田广金、郭素新：《鄂尔多斯式青铜器》，文物出版社1986年版，图版一〇上图。
[2] 曹玮：《萌芽·成长·融合：东周时期北方青铜文化臻萃》，三秦出版社2012年版，第177页。

◇◇ 鄂尔多斯式青铜器造型艺术研究

为"神兽"。①

这种"神兽"造型盛行时间较长，至少从公元前 300 年（根据西沟畔战国墓推断）延续至公元前 1 世纪（根据西岔沟匈奴古墓推断）②，且传播地域相当广泛。在阿尔泰地区，推克塔一号古墓即发现有此类"神兽"造型，巴泽雷克墓地，二号冢男性墓主肩背部也有此类"神兽"造型的纹身（图 2.50：1；彩图一〇）③；1956 年，在辽宁西丰西岔沟匈奴墓，出土了这种"神兽"与一犬撕咬的青铜饰牌，人称"犬马铜饰板"④（图 2.50：2；彩图一〇）⑤；1957 年，神木县纳林高兔出土了一个侷立于四瓣花形托座上的圆雕金质"鹿形怪兽"⑥（图 2.50：3；彩图一〇）⑦；1975 年，内蒙古新巴尔虎左旗征集到两件以鹰喙马身为特征的"神兽"饰牌⑧，与西岔沟出土的"犬马铜饰板"相似；1979 年，鄂尔多斯西沟畔战国墓出土一件具有鹰喙、鹿角、马蹄等特征的"神兽纹金饰片"⑨（图 2.50：4；彩图一〇）⑩，等等。

这些以"神兽"为主题的鄂尔多斯式青铜器，虽然造型手法上存在一定的差异，但是其显然也存在着一种内在的构成法则，即：对钩喙、鹿角、马（鹿）身、偶蹄的要求。换句话说，造型手法或许可以因地域（或族群）之别而存有差异，但绝不可缺少鹿角、鹰喙等既定的"构成元素"。战国晚期的"神兽"造型已经相当成熟，其似乎一经

---

① 林沄：《从东黑沟出土的有角神兽牌饰谈起》，《鄂尔多斯青铜器国际学术研讨会论文集》，科学出版社 2009 年版，第 41—42 页。
② 陆刚：《怪兽不"怪"：鄂尔多斯式青铜器鹰喙马身造型及文化内涵解读》，《美术大观》2020 年第 1 期。
③ 林沄：《从东黑沟出土的有角神兽牌饰谈起》，《鄂尔多斯青铜器国际学术研讨会论文集》，科学出版社 2009 年版，第 32 页，图三 1。
④ 孙守道：《"匈奴西岔沟文化"古墓群的发现》，《文物》1960 年第 8、9 期合刊。
⑤ 《中国青铜器全集》编辑委员会：《中国青铜器全集》第 15 卷，文物出版社 1995 年版，第 79 页，图一〇七。
⑥ 戴应新、孙嘉祥：《陕西神木县出土匈奴文物》，《文物》1983 年第 12 期。
⑦ 曹玮：《萌芽·成长·融合：东周时期北方青铜文化臻萃》，三秦出版社 2012 年版，第 245 页。
⑧ 王成、沙宝帅：《内蒙古呼伦贝尔草原发现青铜器》，《考古》2004 年第 4 期。
⑨ 伊克昭盟文物工作站、内蒙古文物工作队：《西沟畔匈奴墓》，《文物》1980 年第 7 期。
⑩ 鄂尔多斯博物馆：《鄂尔多斯青铜器》，文物出版社 2006 年版，第 193 页下图。

第二章 鄂尔多斯式青铜器造型的发展与演变

1."神兽"纹身　　2.犬马铜饰板　　3.鹿形怪兽　　4.神兽纹金饰片

图 2.50　巴泽雷克二号冢男性墓主"神兽"纹身、
犬马铜饰板、鹿形怪兽、神兽纹金饰片

出现，便迅速流行了起来。这种现象的出现，应与北方民族所崇信的萨满宗教观密不可分。

　　萨满教是早期中国北方民族普遍信仰的原始宗教。[1]"鹰鹫是萨满化身的神物象征。北方民族中见到了鹰鹫之类，首先意识到它是萨满的化身，是象征萨满的圣鸟。"[2] 研究萨满教艺术的学者多认为："萨满神帽上的铜制飞鸟正是神鹰的标志，这早已为国际性调查资料所证实。"[3] 阿鲁柴登出土的匈奴王金冠饰的顶部也是一只鹰的造型。"狩猎鄂温克人的萨满教，被认为是北方狩猎民族中最古老的萨满教形式。在他们的意识中，神灵相当于大脑。他们所创造的神灵造型，是二对鹿角上下对称相背形，犹如'X'形体。他们认为鹿角是鹿的灵魂所在的地方。"[4] 所以，"北方游牧民族宗教观念中对鹿的灵魂的崇尚，是构成神兽的鹿角造型的文化内涵，而神兽造型中的鹿角元素正是该文化内涵的物化形式"[5]。另外，这种"神兽"大多造型考究，常见以黄金材质铸（锻）造而成。说明这种"神兽"青铜（或黄金）饰件的佩戴者必定是掌握着极高权力的部族首领（或王）。或许"神兽"造型的本身即象征着部

---

[1] 秋浦：《萨满教研究》，上海人民出版社 1985 年版，第 1 页。
[2] 乌丙安：《萨满信仰研究》，长春出版社 2014 年版，第 89 页。
[3] 乌丙安：《萨满信仰研究》，长春出版社 2014 年版，第 206 页。
[4] 鄂·苏日台：《狩猎民族原始艺术》，内蒙古文化出版社 1992 年版，第 51—54 页。
[5] 陆刚：《怪兽不"怪"：鄂尔多斯式青铜器鹰喙马身造型及文化内涵解读》，《美术大观》2020 年第 1 期。

族首领（或王）的统治乃系由上天（或神灵）指定，即"君权神授"思想的标志，或者意在表明佩戴者具有与上天（神灵）沟通的特权，即巫觋身份。陈梦家就曾提出，早在商代，"商王本身便是商代最高的巫师"①。所以，"神兽"造型应与萨满神灵关系密切，而不仅仅作为标示尊贵身份的装饰品。就像张光直先生所说：商周青铜器动物纹造型乃系"巫觋通天工具的一个重要部分"②，这种"神兽"造型的青铜（或黄金）饰件或许也与萨满巫术中的所谓"通灵"仪式有关。

"神兽"造型当属战国晚期北方民族在高超的写实动物纹饰基础上，出于萨满宗教信仰与一定的社会政治需要，融入了夸张、想象的"浪漫主义"创作手法，而创作的造型样式，其不仅具有巧妙的构思、精美的造型、神秘的情感，更是该时期北方游牧民族文化精神的艺术化呈现。

战国晚期，鄂尔多斯式青铜动物纹饰件的制作材料也极其丰富。以金、银等贵金属制作的青铜饰件十分常见，例如上述的双虎咬斗纹银饰牌（图2.49）、阿鲁柴登战国匈奴墓出土的虎头形饰件（图2.44：1）均以白银铸造而成；西沟畔战国墓出土的虎豕咬斗纹饰牌（图2.47）、阿鲁柴登出土的匈奴王金冠饰、纳林高兔出土的圆雕神兽（图2.50：3）均为黄金铸造而成。

战国晚期还出土有大量的、以线刻形式表现动物纹造型的黄金薄片，如西沟畔战国墓出土的神兽纹金饰片（图2.50：4）、剑鞘卧式怪兽纹金饰片、剑鞘三兽咬斗纹金饰片等。而阿鲁柴登战国匈奴墓出土的十二件虎鸟纹饰牌则是由黄金材质制作而成，其上镶嵌红、绿宝石。制作工艺也较前期更加细致、成熟，除了铸造以外，也常见以锤锻和压制等工艺制作而成的动物纹饰件。

总之，战国中晚期鄂尔多斯式动物纹饰件走向了其发展历程中的繁荣阶段。这种"繁荣"主要体现在以下几个方面：第一，造型主题更加广泛，并且所表现的主题具有极强的游牧文化特征；第二，写实动物

---

① 陈梦家：《商代的神话与巫术》，《燕京学报》1936年第20期。
② 张光直：《中国青铜时代》，生活·读书·新知三联书店2013年版，第471页。

造型准确、特征鲜明、生动精彩，并且形成了多种经典而独特的构图样式，春秋晚期与战国早期所形成的构图形式也在此期间发展成熟；第三，写实动物纹造型中巧妙地融入想象和夸张的元素，为青铜饰件增添了更神秘的文化色彩与宗教内涵；第四，金、银、宝石等珍稀材料的融入使青铜饰件的造型更显得"灿烂辉煌"，同时，制作工艺水平显著提升，使青铜饰件脱离了前期纯朴、"古拙"的风貌而走向了成熟、典雅的新阶段。

四 两汉时期：动物纹饰件的衰落

在经历了战国晚期的繁荣后，两汉时期的鄂尔多斯式青铜动物纹饰件开始走向衰落。总体来看，两汉时期的鄂尔多斯式动物纹饰件在鄂尔多斯及周边地区发现相对较少，此一方面与铁器的盛行有关，另一方面也与两汉时期汉与匈奴在频繁的争斗中产生的文化融合有关。在此为了能够全面研究两汉时期的动物纹饰牌发展状况，我们将收录于《内蒙古长城地带》和《西伯利亚动物纹饰牌》两本书中的、与鄂尔多斯地区出土的两汉时期动物纹饰件造型样式一致的部分饰牌纹饰提取出来，一并研究。综合两汉时期的动物纹饰件造型，与战国中、晚期同类饰件相比，其变化主要表现在以下几个方面。

第一，关于造型主题的变化。两汉时期鄂尔多斯式青铜饰件所表现的动物种类较战国晚期明显减少。此时期常见的动物纹饰件造型主题为牛、马、羊、鹿、骆驼。虎纹造型很少见到，在《西伯利亚动物纹饰牌》一书中收录了一件虎龙争斗纹饰牌（图2.51）[1]，断代为西汉中晚期。鄂尔多斯式青铜器动物纹中关于龙的造型向来罕见，虎纹造型在虎龙争斗的主题中偶有延续，背后的汉匈文化融合情况可见一斑。这一饰牌中的虎纹，造型已脱离写实范畴，而是走向概念化表现，即：以简单的体块标示虎的身体部位，僵硬呆板，若不是那硕大的虎头、圆睁的虎眼、大张的虎口，任凭谁也无法猜想到这是猛虎的造型。所以，西汉时期的鄂尔多斯式青铜动物纹饰件造型似乎逐渐脱离了野兽主题，而转向

---

[1] 田广金、郭素新：《鄂尔多斯式青铜器》，文物出版社1986年版，图四七5。

了带有"农耕印记"的家畜、图腾或人物生活主题。在辽宁省西丰县西岔沟遗址，出土了两块以人物生活为表现主题的青铜饰牌：人物活动纹饰牌。其一描绘了一披发武士，右手持剑，左手抓住一名俘虏的头发，旁边有一马车停放树下，有一只狗跳上了马车，另一只狗在车辕旁，似乎嗅到了什么（图2.52：1）[①]。另一块饰牌则描绘了一披发武士左手持剑，立于车前，三匹马驾着车，通过对车窗内二人头部造型的描绘，表示车中有二人乘坐（图2.52：2）。这种表现人物生活的场景饰牌的出现，表面上似乎让人感到饰件造型主题的扩展，而实际上则表明曾经那些写实的、野性的、神秘的、精彩的动物纹造型已经渐行渐远。

图2.51 虎龙争斗纹饰牌

1　　　　　　　　　2

图2.52 人物活动纹饰牌

[①] 田广金、郭素新：《鄂尔多斯式青铜器》，文物出版社1986年版，图六四6、4。

第二章　鄂尔多斯式青铜器造型的发展与演变

第二，除了主题的变化之外，鄂尔多斯式动物纹饰件发展繁盛时期的那种写实的、生动的、夸张的、神秘的造型也渐渐消失，代之而起的是一种统一的、规整的、装饰或抽象的造型语言。所谓饰牌的"统一"与"规整"，可以由饰牌的边缘直接体现出来。战国晚期以前，鄂尔多斯式青铜动物纹饰牌的造型是"由内生发"的，即：以所描绘（刻画）的动物造型特征为主，根据动物造型（可以是单体动物造型，亦可是场景中的动物造型）的表现需要而决定饰牌的外部轮廓。主题获得了极大的"尊重"，创作在极度自由的空间中展开，同时也形成了丰富多样的饰牌样式，例如：所谓的"P"形饰牌造型样式，就可以根据虎咬羊纹、虎咬马纹之类的造型需要而间接衍生出来（图 2.53；彩图一一）①，形成定式。然而，两汉时期的动物纹饰牌样式大多为长方形饰牌，偶有早期流传下来的"P"形饰牌样式，但数量极少。且从西岔沟出土的鹰兽搏斗纹的造型风格来看，部分"P"形饰牌可能是从欧亚草原西部传入的。

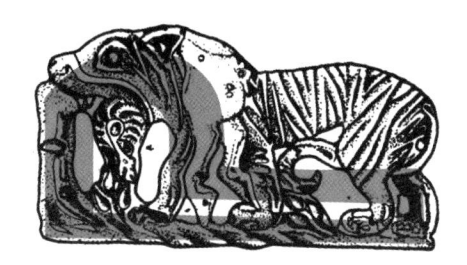

图 2.53　虎咬羊纹饰牌、虎咬马纹饰牌

两汉时期，规整而统一的长方形边框将所表现的主题限定在了固定的范围中。不论塑造什么内容，都要服从于长方形边缘的限制，造成两种客观结果：一是所表现的动物造型悄然形成了规整而固定的样式；二是用于修饰边框和填补空白区域的装饰纹样开始盛行。"某种艺术的高度完善，必然产生许多'艺术法则'或'风格法则'，伴随这些'法则'会产生许多'禁忌'，艺术越完善，法则越详尽，禁忌就越严格。

---

① 田广金、郭素新：《鄂尔多斯式青铜器》，文物出版社 1986 年版，第 94 页，图六二 2、1。

而样式越成熟，禁忌越严格，艺术那生机勃勃的创新精神就被扼杀了，这种艺术的丧钟就已经敲响。"① 也就是说，当任何一门艺术走向成熟后，其最有可能形成固定的标准、样式，而艺术一旦为标准、样式、规矩所限，它的生命力也就日渐消逝，走向衰败。

两汉时期，动物纹饰牌上那些为丰富画面、填补空白而设计的装饰纹样，基本有两种，一种是制作者根据经验以适当的抽象点、线做装饰，线条构建起与客观世界某种事物形态相近的图像，人们便据此将这些抽象的线纹命名为：绳纹、鱼骨纹、麻花纹、竹节纹、麦穗纹等（图2.54）②；另一种是制作者直接选取所表现的动物造型的某一部位，做适当的造型概括和提取，之后反复运用，丰富画面的同时，又便于同所塑造的内容在主题、意义等方面产生更加统一的效果和更加紧密的联系。如一些以牛纹或鹿纹为主题的饰牌中，就经常可见对于牛耳（或鹿耳）造型做概括、提取，之后根据画面需要，按照一定的构成原则反复运用的情况（图2.55：1；彩图一二）③。

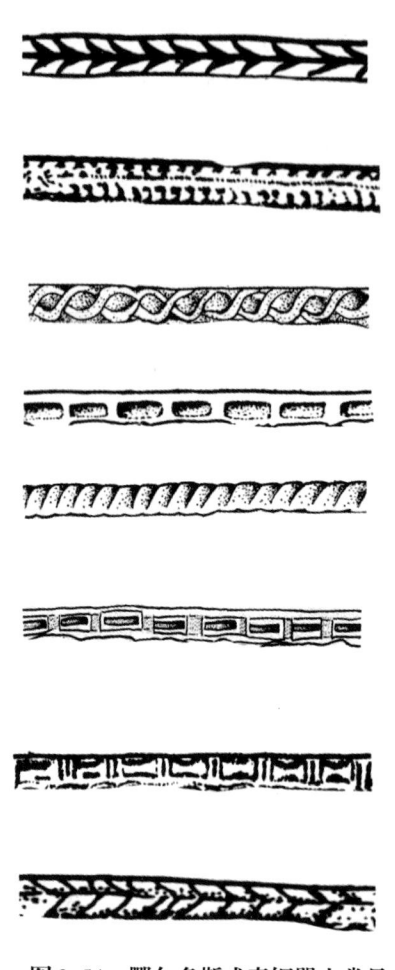

图2.54 鄂尔多斯式青铜器上常见的装饰纹样

---

① 杨琪：《艺术学概论》，高等教育出版社2003年版，第321页。
② 田广金、郭素新：《鄂尔多斯式青铜器》，文物出版社1986年版，第84页，图五二1；第81页，图八四2；第79页，图四六3；第77页，图四五3；第76页，图四四1；第82页，图五〇1。
③ 田广金、郭素新：《鄂尔多斯式青铜器》，文物出版社1986年版，第76页，图四四2；第345页，图二1。

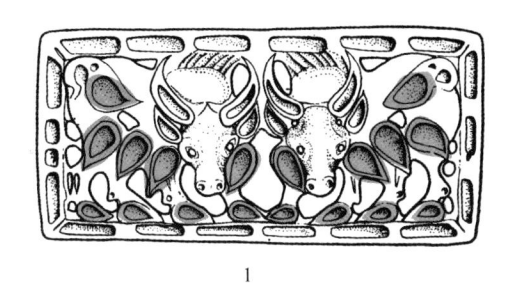

图2.55 牛纹饰牌、虎鸟纹饰牌

对动物某一部位做造型重复的方法可能源自萨满教崇信灵魂的观念。人们相信灵魂即寓居于头颅之中（比如："相信人头具有神秘的力量"①），所以，为了增强（或加倍获得）某种神秘力量的护佑，在写实动物纹饰牌上，经常重复表现动物的头部造型：按照一定的方向、顺序进行排列。例如，阿鲁柴登出土的虎鸟纹饰牌（图2.55：2；彩图一二）即是如此。

也有因认定"鹿角是灵魂所在之处"②，故而在动物纹饰件中夸张、强化鹿角的造型，使鹿角增大到可与尾部相连。例如：西沟畔战国墓出土的伫立鹿形饰件。或者，将鹿角的枝杈概括成卷曲的造型反复出现，造成不断生发的视觉感受，例如：纳林高兔出土的圆雕金质"鹿形怪兽"（图2.50：3）等。这种设计方法在融入宗教观念、体现某种祈盼的同时，也起到了装饰画面的作用，并且产生了更强烈的神秘感。但是，两汉时期动物纹饰件中对牛耳纹的反复运用，则主要是为了装饰和丰富画面，关于萨满文化与信仰的内涵已十分模糊。

第三，当动物纹饰件中所承载的文化内涵渐渐弱化，鄂尔多斯式青铜饰件在漫长的历史中所沉淀的装饰意味便日渐凸显。装饰的意义逐渐大于文化和信仰的内涵，线条的流畅与美观逐渐取代了写实动物纹的真实与严谨。于是，两汉时期的动物纹造型便逐渐失去了从前的争斗、血

---

① 鄂·苏日台：《狩猎民族原始艺术》，内蒙古文化出版社1992年版，第50页。
② 鄂·苏日台：《狩猎民族原始艺术》，内蒙古文化出版社1992年版，第51—54页。

腥、勇武、雄健之风，而越发向着流畅、优美的装饰风格演变。甚至可以说，鄂尔多斯式青铜饰牌的装饰语言在两汉时期达到了顶峰。

然而，即使再丰富的装饰语言也难以阻止鄂尔多斯式青铜动物纹饰牌的衰败。作为一个艺术品类的衰败，背后联结着其所根植的文化、表现的主题、抒发的情感、体现的精神，以及作品的构成形式、造型风格、工艺水准等方方面面。两汉时期的长方形动物纹饰牌，绝大部分采用的是"轴对称"和"排列与交错"——这两种相对简单的构成样式，借用概念化的动物造型，营造一种精巧、柔媚的装饰意味。虽然秉承了鄂尔多斯式青铜器造型一贯追求的内在力的平衡，但是这种刻板的、缺少变化的装饰性对称，已经丧失了先前动物纹饰牌所具有的强劲生命力。例如，二兰虎沟出土的双鹿纹饰牌（图2.56：1；彩图一三）[1]、内蒙古博物院收藏的双兽纹饰牌（图2.56：2；彩图一三）等均属此阶段较具代表性的轴对称构成样式。而所谓的"排列与交错"构成样式是指，以单一动物图像沿着同一轴向复制生成相同的造型，与图案设计中的连续纹样颇具相似之处。在通过连续的方法将作为主体的动物纹"定型"之后，再考虑其与四方形边框的衔接关系。

图2.56　双鹿纹饰牌、双兽纹饰牌

不论以轴对称的方法还是以排列交错的方法创作的构图样式，人们都必须解决一个实际问题，就是要从四个方向将已生成的动物纹造型同

---

[1] 田广金、郭素新：《鄂尔多斯式青铜器》，文物出版社1986年版，图版六一。

第二章　鄂尔多斯式青铜器造型的发展与演变

边框牢固结合，才会使铸造出来的饰牌经久耐用（因为两汉时期的动物纹饰牌多为存在较多镂空面积的透雕饰牌）。这种情况下，创作者多采用两种方法解决这一问题：一是拉长或扩大动物身体某一部位的形体，使其与边框紧密结合，如此就使动物造型被迫改变，为了适应边框而有损自身造型的写实性和严谨性，甚至朝着装饰性的方向发展。例如双马纹饰牌中，马背上前后两个高点就是为贴合上方边框而刻意升高的（图 2.57：1；彩图一四）①，而右图"双驼变体"②造型的背部与顶框的衔接却更显生硬（图 2.57：2；彩图一四），其直接用三处与表现主题无关的体块连接顶框；另一做法是，以比较密集的圆形孔洞反衬出动物的造型，以孔洞边缘的不规则实线将动物造型与边框连缀起来（图 2.58）③，或者直接以不规则的直线或曲线将动物造型与边框接续起来，

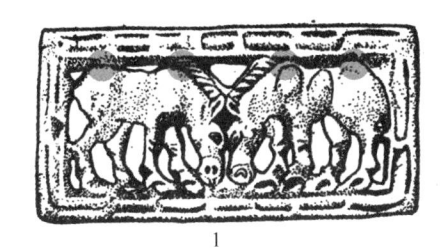

图 2.57　双马纹饰牌、双驼纹饰牌

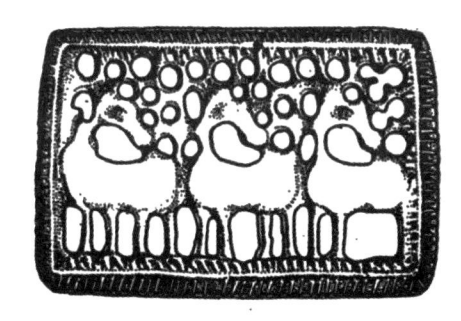

图 2.58　三鹿纹饰牌

---

① 田广金、郭素新：《鄂尔多斯式青铜器》，文物出版社 1986 年版，第 77 页，图四五 2、5。
② 田广金、郭素新：《鄂尔多斯式青铜器》，文物出版社 1986 年版，第 78 页。
③ 田广金、郭素新：《鄂尔多斯式青铜器》，文物出版社 1986 年版，第 84 页，图五二 4、5。

137

同时预留较多的孔洞（图2.56：1）。这种连缀方法似乎使两汉时期的动物纹饰牌更趋近一致，千篇一律。于是，寻求边框纹饰的变化似乎变得更加重要了。

两汉时期动物纹饰牌装饰风格的发展，使动物造型越来越脱离了它本来的面目。似乎所描绘的是何种动物都已经变得不那么重要了，更遑论特征的表现。动物纹饰牌越来越朝着装饰的方向发展。人们似乎更乐于接受饰牌中由盘曲线条所传达的美感和近乎抽象的几何纹样所产生的装饰效果。所以，这一时期出现了难以辨认形象的曲线纹青铜饰牌（图2.59：1）[1]、以转折线和牛耳纹构成的抽象青铜饰牌（图2.59：2），和抽象的"花状饰牌"[2]（图2.59：3），这在鄂尔多斯式动物纹青铜饰牌的发展历史中是极少见的。

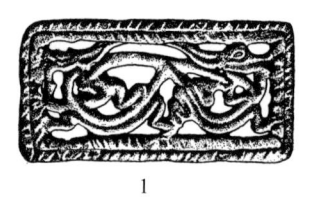

图2.59 曲线纹青铜饰牌

"从某一特定种类的存在物中抽取其精华或本质的手法只有当这种存在物是一种有组织的整体时候，才能奏效。"[3] 这些饰牌内的抽象造型之间时时体现着一种相互关联的"整体感"，其无疑是从写实造型演变而来的。"由写实到抽象"或许是人类社会多数造型艺术发展的必经之路。当某一种艺术造型渐趋脱离了它所描绘的事物的写实形态，其所承载的文化内涵也就渐渐模糊。"抽象"的造型好像变成了一堵墙，阻

---

[1] 田广金、郭素新：《鄂尔多斯式青铜器》，文物出版社1986年版，第85页，图五三2、4；第86页，图五四5。
[2] 田广金、郭素新：《鄂尔多斯式青铜器》，文物出版社1986年版，第85页。
[3] [美]鲁道夫·阿恩海姆：《视觉思维》，滕守尧译，四川人民出版社2019年版，第218页。

挡了人们解读造型文化内涵的脚步。失去文化支撑的造型，似乎只留下了一种"有意味的形式"[①]与人们进行着"纯粹"的、艺术层面的交流。

第三节 生活用具与车马具造型的演变

与兵器、工具、青铜饰件相比，鄂尔多斯及周边地区出土的生活用具与车马具的数量相对稀少。从现有出土的青铜器遗存来看，生活用具的种类主要包括铜镜、铜匙、铜鍑和陶器（陶器不在本文的研究范畴之内）。"车马具"还可细分为马具与车具两种，马具一般包括马镳、马衔、节约和马面饰；根据目前的考古发现，车具主要有轴头、铜铃、辕饰和竿头饰。

一 从晚商到春秋的实用器具

无疑，鄂尔多斯式青铜器，生活用具的出现要早于车马具，大约在晚商时期就已有铜匙出现（图2.60）[②]。最初的铜匙匙头呈椭圆形，柄部较短，有简单的横向绳纹，目的在于增加手指捏柄的摩擦力，便于使用。另外，在铜匙柄的中间部位有一环扣造型。如果说，前文中论述的"早期铜锥造型源自对骨锥造型的模仿、铜刀造型源自对石刀（或骨刀）造型的仿效"的观点成立的话，那么这种早期铜匙柄部的绳纹造型也应有更古老的来源。西周晚期的铜匙"匙头呈蛋圆形，柄部扁长，两侧呈锯齿状，末端有孔"[③]（图2.61）[④]。与同时代的铜刀造型相比，无论是制作工艺还是装饰花纹，铜匙的造型都显得简朴而粗糙。

同一时期发现了北方草原上最早的铜鍑，大致可分为两类：一类为

[①] [英] 克莱夫·贝尔：《艺术》，薛华译，江苏教育出版社2004年版，第8页。
[②] 田广金、郭素新：《鄂尔多斯式青铜器》，文物出版社1986年版，第114页，图一〇四1。
[③] 田广金、郭素新：《鄂尔多斯式青铜器》，文物出版社1986年版，第144页。
[④] 田广金、郭素新：《鄂尔多斯式青铜器》，文物出版社1986年版，第114页，图一〇四2，4，5。

圆底铜鍑，一类为有圈足的铜鍑。圆底铜鍑器型敦厚粗壮，素面无纹，自口端向底部逐渐收拢，形成圆底，口上有两"耳"，呈环形，用来提挂，也便于搬运。有圈足的铜鍑同上述圆底铜鍑造型相仿，口上有一对环状耳，底端有圈足，整体看来造型更加俊秀。西周末期鄂尔多斯地区的铜马衔为两节直棍式，素面无纹，直棍两端各有较大圆环，中间以小环套铸在一起。

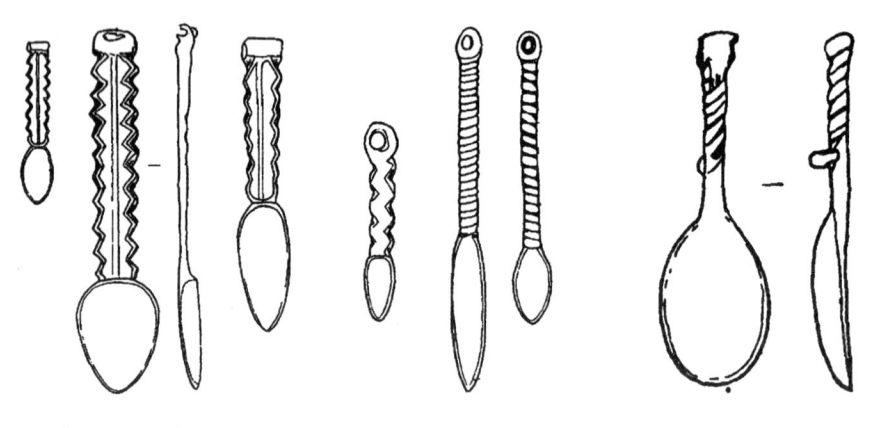

图2.60 晚商时期铜匙　　图2.61 西周晚期铜匙　　图2.62 春秋时期铜匙

春秋时期的铜匙造型与前期相比，并无太大变化。从柄部造型来看，仍然只存在绳纹柄和锯齿柄两种铜匙。只是，绳纹柄铜匙的柄部被延长，匙头的椭圆形被纵向拉伸。锯齿柄铜匙无明显变化，但两类铜匙末端都有精心设计的圆孔，明显是出于实用考虑（图2.62）[①]。春秋时期的铜马衔与西周相比，制作更加精良，两端较大的圆环上又增加了方孔设计，中间以小圆孔套铸在一起。西周时期以后的铜鍑的断代问题，考古学界也尚未形成一致意见。从美术造型研究的角度看，其差异并不显著。多只是口端的双耳造型存在些许细微的变化，或是鍑身偶有横向条纹。

总之，自晚商到春秋时期，工具与车马具造型仅系出于实用功能而

---

① 田广金、郭素新：《鄂尔多斯式青铜器》，文物出版社1986年版，第114页，图一〇四 3、6、7。

设计，在实用功能之外，其所牵涉的文化内涵与审美问题似乎并不显著。

二 车马具造型的"鼎盛时期"

战国中晚期，随着鄂尔多斯式青铜器动物纹造型艺术逐步走向繁荣。车马具的造型也迎来了崭新的历史时期。出现了将动物造型与实用功能完美结合的节约、辕饰和竿头饰。例如西沟畔 M2 出土的虎头形银节约，正面铸造浮雕虎头造型，出于节约造型的需要，猛虎四肢被有意缩短，虎口下装饰卷云纹，出土时背面方形孔内尚存十字交叉的皮条（图2.63：1）①。鄂尔多斯博物馆展陈的编号为 E·1657 的铜节约，也以虎头浮雕做节约的正面造型，其下为云纹平面，平面上隐约可见禽鸟造型（图2.63：2）。

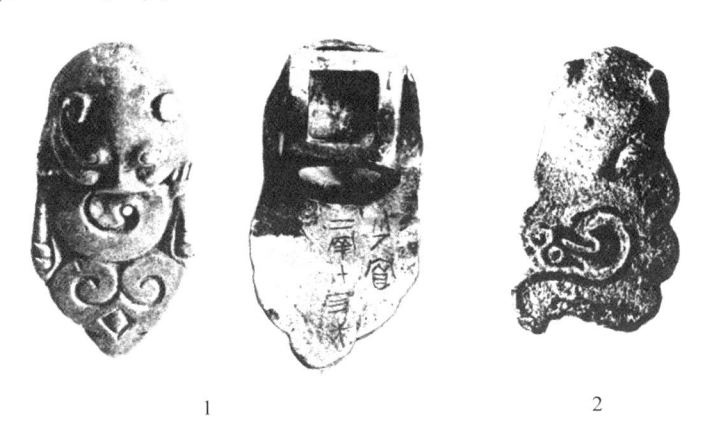

图 2.63 虎头形银节约、虎头形铜节约

战国晚期的辕饰与竿头饰是鄂尔多斯式青铜器的重要组成部分。鄂尔多斯式青铜器中的圆雕造型，多作为辕饰或竿头饰而铸造。战国晚期的辕饰与竿头饰主要由两部分构成，一为立体动物圆雕造型；一为用以同辕头、竿头衔接的或圆、或方的銎孔。圆雕部分与銎孔的衔接方式也不尽相同，多是圆雕动物四足侹立于圆（或方）銎顶端，例

---

① 田广金、郭素新：《鄂尔多斯式青铜器》，文物出版社1986年版，图版一〇—5、6。

如玉隆太战国墓出土的伫立羚羊形饰件（图2.64：1）①、伫立兽形铜饰件（图2.41右）、速机沟出土的狻猊形饰件（图2.41左下）、瓦尔吐沟出土的刺猬形竿头饰（图2.64：2）等，皆属此类。另一类是根据动物头部造型制作成圆雕，借助颈部做成圆形銎孔，与头部造型浑然一体，更显巧妙。例如玉隆太出土的盘角羊形车辕饰（图2.65：1）②、西沟畔M2出土的鹤头形铜饰件（图2.65：2）、速机沟出土的鹤头形铜饰件（图2.65：3）等。

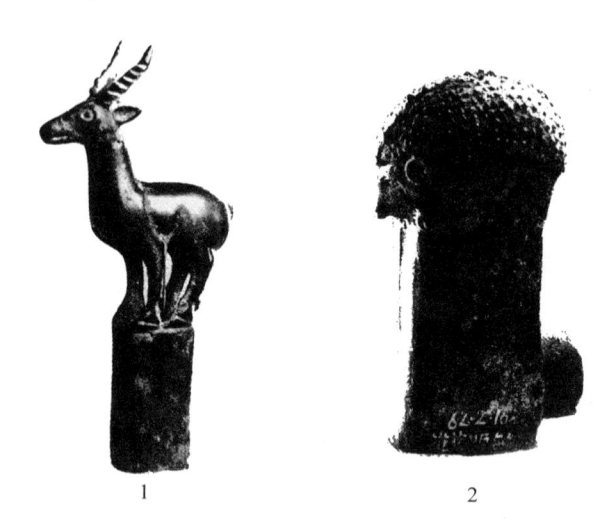

图2.64 伫立羚羊形饰件、刺猬形竿头饰

图2.65 盘角羊形车辕饰、鹤头形铜饰件

① 田广金、郭素新：《鄂尔多斯式青铜器》，文物出版社1986年版，图版一〇五1、2。
② 田广金、郭素新：《鄂尔多斯式青铜器》，文物出版社1986年版，图版一〇二1；图版一〇三3、1。

三 "轮状节约"体现的衰败趋势

两汉时期，极少见到圆雕动物造型的辕饰与竿头饰。目前只发现有数枚圆形节约（也称"轮状节约"），圆形外框，框内有四个两两相对的椭圆形孔，边框多饰有细密的装饰线纹（图2.66）[①]。从轮状节约上体现的造型倾向，与两汉时期的青铜饰牌是十分一致的，即：先前的那种写实的动物纹造型正被偏于装饰的造型语言所取代。边框上的装饰线纹成为丰富饰牌造型的重要手段。从装饰有浮雕虎头的银节约到注重以线纹"粉饰"边框的轮状节约，正是鄂尔多斯式动物纹青铜饰件衰落的"形象化"体现。

图2.66　圆形铜节约

本章小结

"鄂尔多斯式青铜器"是一个较大的概念。当我们研究其造型的发展演变脉络时，会发现"鄂尔多斯式青铜器"概念下的不同"品类"有着各自不同的发展、演变"经历"。

当北方族群由新石器时代迈入铜石并用时代，青铜作为最宝贵的社会资源，首先被用于铸造铜镞、铜斧、铜戚、铜刀、短剑之类的兵器，以及晚商时期如铃首短剑或蛇首匕之类的礼器。当然，有部分常用的生活实用器具（如铜锥、铜匙等）也以铜来铸造。所以，在鄂尔多斯式

[①] 田广金、郭素新：《鄂尔多斯式青铜器》，文物出版社1986年版，图版一〇一7至9。

青铜器中，兵器与工具是最先发展起来的。在半农半牧社会中，铜刀与短剑兼具兵器与工具的双重功用。对于北方民族来说，其重要性远胜于铜锥、铜镞、铜斧等。所以，在铸造与设计方面获得了更多的"关注"，其造型是最早成熟起来的，在西周时期就已进入鼎盛阶段。

鄂尔多斯式青铜饰件的起源较兵器晚，根据鄂尔多斯地区的青铜器出土情况推断，青铜饰件当起于西周时期，以双珠兽头饰为最早形态。然而，西周时期及其以前的北方社会，乃属于半农半牧经济形态。自夏商至西周，随着时间的推移，畜牧与狩猎经济所占比重越来越大。双珠兽头饰乃是出自北方社会早期的半农半牧经济形态之中，其当是北方早期农耕社会祖先崇拜与生殖崇拜的"艺术化"反映。春秋以后，随着游（畜）牧业与狩猎业比重不断攀升，北方社会文明形态由农耕文明逐渐转变为游（畜）牧文明。相应的，青铜饰件中的造型主题也陆续由人或"祖"类主题，转向了动物主题。

艺术作品往往是一个时代最忠实的反应。造型艺术的发展与一个族群的社会、历史、文化变迁紧密相关。随着北方社会游牧业的强盛，游牧文明的独立和完善，关于动物神灵崇拜的思想也越发盛行。鄂尔多斯式青铜饰件，对动物造型的表现也就越发流行，造型水平、构成样式、制作工艺逐步提升，在战国时期（尤其是战国晚期），青铜饰件达到了前所未有的繁盛状态。

任何一种艺术风格、一个艺术流派，都逃离不出"草创—繁荣—衰败"的发展规律。[①] 鄂尔多斯式青铜器的各个品类在到达鼎盛阶段后，也难以逃脱衰败的"厄运"。两汉时期，鄂尔多斯式动物纹饰件逐渐走向了衰落。衰落的背后有着重要的历史原因，即：匈奴帝国的衰败和汉匈文明的融合。

一般来说，工具与兵器是最讲究"实际功用"的，相比礼器、饰件来说，其所承载的文化内涵是最少的。但是，工具的更新和传播应该是最快的，就像先进的科学技术的传播一样，很少会受到相异文化体系的阻隔。即便如此，鄂尔多斯式青铜器中的工具造型仍变化不大，原因

[①] 杨琪：《艺术学概论》，高等教育出版社2003年版，第313—315页。

在于游牧生活所需要的工具都十分简单、便捷，无需复杂的功能，也不需要复杂的样式、繁缛的装饰，所以在发展过程中，其是变化最小的，造型也最"恒定"的一类。

总之，鄂尔多斯式青铜器造型艺术的发展与演变同北方社会经济、文化的演变紧密相关。生活是艺术的源泉，艺术是生活的反映。在没有文字的北方民族中，造型艺术就是最形象化的"文字"，记载着北方民族的历史，描绘着北方民族的形貌，见证着北方社会的变迁。

第三章

鄂尔多斯式青铜饰件的构成样式

第一节 浮雕（透雕）饰件的构成样式

鄂尔多斯式青铜器动物纹造型的独特风格是通过其构成样式体现出来的。"构成"一词有着诸多含义，从视觉艺术的角度说，构成的意义在于创造新的形态，并把这些新的形态依据一定条件重新整合或纳入限定的空间之中。[①] 构成，就其本身而言，当被视为一个动态的、延续和生发的过程。对于视觉艺术而言，在"构成"的过程中，点、线、面、颜色甚至所选用材料的质感都是其中的元素，依据一定的条件重新整合并纳入新的空间，其中所依据的"条件"乃是由创造者的思想、观念、情感所汇聚成的相对含混而模糊的创作意图。当点、线、面、颜色、质感等要素被整合完毕、纳入限定空间之中，以新的（作品）形态存在，原本属于点、线、面、颜色等元素本身的属性与意义便消失殆尽，构成——这一动态的过程，宣告完结。

一般来说，生活在同一区域且从事相同（或相近）生业族群的审美标准总体相似，导致该族群的视觉艺术作品在构成过程中所依据的"条件"也基本相同，从而使已完成的视觉艺术作品具有相当明显的共性特征，这种共性特征可能是感知层面的，也可能是图像层面的。而图像层面相对稳定的共性的本质即是构成样式。所以，对构成样式的研究

---

① 胡金黎：《构成》，高等教育出版社2003年版，第1页。

乃是对"构成"——这一动态过程的研究，也是对诸构成要素（如点、线、面、颜色等）之间结构关系的研究，即：要还原到构成的动态过程中去，在点、线、面等要素具有独立的本质属性的语境下进行研究。

鄂尔多斯式青铜动物纹饰件，主题繁杂、形式多样。表面上看，似乎是在随心所欲、无拘无束的状态下自由"创作"的。但是，当我们推演鄂尔多斯式动物纹饰件的构成过程，就会发现由单体动物造型到复合（两个及两个以上）动物造型之间，具有明显的发展、承续关系，几乎每一动物纹饰件造型的生成，均具有隐藏其中的方法和规律。

一 单体动物纹饰件

单体动物纹饰件是样式纷繁的鄂尔多斯式青铜饰件中的基础造型，也是复杂的饰件样式的构成基础，是最简单的"原初形态"。几乎后期所有的写实动物纹饰件都是由单体动物纹饰件衍生出来的。早期单体动物纹饰件的创作似乎只解决两个最基本也最重要的问题：选题和角度。选题即表现什么，角度即描绘哪一个面。

选题（即表现什么）的问题是由人们所从事的生业模式和所崇信的宗教或巫术思想所决定的。随着更新世以后北方长城沿线地带的气候由温湿向干冷转化，北方地区的畜牧经济逐步走强而农耕经济衰落。伴随着畜牧业的兴起，出于生计所需，人们对动物的依赖程度越来越高。费尔巴哈说："动物是人不可缺少的、必要的东西……而人的生命和存在所依靠的东西，对于人来说就是神。"[1] 人们对动物形成的生存依赖与北方民族信奉的萨满教所推崇的万物有灵论相结合，使动物成为鄂尔多斯式青铜器造型艺术的表现主题。然而，不同的动物有不同的形态特征，对形态特征的准确表现是说明（展现）主题的唯一途径。而物体的形态特征在三维空间中又有不同的形貌，于是，如何选择合适的表现角度就成为一个十分关键的问题。

一般来说，角度（即描绘哪一面）的选择由所描绘主题的形态特

---

[1] ［德］费尔巴哈：《费尔巴哈哲学著作选集》下卷，生活·读书·新知三联书店1962年版，第438—439页。

征来决定，以利于表现、传神生动为原则。鄂尔多斯式青铜动物纹饰件，浮雕占主要部分。浮雕造型既不同于圆雕，也不同于绘画。圆雕可以还原立体形象，360°呈现动物的所有特征，而浮雕则只能选择一个具有典型特征（或典型意义）的角度进行描绘。绘画可以通过颜色与所描绘的事物产生对应关系，增强相似程度，也可以借助由白到黑——最宽广的明暗层次，在二维平面上表现事物的立体形象。而青铜浮雕饰件只有单一的颜色，无法与所描绘的动物主题产生色彩上的直接对应关系，也难以获得像素描那样宽广的明暗层次作为表现语言。所以，对于浮雕动物纹饰件来说，选择表现动物的角度尤其重要。

从鄂尔多斯式青铜动物纹饰件的发展历程中，我们发现，那些生动精彩、让人拍手叫绝的浮雕动物造型，都有一条隐性的塑造原则：选取典型角度表现典型特征。

依据所塑造的内容，单体动物纹饰件可分为两类：一类是仅塑造某一动物头部造型的兽头饰；一类是表现某一动物整体造型的青铜饰件。兽头饰均以正面角度表现动物头部的造型特征，而选择的主题主要为牛、虎、羊等。无疑，牛、虎这类动物头部的正面特征是十分强烈的，尤其是牛头上那对向内侧弯转的牛角造型。而在表现盘羊头造型时，为了突出动物的形态特征，创作者巧妙地选择了正面视角的羊头与侧面视角的羊角相结合的方法，似乎显得视角更加典型，形象也更加生动（图3.1）[1]。

单体兽头饰造型是鄂尔多斯式动物纹青铜饰件的初级形态。正面兽头的对称关系本身就具有一种简易的形式感，中轴对称形成了基本的平衡关系，兽头饰因此具备了最初级的构成样式（图3.2）[2]。

以某一动物整体造型作为表现内容的单体青铜饰件的选题范围明显大于兽头饰的选题范围。虎、鹿、牛、马、羊、野猪以及人们所创造的、虚幻的"神兽"造型，都可成为表现主题。整体的动物造型为创

---

[1]　田广金、郭素新：《鄂尔多斯式青铜器》，文物出版社1986年版，图版九2。
[2]　田广金、郭素新：《鄂尔多斯式青铜器》，文物出版社1986年版，图版八三3、5、6、15至18；图版一一五5。

第三章　鄂尔多斯式青铜饰件的构成样式

图 3.1　盘角羊纹青铜饰件

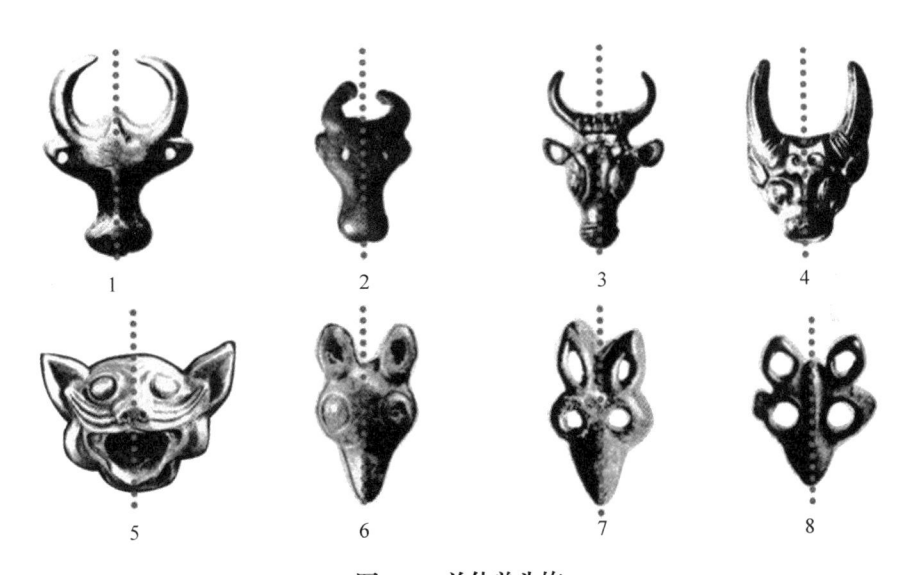

图 3.2　单体兽头饰

作者提供了更多的形态特征，可供抓取。尤其是做正侧面（这无疑是表现动物形态的极佳角度）的形象塑造时，可将动物的形体特征全面呈现。例如鄂尔多斯博物馆收藏的编号为 E·1501（图 2.35：5）的虎形饰，仅仅一个侧面的"剪影式"形象（甚至连面部造型都未曾细分）就能使人们一眼便认出虎的造型。除了制作者对虎的侧面形体比例关系

149

有准确的把握之外,还在于侧面造型将更多的形态特征呈现在了观者面前。鄂尔多斯博物馆收藏的编号为E·1503的野猪形饰(图2.35:4)、编号为E·1590(图2.35:6)的鹿形饰,皆是如此。

二 轴对称构成样式

所谓"轴对称构成样式"有些类似于图案设计教材中经常提到的"对称与均衡","指依一假设的中心线,在其左右、上下、周围(两面、四面、多面)配置同形、同量、同色的纹样所组成的图案"①。很多形制复杂的鄂尔多斯式动物纹饰牌乃是由单体动物纹沿着某一虚拟轴线镜像、复制,再依照一定的构成原则进行调适后生成的。这类饰牌往往具有较强的装饰性。例如鄂尔多斯博物馆收藏的编号为E·1045的双牛纹饰牌(图3.3:1;彩图一五)②、内蒙古博物院收藏的双驼纹饰牌(图3.3:2;彩图一五)、双兽纹饰牌(图3.3:3;彩图一五)、二兰虎沟出土的双鹿纹饰牌(图3.3:4;彩图一五)等,就是由单体动物纹饰牌镜像生成的、呈轴对称结构的饰牌样式。

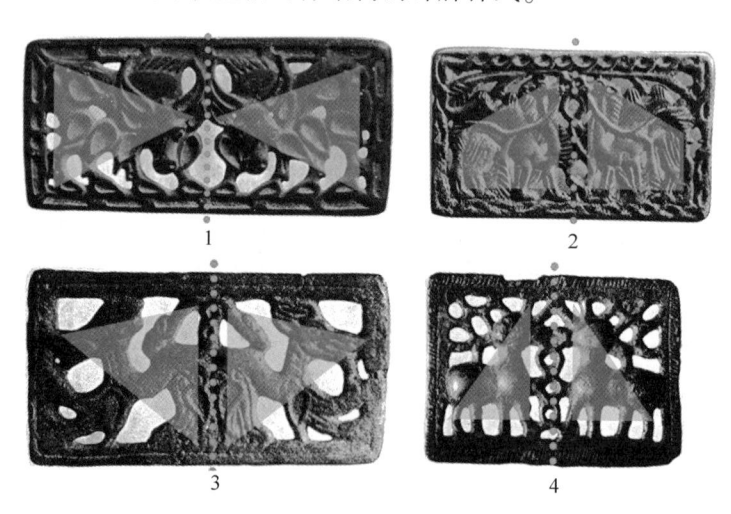

图3.3 双牛纹饰牌、双驼纹饰牌、双兽纹饰牌、双鹿纹饰牌

① 全国中师美术教材编委会:《图案》,人民美术出版社1983年版,第2页。
② 田广金、郭素新:《鄂尔多斯式青铜器》,文物出版社1986年版,图版五九1、2,图版六一1,图版六〇1。

轴对称构成样式的青铜饰件的造型生成方法，应是先根据造型主题选择典型角度与典型特征，创造出单体动物纹样，再镜像生成同样的动物纹造型，沿边框内的虚拟中轴线对称并置，而后再调整单体动物纹造型的边缘，使两动物纹之间以及动物纹与边框之间更自然地融合，使整个饰件造型完整而统一。

轴对称样式造型的生成方法也存在着一定的问题，即当两个相同的、独立而完整的动物纹造型纳入一个新的空间，原本完整而独立的纹样之间就产生了一种"边缘冲突"，这种冲突主要体现为每个单体动物纹的孤立状态，导致新空间中动物纹饰的散乱。解决的办法只有一个：变形。打破本已完整的纹饰边缘，与相邻纹饰结合，"简省"掉重复的部分，将琐碎的造型整合，形成新的整体——一个互不冲突、有机结合的完整形态。然而，在这一衍生与调适的过程中，虽然动物纹饰件造型得到了丰富，增强了装饰意味，但却损害了写实动物纹造型的严谨性。

这种轴对称结构的动物饰件盛行于两汉时期，这一时期正是鄂尔多斯式青铜器动物纹饰的衰落时期。轴对称结构的动物纹饰牌中强烈的装饰意味，正体现了两汉时期鄂尔多斯式青铜器动物纹造型的风格：一种生动、强健的写实艺术风格褪去之后的精巧与柔媚。

三　中心旋转的构成样式

"中心旋转的构成样式"本质上也是"对称与均衡"的样式之一。图案教学中将中心线（中心点）左右配置形相同而方向相互颠倒的纹样，称相反对称或逆对称。[①] 本节中的"中心旋转结构"不止于对造型生成后的结果描述，更强调此类动物主题纹样的生成过程，趋向于一种动态的展现，是对于饰件构成方法与生成样式的综合表述。

中心旋转结构的动物纹饰件是指单体动物纹造型围绕某一中心点旋转，二次或多次复制自身造型后，按照某一构图要求，重新组合、生成新的构成样式。从鄂尔多斯式动物纹饰件的发展历程来看，这种构成样式由来已久，最早出现在春秋早期。鄂尔多斯博物馆收藏的编号为 E·1187、

---

① 全国中师美术教材编委会：《图案》，人民美术出版社1983年版，第3页。

E·1189、E·1190、E·1191、E·1192 的双鸟纹饰牌，桃红巴拉 M1 出土的桃·M1：31 双鸟纹饰牌，毛庆沟出土的毛·M71：7 双鸟纹饰牌均属此类，鄂尔多斯博物馆收藏的编号为 E·1062 的双豹纹饰牌也是中心旋转结构的典型作品（图3.4）①。

E·1187　　　E·1189　　　毛·M71:7

E·1192　　　桃·M1:31　　E·1062

图 3.4　双鸟纹饰牌、双豹纹饰牌

我们以鄂尔多斯博物馆收藏的编号为 E·1189 的动物纹饰件为例来推导这一类饰件造型的生成过程（图3.5；彩图一六）②。首先描绘出鸟（或豹）头部与身体的部分造型，在底部中心部位选取一点，即中心点（如图3.5中的红点标示），进行180°旋转，复制生成同样的单体纹饰，两部分纹饰初步构成了饰牌的主体部分。再对衔接部位的造型进

---

① 田广金、郭素新：《鄂尔多斯式青铜器》，文物出版社1986年版，图版七九 1、3、4、5、7；第90页，图五九7。
② 田广金、郭素新：《鄂尔多斯式青铜器》，文物出版社1986年版，第115页，图八一2。

行调整，去除二者间的衔接痕迹，将左右两侧边缘接续、形成顺畅的曲线边缘，增强饰牌的整体感。在中心点部位加一突起的圆形装饰，突出中心点造型，彰显饰牌本身的平衡感（图3.5：7）。而后再处理边缘以内形体的起伏关系，以使边缘内部细小的造型相互协调、有机统一。

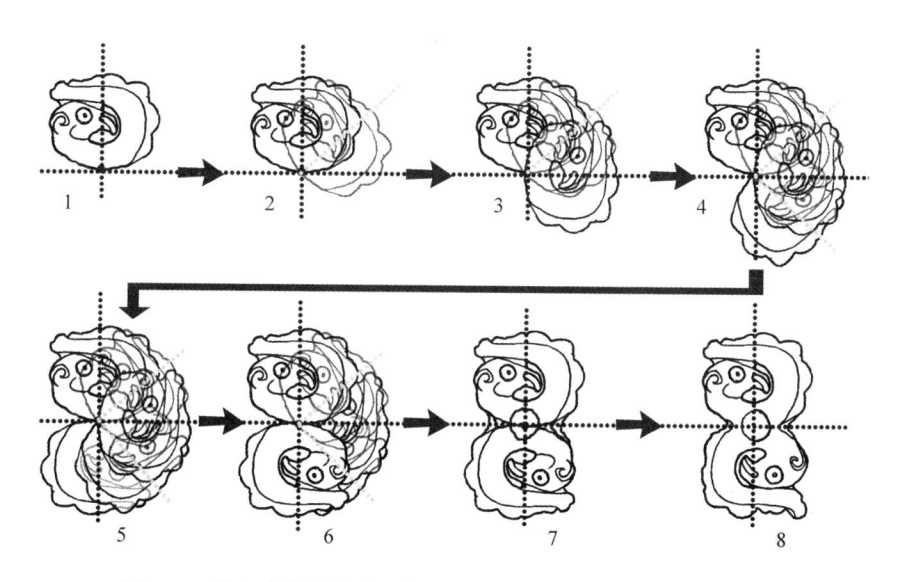

图3.5 以双鸟纹饰牌为例推导中心旋转构成样式的生成过程

双鸟纹饰牌到了春秋晚期，已趋近于图案化。鸟喙造型已缩短并融入整体之中，眼睛的孔洞多已消失或呈旋涡状。但是，先前那种中心旋转的构成样式在抽象造型的设计中仍然受用，只是主体造型确立之后，要进行更多的补充与修饰。

我们再以毛庆沟出土的编号为M43：1·⑤的云纹饰牌（双鸟纹饰牌的变体）为例，对这种已近乎抽象的双鸟纹铜饰牌的造型进行推导、演示（图3.6；彩图一七）。首先，绘制出一单体抽象纹饰，确定中心点（图3.6中的红点标示），使单体抽象纹样围绕中心点旋转180°，复制生成另一个相同的单体抽象纹饰（图3.6：5），而后再对上下两个单体纹样构成的新图形进行调整、修饰。如填充部分图案或曲线纹饰，但仍须遵循中心旋转原则，即当填充的某一图案（或线纹）沿中心点旋转180°时仍可与另一对应造型重合，在中心点处增饰一圆形凸起（有的饰牌将其设计成圆孔），将几组沿中心点旋转的"逆对称"造型汇聚一处（图3.6：7），增强画面的均衡感与装饰意味。即可形成鄂尔多斯式动物纹青铜饰件中的"中心旋转构成样式"。

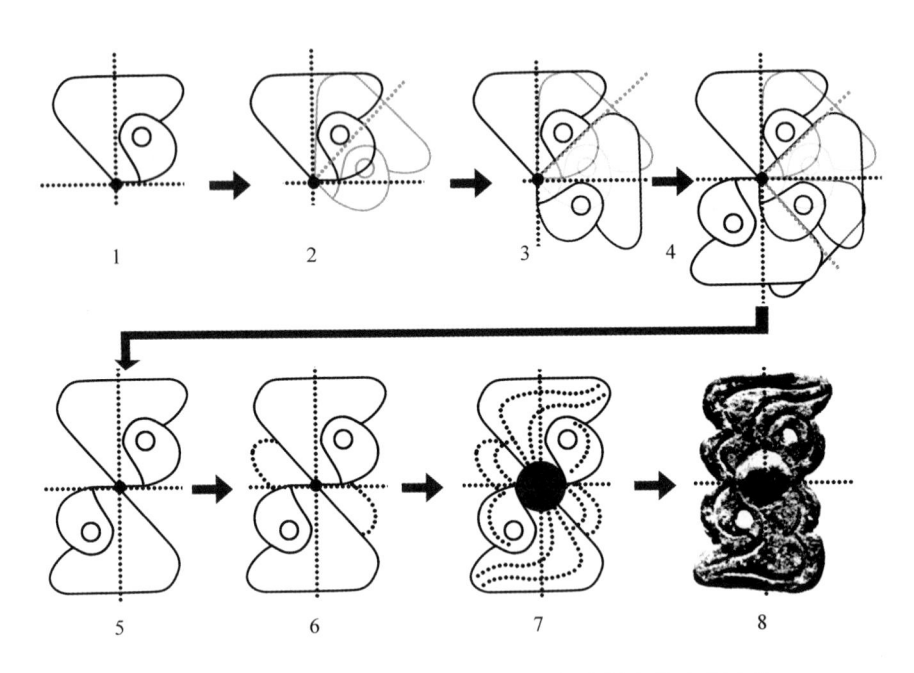

图3.6 以云纹饰牌为例推导中心旋转构成样式的生成过程

四 排列与交错的构成样式

以排列与交错为构成样式的鄂尔多斯式青铜动物纹饰件在春秋晚期就已出现，是单体动物纹饰件向繁复的构成样式演进过程中的"初级形态"。与轴对称构成样式和中心旋转构成样式相比，排列与交错无疑是单体动物纹饰件最易于获得的构成样式。这种构成样式似乎与图案花纹设计中的"二方连续"和"四方连续"有相似之处。此种样式的动物纹饰件，即是在限定区域（多为长方形边框）内，将某一完整的单体动物纹造型做横向（或纵向）连续排列，形成更加繁复的、新的构成样式，例如鄂尔多斯博物馆收藏的编号为E·1254的铜兽头饰

（图3.7：1）①、二兰虎沟出土的三鹿纹饰牌（图3.7：2）等均是以此方式构成的。

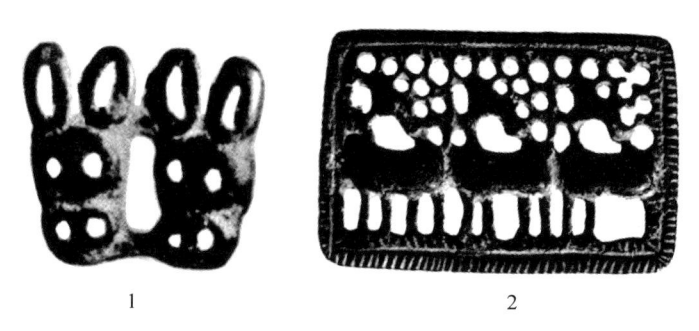

图3.7 铜兽头饰、三鹿纹饰牌

然而，与"二方连续"和"四方连续"不同的是，这种构成样式时常会在横（或纵）向排列一两次后，便不再做更多的同方向延展，而是将所得造型平移向下（或向上）做纵向排列获得所需要的饰牌样式，如鄂尔多斯博物馆收藏的编号为E·1043（图3.8：1）②、E·1044（图3.8：2）的群鹿纹青铜饰牌即是如此。

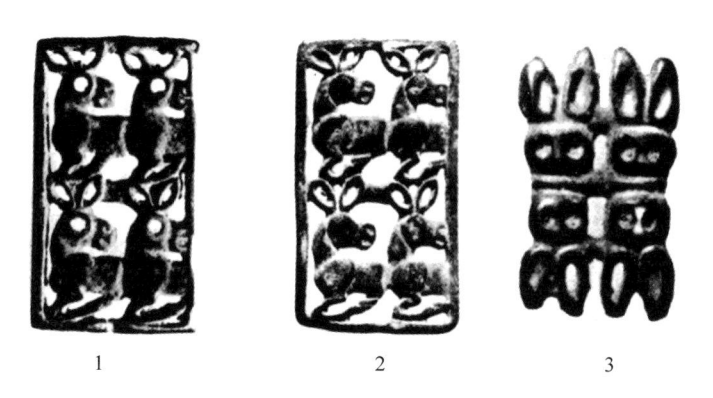

图3.8 群鹿纹青铜饰牌、铜兽头饰

---

① 田广金、郭素新：《鄂尔多斯式青铜器》，文物出版社1986年版，图版八三9，图版六〇下图。

② 田广金、郭素新：《鄂尔多斯式青铜器》，文物出版社1986年版，图版五八4、5，图版八三9。

而鄂尔多斯博物馆收藏的编号为 E·1254 的铜兽头饰（无外边框）乃是先由单体"兽头"造型做横向连续，而后在既得造型顶部设定虚拟轴线，向上方做镜像对称，从而获得所需要的构成样式（图3.8：3）。桃红巴拉 M5 出土的桃·M5：7 群马纹饰牌与《内蒙古长城地带》一书中收录的一件群马纹饰牌的构成样式完全相同。其是将单体马的造型做两次纵向连续排列，再将处于中间位置的第二匹马横向反转，产生交错，形成一到二、二到三均为首尾相顾的造型，以增强饰牌的均衡感（图3.9；彩图一八）①。

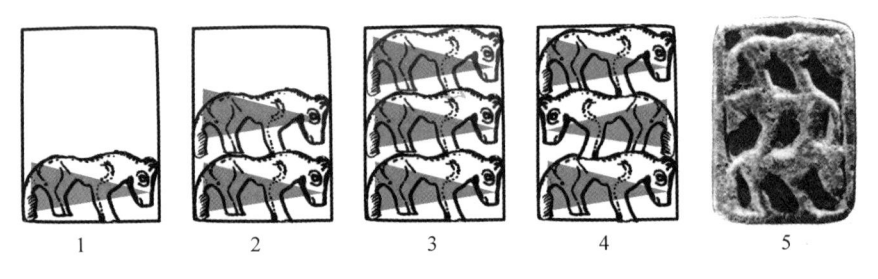

图3.9　以群马纹饰牌为例推导排列与交错构成样式的生成过程

《内蒙古长城地带》一书中收录的一件群羊纹铜饰牌，以单体羊的纹样做纵向连续排列形成四羊连排的造型，再将第二、四造型做水平翻转，与一、三造型形成交错，再对空白处做适当的补充与修饰，创造变化的同时也增强了画面的节奏感，提升了饰牌的装饰意味（图3.10；彩图一九）②。

总之，排列与交错的构成样式，以单体动物纹造型为基础，通过几次简单的连续、复制、反转、交错，以获得样貌繁复的装饰效果。并且，在排列与交错的过程中，单体动物造型之间产生的节奏与呼应也会使整个饰牌产生变化统一的内在关系。

---

① 田广金、郭素新：《鄂尔多斯式青铜器》，文物出版社1986年版，图四—3，图版五八3。
② 田广金、郭素新：《鄂尔多斯式青铜器》，文物出版社1986年版，图四—4。

第三章　鄂尔多斯式青铜饰件的构成样式

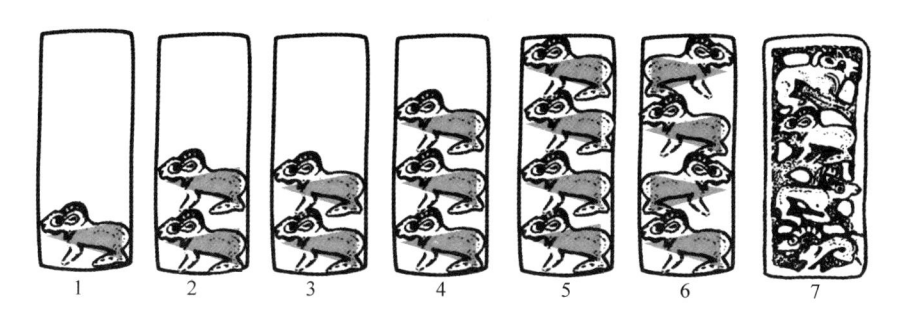

图3.10　以群羊纹饰牌为例推导排列与交错构成样式的生成过程

五　咬合与分噬的构成样式

咬合与分噬，是鄂尔多斯式动物纹饰件造型的一个极其重要的构成样式。所谓"咬合"的构成样式，在此并不仅指两只（或若干只）动物张开血盆大口撕咬对方的表面图像。当"咬合"被称为"样式"时，无疑，其是指一种抽象的、有内在结构规律的"形式"。阿恩海姆在论及形式与形状的关系时曾说：形式并非具有纯粹物理属性的形状，而是形状与视知觉构成的东西之间的一种关系，是使内容视觉化的形状。[①]在鄂尔多斯式青铜动物纹饰件造型中，咬合的样式是以"合"的图像表现"分"的力量——一种出于主体意志而撕扯争夺的、反方向的力，一种视知觉层面的力。

在此，所谓视知觉层面的力也就是视知觉形式动力，是"视知觉形式之'完形倾向'的'动力'"。[②]也就是视觉在知觉到现实形状（图像）时，由于（格式塔心理学所提出的）完形心理，而感知到的力。分噬的构成样式，严格来说乃包含在咬合样式之中，是咬合样式的一种特别形态，其抽象的构成样式表面所呈现出来的"蚕食"效果似乎强过"胶着"状态。因而，在此将这类动物纹饰牌的构成样式统一命名为"咬合与分噬"。

西沟畔战国墓出土的一对编号为西·M2：26、27的虎豕咬斗纹饰

[①]　宁海林：《阿恩海姆视知觉形式动力理论研究》，人民出版社2009年版，第49页。
[②]　宁海林：《阿恩海姆视知觉形式动力理论研究》，人民出版社2009年版，第59页。

牌，饰牌呈长方形，黄金铸造。以浮雕形式塑造一猛虎与一野猪撕咬搏斗的场景：猛虎撕咬野猪的后腿，野猪咬住猛虎的后肢，胶着一处，难分难解，以写实手法塑造的野猪与猛虎形象生动，场面激烈且极具动感，边框以绳纹装饰（图3.11）[①]。

图3.11　虎豕咬斗纹饰牌

当我们淡化饰牌表面塑造的写实动物图像，将虎与野猪之间的边界线提取出来，就将动物存在的空间划分成两个部分，即两片形状（图3.12：2），而这两片形状之间的构成关系即可呈现出简化了的咬合构成样式。将图3.12：2中，两个动物形象之间的曲线边界以直线概括，可形成图3.12：3中的边界线。将这一边界线进一步简化可得到图3.12：4，进而得到图3.12：5中的边界线。到此，已经在两片形状之间产生了一定的遮挡关系。体现为Ⅱ面中的A角遮挡了Ⅰ面，而Ⅰ面中的B角遮挡了Ⅱ面。根据视知觉所具有的完形倾向，Ⅰ面被A角遮挡的部分便产生一种试图挣脱束缚的"力"，以恢复自身的完整性；而Ⅱ面被B角遮挡的部分也产生出一种向前的、挣脱束缚的"力"，试图恢复Ⅱ面的完整性。A角、B角两处相反方向的"压制与挣脱"即形成了咬合的构成样式（图3.12：6）。这种构成样式所产生的、视知觉层

[①] 田广金、郭素新：《鄂尔多斯式青铜器》，文物出版社1986年版，图版六三。

面力的矛盾与冲突,极其强烈地展现了虎与野猪咬斗时紧张、激烈、血腥的氛围,凸显了勇猛强悍的精神和不可阻挡的求生意志。

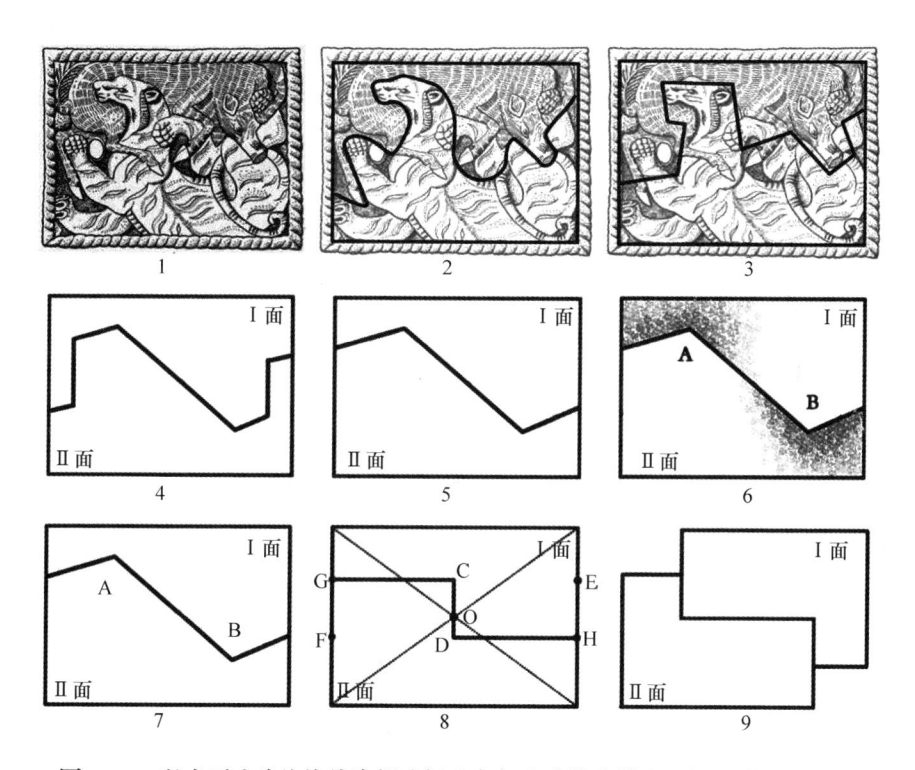

图3.12 以虎豕咬斗纹饰牌为例分析咬合与分噬构成样式的视知觉动力形式

我们将图3.12:7中A点向右移动至长方形的纵向虚拟中轴线上,B点向左移动至纵向虚拟中轴线上。A点下降,使左边框到A点的线段成水平线,B点上升,使右边框到B点的线段成水平线,则可得到图3.12:8的图形样式。在这一图形样式中,Ⅰ面恢复完整形态的最简洁的办法便是挣脱面CDFG的束缚,使D、F两点相连,在线段FH以上闭合成最简单的长方形;同样,Ⅱ面恢复完整形态的最简洁办法是挣脱面EHDC的束缚,使C、E两点连接,在线段GE以下闭合成最简单的长方形。当图3.12:8以长方形边框对角线的交点O为中心点,顺时针旋转90°,再将Ⅱ面向上移动线段DH长度的1/2,即可得到图

3.12：9[①]的同类样式。

  图3.12：9是阿恩海姆在论述图形遮挡所产生的空间效果时所运用的例证。他描述说："在图180b（即本文中的图3.12：9）中见到的那种相互矛盾的状态，便相应的产生出一种使人感到茫然不知所措的经验。因为在其中一个交点上，甲单位将乙单位遮住了，而在另一个交点上，乙单位又把甲单位遮断了（这就使人弄不清究竟哪个在前，哪个在后）。"[②]而这正是构成咬合与挣脱的、视知觉动力的、内在的、本质构成形式。

  西沟畔战国墓出土的编号为西·M2：58的剑鞘虎兽咬斗纹金饰片（图3.13：1）[③]也属于咬合与分噬构成样式的动物纹饰件。我们先将虎与怪兽造型的边缘（去除细节部分）用曲线描绘出来（图3.13：2），再以直线概括成最简洁的图案样式（图3.13：4）。即可见由虎与怪兽造型所概括出来的Ⅰ面与Ⅱ面之间的咬合关系。鄂尔多斯伊金霍洛旗石灰沟出土的双虎咬斗纹银饰牌（图3.14：1）[④]也属于典型的咬合与分噬的构成样式。我们用曲线将双虎造型的边缘描绘出来，然后将绘制出来的曲线以直线概括，仍然会呈现出一种由于相互遮挡而使视觉力在"完形"过程中遇到障碍，又"极力"冲破障碍而形成的力。即一种视知觉层面的"力"的存在形式（图3.14：2、3、4）。

  鄂尔多斯式动物纹饰件中最典型的分噬构成样式当属阿鲁柴登出土的虎牛咬斗纹饰牌（图3.15：1；彩图二〇）[⑤]。共四件，其中两件已经破损，此饰牌为黄金铸造而成，上饰四只猛虎撕咬一头牛的场景，四虎分两组，从牛的左右两侧撕咬牛腹。虽然从内容上看，四虎是施动者，牛是被动者，表现的是四虎分噬牛的一种"力的分解"。但是为了表现画面的紧张氛围，饰牌却采用了咬合与分噬的构成样式。

---

  ① ［美］鲁道夫·阿恩海姆：《艺术与视知觉》，滕守尧、朱疆源译，四川人民出版社1988年版，第257页，图180b。
  ② ［美］鲁道夫·阿恩海姆：《艺术与视知觉》，滕守尧、朱疆源译，四川人民出版社1988年版，第258页。
  ③ 田广金、郭素新：《鄂尔多斯式青铜器》，文物出版社1986年版，第357页，图五2。
  ④ 曹玮：《萌芽·成长·融合：东周时期北方青铜文化臻萃》，三秦出版社2012年版，第177页。
  ⑤ 田广金、郭素新：《鄂尔多斯式青铜器》，文物出版社1986年版，图版五下图。

第三章 鄂尔多斯式青铜饰件的构成样式

1

2

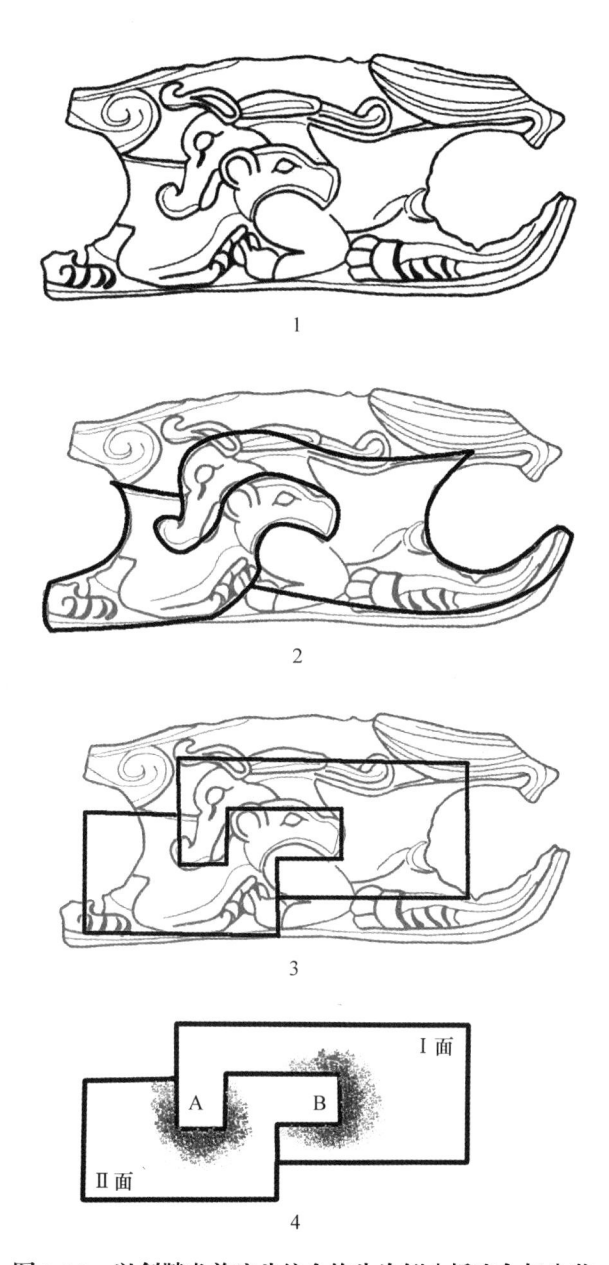

3

4

图 3.13 以剑鞘虎兽咬斗纹金饰片为例分析咬合与分噬
构成样式的视知觉动力形式

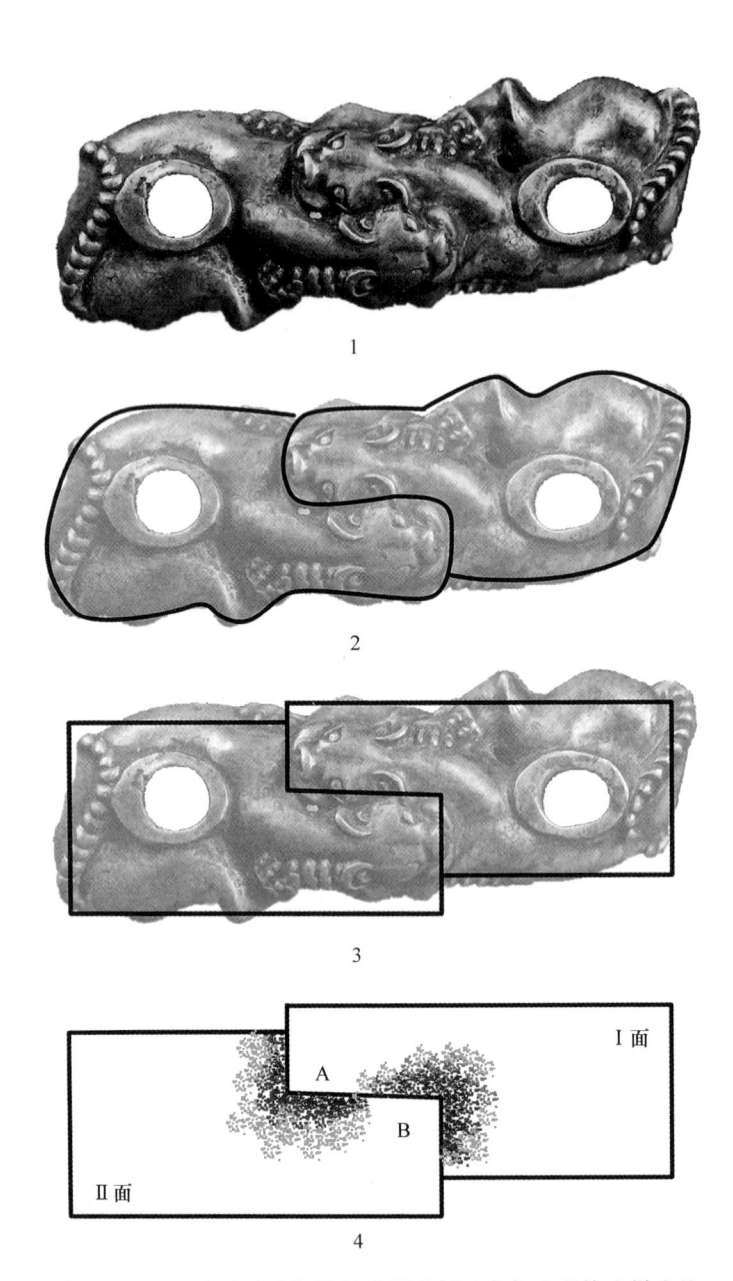

图3.14 以双虎咬斗纹银饰牌为例分析咬合与分噬构成样式的视知觉动力形式

1

2

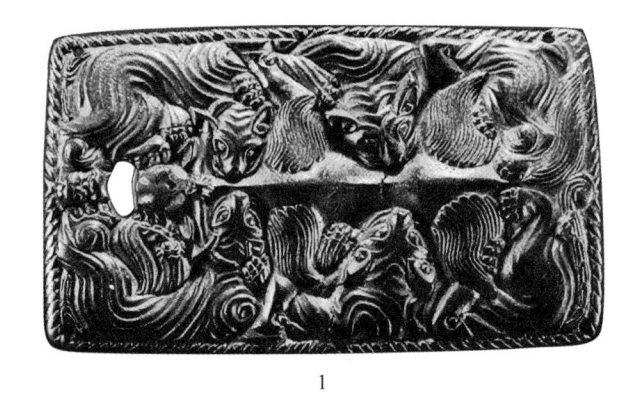

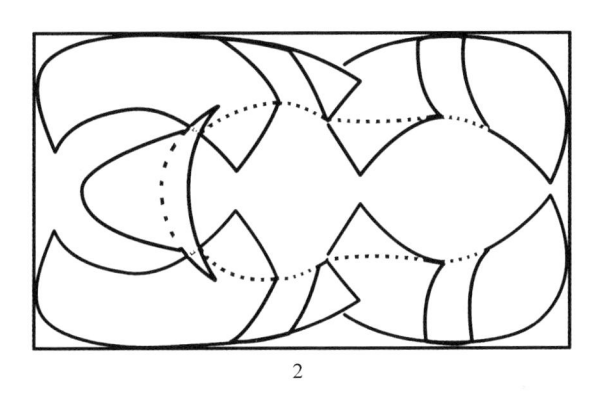

图3.15 以虎牛咬斗纹饰牌为例分析咬合与分噬构成样式的视知觉动力形式

　　牛角穿透虎耳，部分遮挡了虎耳和虎头的侧面，虎头的三角形产生的一种向牛脊汇聚的力要挣脱牛角的"束缚"。牛的两条前腿遮挡了前端的两虎前肢的完整性，牛的前腿造型产生了一种向下的力，与前端猛虎的前肢形成"冲突"。后端两虎的腰部被牛的两条后腿遮住，虎的腰部造型似乎在极力挣脱牛腿的"压制"，欲从一种向下的力当中"解脱"出来。饰牌中的牛是静态的，虎是动态的。但是在造型的咬合与遮挡样式中，四虎明显给人一种向上（即饰牌观者方向）的力，呼之欲出。然而，在平面上呈静态的牛却通过牛角、四肢对虎的穿透和遮挡，产生了一种向下（即饰牌背面方向）的力。一方小小的浮雕饰牌，在咬合与分噬的构成样式中，展现了一种前后纵深空间上的"力的压制与挣脱"（图3.15：2；彩图二〇）。

从鄂尔多斯式青铜动物纹饰牌的表面图像上看，"咬合"与"分噬"之类的辞藻首先与动物纹的形态、动物们表现出来的动作或"情节"（如撕咬、嬉戏、交媾等）有更密切的关系。但是，在北方草原上，现实生活中的动物"情态"为人们所捕捉，并经过描绘、分析、"提取"，最终成为一种构成样式，一种表现动物生活中的真实"情态"的造型规律，在鄂尔多斯式青铜饰件的造型中被反复运用。

第二节　圆雕的组合形式

如前所述，鄂尔多斯式青铜器动物纹饰件中，多数为动物纹浮雕或透雕。在战国晚期以前，鄂尔多斯及周边地区未见出土青铜材质的动物主题圆雕。西周时期，虽有少数铜刀柄首饰有立体动物造型，但大多仅表现动物头部造型，且带有较强的装饰意味。偶见以动物全身造型装饰柄首者，如内蒙古博物院收藏的编号为58·3·153的兽首铜刀（刀身已残缺），柄首饰有一立羊圆雕造型（图3.16）[①]。但其作为铜刀柄首装饰之用，显然未曾细致刻画。另外，因体量较小，加大了精雕与铸造的难度，使这件柄首圆雕只初具了羊的形貌特征，不宜划入独立的青铜材质动物主题圆雕范畴。两汉时期，鄂尔多斯式青铜器伴随游牧经济的衰败而衰败，青铜动物主题圆雕似乎更难见到。动物主题圆雕只在战国晚期昙花一现，且数量亦不多。短暂的存续时间，有限的流传数量，使我们无法对青铜动物主题圆雕做关于构成样式的划分。目前，我

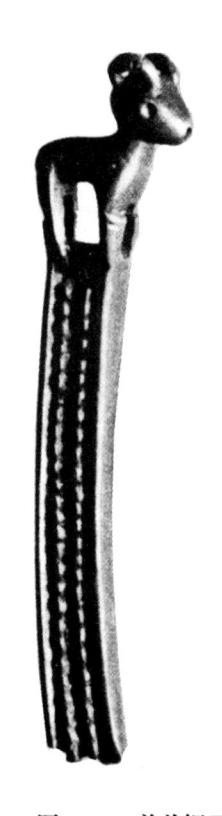

图3.16　兽首铜刀

[①] 田广金、郭素新：《鄂尔多斯式青铜器》，文物出版社1986年版，图版三四4。

们或许可以根据鄂尔多斯式青铜动物主题圆雕的组合形式,对其进行初步的分类、研究。

一 双兽组合形式

所谓双兽组合形式,是指两造型相似(或相同)的青铜动物主题圆雕组合。在鄂尔多斯式青铜器的考古发掘中,多有青铜器成对出土的现象,尤其是青铜动物主题圆雕,多作车辕饰或竿头饰使用,因而成对铸造。出现孤品,多应因遗失所致。

从现有动物主题圆雕造型来看,双兽组合形式的动物主题圆雕,根据动物表现的姿态可划分为两种:双立组合与双卧组合。组合方式不同,产生的视觉效果与场景氛围自然不同。

(一)双立组合

玉隆太战国墓出土的伫立马形饰件,双马相对伫立,马头微低,马鬃整齐。马的四腿向内收拢,马尾下垂并略微向前倾斜与后腿汇聚一处,两条前腿绷直,马蹄被刻意向后移动,靠近后腿。似乎在有意将一个由马蹄和马尾所汇聚成的底平面整体向后移动。如果,我们通过底平面的中心点作垂线,则发现其并不与整匹马的中线重合,而是产生了重心线向后偏移的情况。这种造型处理方法所产生的结果是:虽然马头、马鬃、马背均处于同一水平线上,却可以通过重心点后移的做法,造成马的身体向前倾斜的视觉效果,从而给人以肃穆、恭谨的视觉感受。似乎双马时时刻刻都在温顺、恭敬的欢迎主人的驾临(图3.17;彩图二一)[①]。创作者若不是对马的性情有深厚的了解,对马的形体有过长期细致的观察,对艺术造型有长久的经验积累和深切的体悟,是绝不可能通过双马造型表现出如此细腻的感情的。

西沟畔战国墓出土的伫立鹿形饰件(图3.18;彩图二二)[②]的造型方法与上述伫立双马饰件极其相似。这对鹿大耳圆眼,鹿角被夸张并向

[①] 田广金、郭素新:《鄂尔多斯式青铜器》,文物出版社1986年版,图版一〇六上图。该图片上的分析图为本文作者绘制。

[②] 田广金、郭素新:《鄂尔多斯式青铜器》,文物出版社1986年版,图版一四下图。该图片上的分析图为本书作者绘制。

图 3.17 伫立马形饰件

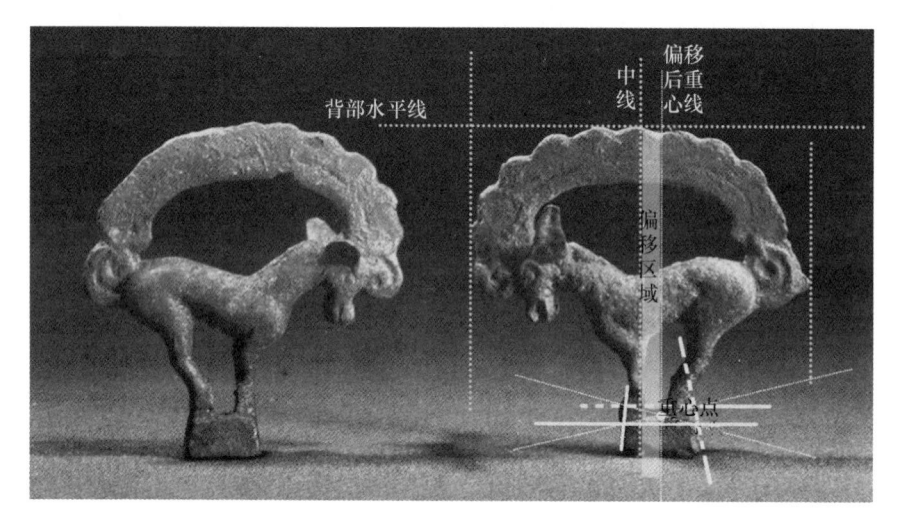

图 3.18 伫立鹿形饰件

后延展与尾部相连，鹿角未做枝杈式的写实表现，而是将其概括为扁环状，外缘呈较规则的波浪形，一直向后延伸与尾部相连。鹿的四蹄着于一方錾之上，鹿蹄所着平面重心点后移。鹿头、颈与鹿角的前半部共同产生了较强的"体量感"，配合后移的重心，使鹿的整体造型给人以颔首前倾的视觉感受，于平静之中巧妙地表现出隐隐的恭敬、肃穆之感。

第三章　鄂尔多斯式青铜饰件的构成样式

或许是为了体现变化，也可能是出于某种宗教信仰或习俗，这类成对组合的动物造型在总体相同的情况下，又总是存在些细微的变化，例如这组伫立鹿形圆雕，在鹿嘴、耳部、尾部等处均存在着轻微的造型变化。

玉隆太战国墓出土的，名为伫立兽（图3.19）[①]的一对青铜动物圆雕亦是如此。双兽"头微昂，目前视，颈后有脊，前腿直立，后腿稍屈，四足立于圆形銎上，头上有圆銎向前斜伸"[②]。直立的前腿和稍屈的后肢，依然向后方做了平移，使动物造型有前倾之势。加之头上的圆銎所产生的"重量感"，更使这对圆雕动物造型给人传达出一种恭谨、肃穆之感。

图3.19　伫立兽

双立组合的动物圆雕，对称陈设，总体上营造出一种庄严、肃穆、恭谨、虔敬之感。不可否认，对称造型样式本身即有利于这种氛围的营造。而动物挺拔站立的形体、目视前方或略做颔首的姿态、微微前倾的重心，都使这种恭谨、肃穆的氛围得以加强。

[①] 田广金、郭素新：《鄂尔多斯式青铜器》，文物出版社1986年版，图版一三。
[②] 田广金、郭素新：《鄂尔多斯式青铜器》，文物出版社1986年版，第367页。

（二）双卧组合

如果说双立组合的圆雕动物造型营造了一种恭谨、肃穆的氛围，那么与之对应的双卧组合则展现了一种静谧、闲适的生活情调。

战国晚期，双卧组合的圆雕动物造型中，较具代表性的当属鄂尔多斯准格尔旗速机沟出土的"屈肢马形饰件"①，青铜铸造成型，外部造型圆润浑厚，内部中空，双马屈肢蜷卧于方銎之上。圆睁双目、低头颔首，周身造型圆润，背部曲线流畅顺滑，为了与整体造型协调，耳朵的造型也略微偏于圆润。这对卧马圆雕放弃了对马的肌肉、筋骨的描绘，而是以饱满圆润的形体将马身体的各个部位概括成简练的体块，相互之间有机结合，使蜷卧的姿态更加生动自然。在对称设置的肃穆之中，却体现出一种让人神往的静谧与闲适（图3.20；彩图二三)②。

图3.20　屈肢马形饰件

---

① 田广金、郭素新：《鄂尔多斯式青铜器》，文物出版社1986年版，第372页。
② 田广金、郭素新：《鄂尔多斯式青铜器》，文物出版社1986年版，图版一一。

二 群兽组合形式

鄂尔多斯式青铜动物主题圆雕中，双兽组合形式基本为辕饰或竿头饰。或卧、或立的双兽圆雕组合，给人以肃穆、虔敬之感。与之对应的，则当属群兽组合。以玉隆太战国墓出土的青铜群鹿圆雕（图 2.42）和准格尔旗速机沟出土的青铜群鹿圆雕（图 3.21；彩图二四）[①] 为研究对象，我们发现：这两地出土的青铜群鹿圆雕在组合形式、造型特点、

图 3.21 速机沟出土的青铜群鹿圆雕

---

① 田广金、郭素新：《鄂尔多斯式青铜器》，文物出版社 1986 年版，图版一二。

甚至动物神态方面都极其相似。两处的群鹿圆雕，均为有角鹿与无角鹿的组合，姿态有站有卧，异常生动，创作者似乎在以群鹿描述草原的盎然生机。这就与双兽组合所营造的氛围迥然不同。

如上节所言，从群鹿圆雕没有设置銎孔的状况来看，其并非辕饰或竿头饰之类的实用器物，而为战国晚期鄂尔多斯地区部分高等级墓葬中使用的明器。的确，"并非所有出自墓中的青铜器都是专为墓葬制造的明器，其中一些是死者生前所用之物"①。对于这些没有辕饰或竿头饰之类的实用功能的青铜圆雕来说，如果是死者生前所用之物，其也只能是作为巫术仪式中的一种"礼器"，在使用者（应为巫师）死后随葬墓中，意在标示其在另一个世界继续为死者服务。如果说双兽组合圆雕是装点活人生活的，那么群兽组合圆雕就是服务于墓主灵魂世界的；如果说双兽组合圆雕是恭谨肃穆的，那么群兽组合圆雕就是生动自然的；如果说双兽组合圆雕是靠近装饰的，那么群兽组合圆雕就是贴近生活的。

总之，战国晚期昙花一现的青铜动物主题圆雕，以圆雕的艺术形式丰富了鄂尔多斯式青铜器的品类，以双兽或群兽的组合形式充盈了动物纹艺术所能营造的情境氛围，以其严谨的造型提升了鄂尔多斯式动物圆雕写实艺术的高度，以其不同的用途服务了活人与死人的世界。

第三节　装饰纹样的类别与"衍生"规律

我们在此研究的装饰纹样主要是指鄂尔多斯式青铜器，在刀剑柄部或饰牌边框等处刻画的、起辅助装饰作用的纹样。不包含动物纹样和由某种动物纹衍生或变形得来的作为（饰牌、饰件）主要内容进行刻画和表现的意象（或抽象）纹样。上述以动物（或禽鸟）纹样所作的装饰，我们在对应的青铜器品类中已经论述过，例如西周晚期至春秋早期的 E·15 铜刀、E·137 铜刀的柄部装饰（图 2.20），春秋时期 E·43 铜刀、E·54 铜刀、E·92 铜刀的柄部装饰（图 2.21），春秋晚期至战

---

① ［美］巫鸿：《黄泉下的美术：宏观中国古代墓葬》，施杰译，生活·读书·新知三联书店 2016 年版，第 99 页。

国早期类似于毛庆沟出土的 M43：1·⑤之类的云纹饰牌（图 3.6）等等。除去上述的、已在其他章节中论述过的纹样外，我们将出现次数较多、使用频率较高的装饰纹样归纳总结，暂且概括为十一类，即：折线纹、三角纹、锯齿纹、卷云纹、方格纹、竹节纹、鱼骨纹、麦穗纹、绳纹、麻花纹、牛耳纹（草叶纹）。这十一种装饰纹样，均为抽象纹样，只是为了便于表述，人们发挥联想，尽量以现实生活中的对应物象名称为其命名。其实质与名称所指代的事物之间未必存在关联。我们应该正视的是，如今我们所见到的、在历史的长河中积淀下来的大量装饰纹样，有的的确是由早期的"写实"图像演变而来。但也不能否认，有的纹样乃是由早期的抽象纹样丰富而来，而后，人们根据已"成熟"纹样的"形貌"，为其寻找到了生活中的对应物，予以命名。

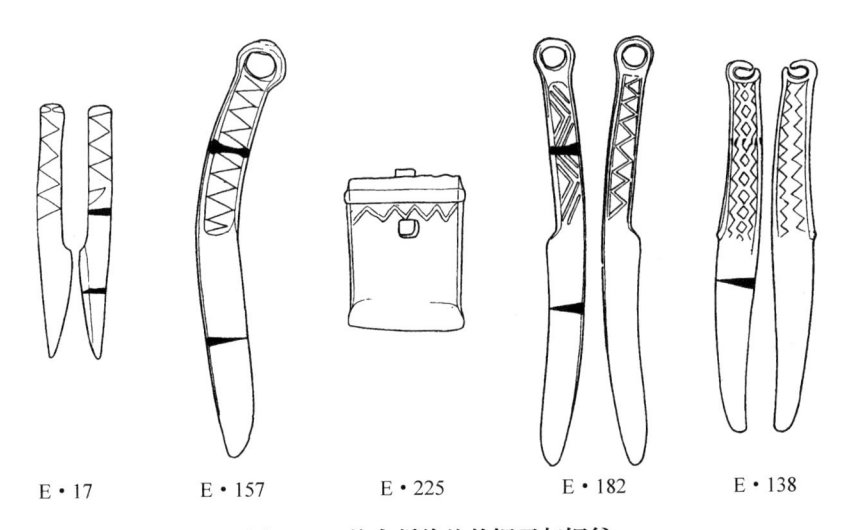

E·17　　E·157　　E·225　　E·182　　E·138

图 3.22　饰有折线纹的铜刀与铜斧

一　装饰纹样的类别

（一）折线纹

折线纹，一般是指长度相等的线段（一般较短）以固定的夹角、每至顶端折回、向某一既定方向延伸所形成的图形。折线纹是鄂尔多斯式青铜器上出现得较早的一种装饰纹样。西周时期的鄂尔多斯式铜刀柄部常见折线纹装饰。

用作青铜器装饰的折线纹，可划分为两类：单体折线纹、复合折线纹。单体折线纹即由单一线段沿着某一既定方向折叠"生发"而成的，属原初形态。其或许源自人们简单的"美化"意识，如 E·17 铜刀、E·157 铜刀（图 3.22）[①] 柄部的纹样即属于单体折线纹装饰。复合折线纹是单体折线纹的变体。是指在单体折线纹的基础上，通过重复、修饰而衍生出来的纹饰。呈现为单体折线纹的形式，却显得更加丰富、美观。例如 E·225 铜斧（图 3.22）上缘的折线纹、E·182 铜刀（右）柄部的折线纹（图 3.22）即是通过重复的手法衍生出来的复合折线纹，在原有折线纹的基础上，再刻绘一条相同的折线纹与其并置，使装饰效果不显单薄。E·134（图 3.23）[②] 铜刀柄部的装饰纹样将这种重复的手法反复运用，直至将整个柄部填充饱和，产生一种由十余条折线共同构成一整束折线纹的外在形态。E·15 铜刀（图 3.23）柄部的纹饰表现为一整条较粗壮的折线纹，构成方式为：在两条并置的折线纹中间，按照线纹的延伸方向增添十字纹修饰，使折线形态更加饱满、丰富。而 E·18 铜刀、E·132 铜刀（图 3.23）的装饰方法为：在已有单体折线纹的左右两侧，依转折线段做与其平行的线纹装饰，产生折线交叠的效果，密集的线纹与刀刃的素面产生强烈的疏密对比，显得刀柄质感绵软而刃部更加硬朗、锋利。

（二）三角纹

三角纹在鄂尔多斯式青铜器中多见于铜刀柄部的装饰。E·27 铜刀（图 3.24）[③] 柄部的三角纹，表现为单线形式的三角形，以连续排列的方法装饰铜刀柄部。但是，从表面上看，三角形的大小、顶角的方向以及规整程度等方面都不甚严谨。E·181 铜刀（图 3.24）柄部的三角纹，单体接近等边三角形，在柄部按顺序排列、整齐匀称，类似于同时

[①] 转引自田广金、郭素新《鄂尔多斯式青铜器》，文物出版社 1986 年版，第 17 页，图八 7；第 25 页，图一六 8；第 25 页，图一六 4；第 40 页，图二〇 4；第 23 页，图一四 5。

[②] 田广金、郭素新：《鄂尔多斯式青铜器》，文物出版社 1986 年版，第 17 页，图八 5、8；第 23 页，图一四 2；第 22 页，图一三 6。

[③] 田广金、郭素新：《鄂尔多斯式青铜器》，文物出版社 1986 年版，第 17 页，图八 10；第 25 页，图一六 12；第 24 页，图一五 3。

第三章 鄂尔多斯式青铜饰件的构成样式

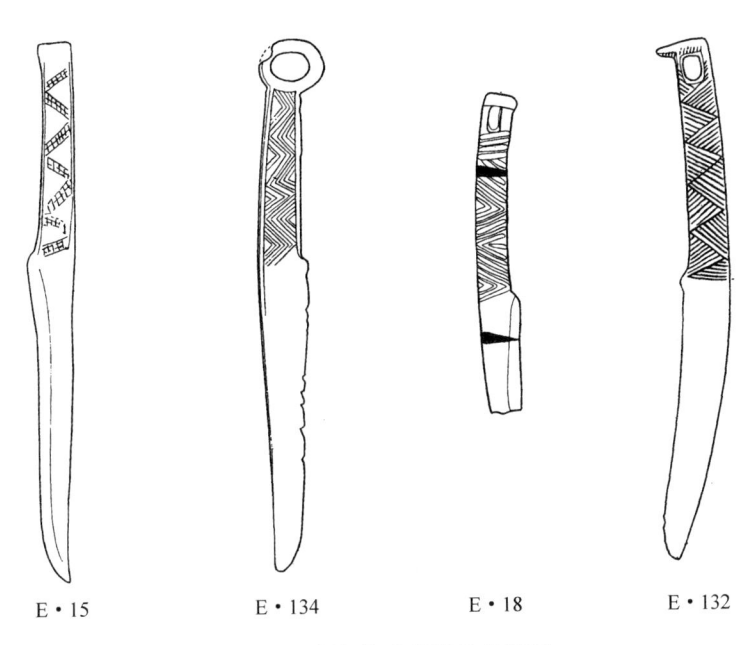

E·15　　　E·134　　　E·18　　　E·132

图 3.23　柄部饰有折线纹的铜刀

期野兽纹的装饰方法，即：将设计好的某一野兽主题纹样，沿着某一方向连续复制而形成连续纹样。B·143 铜刀（图 3.24）柄部的三角纹，应是在单线三角纹的基础上衍生出来的复合造型，将内外两层三角形构成的"复合纹样"按照刀柄方向连续排列，产生装饰效果。但是复合而成的三角纹的远近以及大小关系，并不匀称。所以，三角纹从形态上看，暂可分为单线三角纹和复合三角纹两类，复合三角纹属于单线三角纹的"衍生体"。二者均以连续纹样的构成方式装饰铜刀柄部或饰牌边缘等处。

（三）锯齿纹

在 E·138 铜刀（图 3.22）柄部所饰的装饰纹样即为锯齿纹，从锯齿纹的表面形态来看，其近似于折线纹，可被视为折线纹的一种复合形式。当两条折线纹以"平行"状态并置时可产生一种复合形态的折线纹。而当两条折线纹以相对（即内角相对）状态并置时便产生了锯齿纹（图 3.25）。E·138 铜刀（图 3.22）右侧面即是折线纹以内角相对

173

的方式并置而构成的锯齿纹,而左侧面则是在已形成的锯齿纹中,填充大小相等的菱形构成的复合装饰纹样。

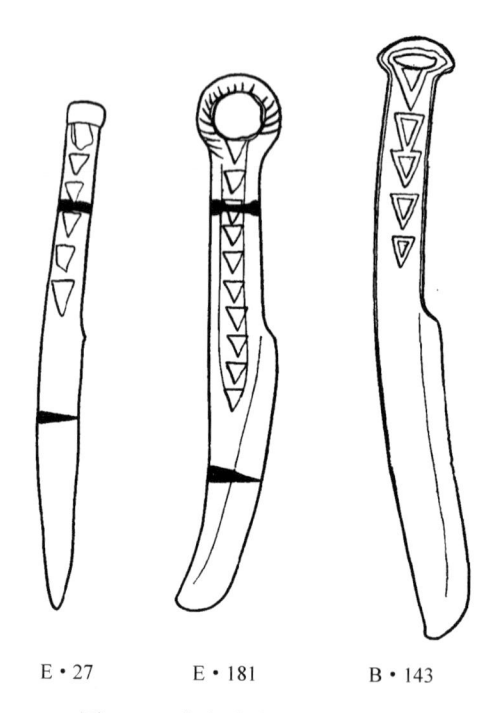

E·27　　　E·181　　　B·143

图 3.24　柄部饰有三角纹的铜刀

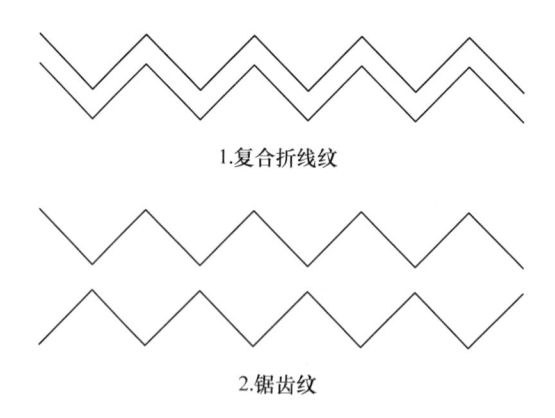

1.复合折线纹

2.锯齿纹

图 3.25　复合折线纹与锯齿纹

（四）卷云纹

在此所谓的卷云纹颇似毛庆沟出土的 M43∶1·⑤的云纹饰牌的主体纹样（图3.6∶8）。卷云纹是一个比较宽泛的概念，仅鄂尔多斯式青铜器上就有较多变体形式。例如 E·46 铜刀（图3.26）[①] 柄部所饰纹样即为单体卷云纹经二方连续得来的。E·107 铜刀（图3.26）柄部的卷云纹造型似乎是通过单线并置得来的，首尾相接，连续排列，由前一单体纹饰尾部引申出下一单体纹饰之首，给人以持续生发、"源源不断"的视觉感受。E·47（图3.26）铜刀柄部造型与 E·107 相同，只是沿着主体纹饰的顺序增添了较多的辅助线纹，予以装饰，使纹样更加丰富、充盈。E·30 铜刀柄部纹样随刀柄造型而变化，故显得更加随意自由，也颇为灵活。

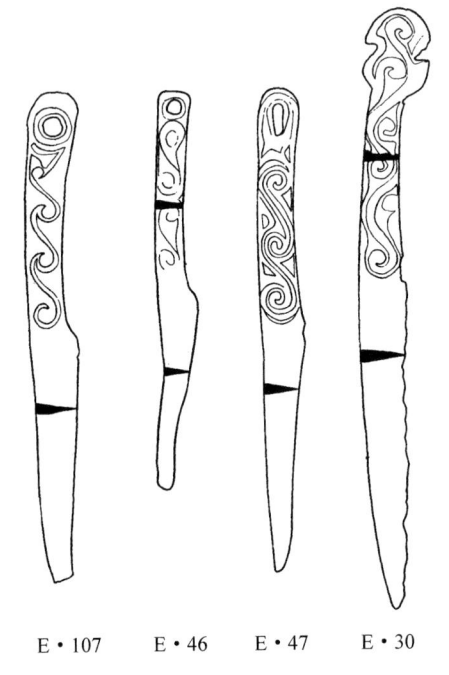

E·107　E·46　E·47　E·30

图 3.26　柄部饰有卷云纹的铜刀

[①] 田广金、郭素新：《鄂尔多斯式青铜器》，文物出版社1986年版，第19页，图一〇3、8；第20页，图一一3；第18页，图九4。

总之，卷云纹的造型并不固定，一般来说，其多由首尾相顾（即有一定呼应关系）的卷曲弧线构成单体纹样，再以一定的秩序（或规律）组合而成。单体纹样的首尾呼应关系有对称和反向对称等形式。纹样用作器物装饰，必须遵从一个重要的创作（使用）原则：适应，即要适应不同器物造型的装饰需要，根据所装饰部位的面积、形状进行相应的调整、变化，以使纹饰和主体有机结合。所以，"卷云纹"是一个较具包容性的概念。

（五）方格纹

方格纹在鄂尔多斯式动物纹饰牌的边框装饰上有较多的应用，铜刀或短剑的柄部运用较少。方格纹装饰多是以阴刻的长方形按照一定距离连续排列所形成的纹饰效果，在两汉时期的动物纹饰牌中，属较常见的装饰纹样。从现有动物纹饰牌来看，方格纹的长宽比例并不固定。因此，也便于根据饰牌规格做平均安排，不影响饰牌的均衡性，因为两汉时期的动物纹饰牌多为长方形饰牌，且多运用轴对称结构塑造动物造型，十分注重均衡感与装饰性的体现。在长方形外框的转角处，一般有两种处理方法：一是将方格纹的某一长方形设置于外框的转角处，以重合的直角完成方格纹外框横竖方向的转变（图3.27：2）[1]；二是将转角处的长方形做45°切角处理，使横竖方向的方格纹接合（图3.27：1、3、4、5）。

（六）竹节纹

《西伯利亚动物纹饰牌》一书中收录了一件外边框呈长方形的动物咬斗纹饰牌（图3.28）[2]。该饰牌边缘即以竹节纹装饰。竹节纹与方格纹相比，总体上比较相似，但仍然存在部分差异。首先，构成竹节纹的单体"长方形"中部内敛而两端较宽，每两个中部内敛的单体长方形之间有一横纹相隔，构成竹节造型；第二，在长方形边框的四个转角处未做45°"切割"，而是直接将单体竹节纹弯转，完成边框外缘的"转向"。

---

[1] 田广金、郭素新：《鄂尔多斯式青铜器》，文物出版社1986年版，第77页，图四五1；第80页，图四七5；第85页，图五三3；第79页，图四六2；第76页，图四四1。

[2] 转引自田广金、郭素新《鄂尔多斯式青铜器》，文物出版社1986年版，第82页，图五○1。

1

2

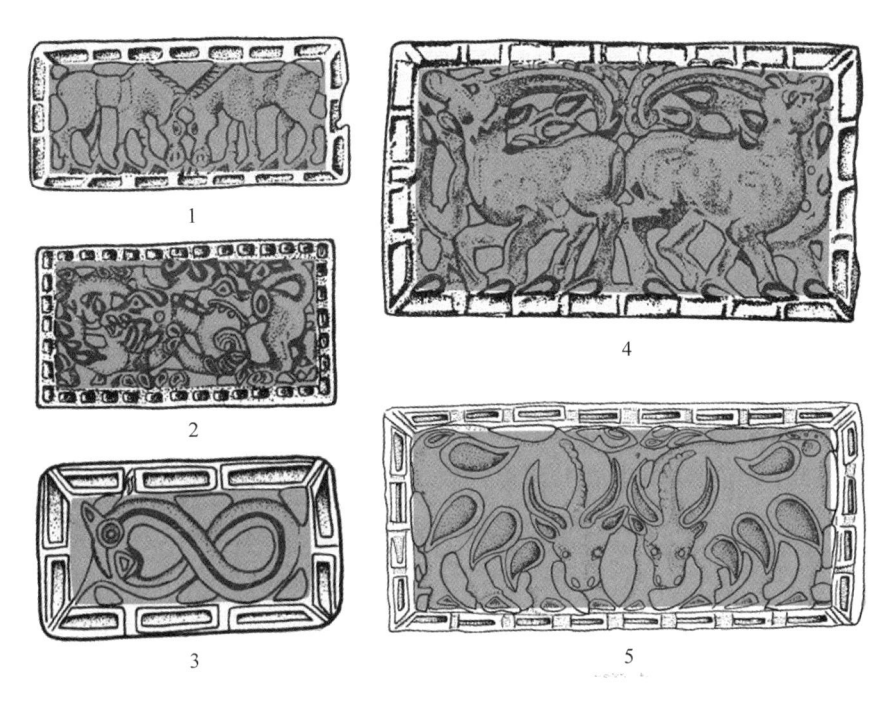

3

4

5

图3.27　边框饰有方格纹的青铜饰牌

图3.28　边框饰有竹节纹的动物咬斗纹饰牌

（七）鱼骨纹

"鱼骨纹"在此指鄂尔多斯式青铜器中同鱼骨形态相似的装饰纹样。鱼骨纹在西周时期即已被用作部分铜刀柄部的装饰纹样。E·193

铜刀、E·214铜刀、E·185铜刀、E·117铜刀（图3.29）[①]等，均在柄部中轴位置饰有鱼骨纹。这些纹饰造型比较简单：仅在柄部中轴位置的一根直线上，横向刻画了一些较短的直线，形成鱼骨样式。E·114铜刀、E·184铜刀（图3.29）则以双勾线的形式，描绘了类似鱼骨的形状。从西周时期铜刀造型的发展水平来看，这类鱼骨纹装饰似乎刻画得过分随意，所以，我们推测其或许代表一定的文化意义（例如对鱼的崇拜）。相比之下，E·150铜刀（图3.29）柄部的鱼骨纹装饰刻画得更加精细，横向双勾线纹被拉长，几乎占满整个刀柄空间，横向线纹略微呈现弯弧状，似乎也与真实的鱼骨更加接近。《西伯利亚青铜饰牌》一书中收录了一件两汉时期的动物纹饰牌（图3.30）[②]。边框即饰有鱼骨纹，但这种鱼骨纹的造型显然更加成熟。鱼骨中脊部分以细线条表现，横向的纹饰变宽，线与线间的距离相近，具有一种"生长"的动态感。

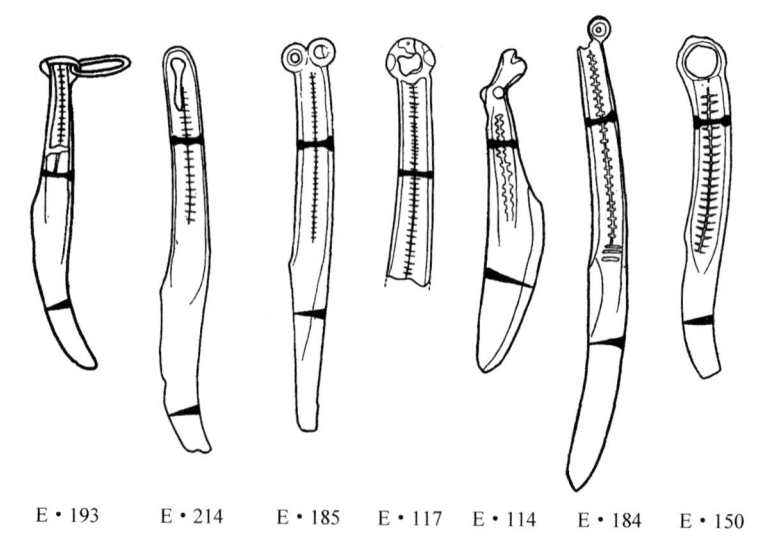

E·193　　E·214　　E·185　　E·117　　E·114　　E·184　　E·150

图3.29　柄部饰有鱼骨纹的铜刀

[①] 田广金、郭素新：《鄂尔多斯式青铜器》，文物出版社1986年版，第21页，图一二3、4；第24页，图一五5、6；第25页，图一六7；第26页，图一七2、7。
[②] 转引自田广金、郭素新《鄂尔多斯式青铜器》，文物出版社1986年版，第84页，图五二6。

图3.30　边框饰有鱼骨纹的动物纹饰牌

（八）麦穗纹

顾名思义，麦穗纹即指鄂尔多斯式青铜器上形似麦穗的装饰纹样。这种纹样在早期铜刀中并不常见。在两汉时期的饰牌上曾出现了造型规整、装饰意味极强的麦穗纹样。例如二兰虎沟出土的动物纹饰牌（图3.31：1），《内蒙古长城地带》一书中收录的牛纹青铜饰牌（图3.31：2）和鄂尔多斯博物馆收藏的编号为E·1046的青铜饰牌（图3.31：3）等，在长方形外框的边缘均装饰有麦穗纹。麦穗纹与E·150铜刀柄部的鱼骨纹在形态上有些相似。从构成过程来看，都属于由一点生发出来的。

（九）绳纹

在鄂尔多斯式青铜器中，截至目前发现的最早的绳纹装饰出现在晚商时期Ⅰ式铜匙（图2.60）的柄部，而且一直延续了下来。在春秋时期的Ⅳ式铜匙（图2.62）柄部仍以其为装饰纹样。鄂尔多斯式铜刀柄部较少见到绳纹装饰，但在战国晚期乃至两汉时期的长方形动物纹饰牌中，则经常运用。西沟畔M2出土的虎豕咬斗纹饰牌（图3.11）、阿鲁柴登出土的虎牛咬斗纹饰牌（图3.15：1）的边框处均以绳纹装饰。

在一定程度上说，两汉时期的部分麦穗纹也可以视作：通过绳纹的并置运用而形成的。只是，外围的绳纹与内侧绳纹的"横向"倾斜线段呈"顶角相对"的形态（非平行），便产生了一种类似麦穗的装饰纹样。

鄂尔多斯式青铜器造型艺术研究

图 3.31 边框饰有麦穗纹的饰牌

(十) 麻花纹

麻花纹主要出现在两汉时期，以双曲线的编织式缠绕为主要特征，用以装饰长方形动物纹饰牌的边框。例如，内蒙古博物院收藏的两汉时期的双驼纹饰牌（图3.32：1)[①]、《西伯利亚动物纹饰牌》一书中收录的形态相似的双驼纹饰牌（图3.32：2），均以麻花纹装饰边框部分。这种纹饰在此之前很少见到，根据两汉时期动物纹饰牌上所兴起的浓重的装饰之风，我们猜测其或起源于饰牌主体部分的动物纹。即将饰牌中带有装饰意味的、用以表现动物造型的部分纹样作为"元素"提取出来，在边框位置反复运用而形成的。这种做法在鄂尔多斯式动物纹饰牌中，并不少见，阿鲁柴登出土的虎鸟纹饰牌（图2.55：2）上的鸟头造型，即属此类方法完成。

图3.32 边框饰有麻花纹的饰牌

(十一) 牛耳纹（草叶纹）

牛耳纹，亦有人称之为草叶纹，盖因其外形似牛耳（或草叶）而得名。从目前的考古资料来看，牛耳纹装饰最早出现于两汉时期的长方形动物纹饰牌之上。从现有的以牛耳纹作装饰的饰牌中，我们似乎可以对牛耳纹的形成过程管窥一斑。

[①] 田广金、郭素新：《鄂尔多斯式青铜器》，文物出版社1986年版，第77页，图四五3、4。

鄂尔多斯博物馆收藏的编号为 E·1045 的牛纹饰牌（图 3.33：1）[①] 的样式在两汉时期比较流行。西岔沟曾出土有类似饰牌，《西伯利亚动物纹饰牌》一书中也有收录。我们看 E·1045，在两牛头的内侧各出现一个酷似牛耳的造型，在牛头外侧（身体部分）排列有三个牛耳造型，牛尾的末端也饰有一牛耳造型。毫无疑问，这种牛耳造型并不能作为（除牛耳之外的）一种写实语言来表现牛的特征。其是借用牛耳造型的重复运用，淡化牛的造型写实性，增强装饰意味的一种手段。

图 3.33　装饰有牛耳纹的饰牌

[①] 田广金、郭素新：《鄂尔多斯式青铜器》，文物出版社 1986 年版，第 76 页，图四四 2；第 82 页，图四九 2；第 80 页，图四七 4；第 79 页，图四六 4；第 85 页，图五三 2；第 86 页，图五四 5。

在《内蒙古长城地带》一书中收录的动物咬斗纹饰牌（图3.33：2）上，在《西伯利亚动物纹饰牌》一书中收录的青铜饰牌（图3.33：3）上，我们发现曾装饰在E·1045饰牌牛身上的牛耳造型，比较稀疏的出现在长方形饰牌的顶部边框上，在底部边框的上缘亦偶有点缀。到了群兽咬斗纹饰牌（图3.33：4）中，牛耳纹造型已经比较均匀地出现在长方形边框上，成为饰牌边框上的一种装饰纹样。在《西伯利亚动物纹饰牌》中收录的一件抽象铜饰牌（图3.33：5）上，在饰牌内部与边框上，均饰有牛耳纹。只是作为饰牌中心的牛耳纹根据饰牌形式变化较大，表现也更细致，大小相间、方向交错、长短相宜。而边框部位作为装饰的牛耳纹刻痕较浅，用以突出饰牌的主体部分。而《内蒙古长城地带》一书中收录的抽象几何纹饰牌（3.33：6）中，作为边框装饰的牛耳纹已经变得十分规整、成熟，成为饰牌中另一种抽象纹样的外缘装饰。以一种抽象纹样装饰另外一种抽象纹样的现象是十分有趣，也并不多见的，所以，我们猜测这类饰牌内部的折线纹样或许为某种动物象征或某种图腾符号。

二 装饰纹样的"衍生"规律

根据上一节中对鄂尔多斯式青铜器装饰纹样的分类和对构成样式的分析，我们根据纹样的特点与其在饰牌上的（绘制）构成方法，或可对其"衍生"规律做初步的分析。

一般来说，纹样本身的特点（即点、线、面元素的构成关系）决定着绘制方式。在纹样的绘制实践中，每一种纹样都可以有若干种绘制方式，但其中定然存在一种最优化的绘制形式。在此，衡量优化与否的标准便是：简洁和准确。

上述十一种鄂尔多斯式装饰纹样中，我们依据纹样本身的构成特点可将其大体分为两类：一类为规整式纹样，一类为衍生式纹样。所谓规整式纹样是指，在对青铜器某一部位（如刀剑柄部或饰牌边缘）所做的纹样装饰，表面上具有规则、整齐、匀称的装饰效果，而内在构成关系中则表现为具有比较严整的对称关系和比较严格的大小、宽窄、距离方面的构成要求。例如，折线纹、三角纹、方格纹、竹节纹，以及用于装饰长方形饰牌边框的、处于成熟期的牛耳纹；衍生式纹样是指，没有过于强烈的形制要求，如对纹样大小、宽窄、疏密以及单位长度（或单位面积）以内的单体纹样复制、连续的数量等方面的要求。而更多的表现为一种以纹样内在生命力（多由纹样主线与生发规律体现出来）为驱动的、一种似乎自由而无限的"生长"态势。例如，锯齿纹、卷云纹、鱼骨纹、麦穗纹、绳纹、麻花纹。

在装饰纹样的绘制实践中，对于规整式纹样最优化的绘制方式便是先测定青铜器所需装饰部位的长度、宽度，据此确定单体装饰纹样的形状、大小、宽窄。推敲被装饰部位与单体装饰纹样之间的数量对应关系，或调整单体纹样的长度（大小），或增减所需单体装饰纹样的数量。在所装饰部位的延长方向，取中心点，按顺序排列单体装饰纹样，以达到等大、等距、均衡、匀称；对于衍生式纹样来说，这一绘制过程似乎显得更加自由。其只需在某一起点位置（多为饰牌边框转角或刀剑柄部的某个端点），依据纹样本身的构成规律，沿着固定的方向（多为被装饰面的延长方向）无限"生发"即可。不受装饰纹样本身（完整与否）的束缚，只在被装饰部位的完结处，当止则止。

本章小结

在鄂尔多斯式青铜器中，无论是动物纹饰牌还是刀剑柄部或饰牌边框上的装饰纹样，归根结底都是在有限的空间中，以一定的规律或方法对纹饰或图案进行"建造"，其过程也就是"用限定和组织空间的方法，形成的空间形式的结构与排列"[1]。我们是在这种认知前提下，将鄂尔多斯式动物纹浮雕的构成样式分为：单体构成、轴对称构成、中心旋转构成、排列与交错、咬合与分噬五种。在五种构成样式中，将游牧文化与民族精神表现得最透彻的当数咬合与分噬，其不同于轴对称、中心旋转、排列与交错等样式。如果说轴对称、旋转、排列与交错等构成

---

[1] ［美］苏珊·朗格：《情感与形式》，刘大基等译，中国社会科学出版社1986年版，第87页。

样式多偏重装饰的话，那么咬合与分噬则更偏重写实，此并非单体塑造层面的写实，而是构成形式层面的"写实"。

"形式"如何能与"写实"一词产生瓜葛呢？在此，二者的契合点就在于：这种咬合与分噬的构成形式本就来源于现实生活，来源于动物撕咬、嬉戏、交媾的真实动态，是动物在撕咬、嬉戏、交媾等活动中产生的典型动态的"抽象化"。这种抽象化了的构成形式与动物撕咬、嬉戏、交媾等真实的生活动态之间存在着相似的"力"的关联与互通的情感体验。于是，"咬合"与"分噬"在对应着动物撕咬、嬉戏、交媾等真实动态的同时，在表层之下成为一种抽象的、关于力的关系的形象化表述。

青铜动物主题圆雕在战国中晚期的"昙花一现"，将鄂尔多斯式动物造型的写实水平推向高峰。当短暂的"现身"遭遇经济的衰败、文化的融合，写实的青铜动物主题圆雕也随之沉寂。

鄂尔多斯式青铜器上的抽象装饰纹样的发展过程，似乎与刀剑造型（主要指刀剑柄部、刃部、剑格等之间的构成形式与比例关系）和青铜饰牌上的动物纹演变之间存在着一定的隐性关系。西周时期，正是鄂尔多斯式铜刀在刀体造型方面努力探索且产生多种丰富的铜刀造型样式的历史阶段。该时期，铜刀柄部多以折线纹（有的是折线纹的复合样式）、三角纹、鱼骨纹等装饰。而在春秋时期铜刀造型样式比较固定，人们似乎已不再为铜刀本身的造型样式而苦苦探索时，各种类型的卷云纹、复合形式的锯齿纹、动物纹等在刀柄的装饰上，显得异常丰富。

战国晚期是鄂尔多斯式写实动物纹饰牌发展的高峰，绝大部分动物纹饰牌均无外框。例如，大量出现的虎噬羊、虎噬马等"P"形饰牌、阿鲁柴登战国匈奴墓出土的12件虎鸟纹金饰牌、阿鲁柴登出土的虎纹金饰片、西沟畔出土的怪兽纹饰片、西沟畔出土的铅铸鸟形饰件等均不曾设置外框。似乎外框会对这类写实动物纹造型产生束缚。阿鲁柴登出土的虎牛咬斗纹饰牌和西沟畔战国墓出土的虎豕咬斗纹饰牌，虽设有边框，但仅以窄而简素的绳纹装饰，这窄窄的边框与简素的绳纹似乎与精妙的咬合与分噬的构成样式、高超的写实造型能力、贵重的黄金材质，都不相匹配。

然而，两汉时期动物纹饰牌走向衰落，前期的写实动物纹造型风格慢慢消退而逐渐走向一种具有较强装饰意味的"新风格"。战国晚期动物纹造型所体现出来的真实、生动、雄强、拼搏与威慑荡然无存。取而代之的是以牛、鹿、羊、马等主题，借由装饰性的表现手法所呈现出来的温柔与驯顺，置于精致、巧妙、规整、柔美的长方形边框之内。同时期动物纹饰牌的边框明显增宽。装饰纹样的种类也明显增多，例如方格纹、竹节纹、绳纹、麦穗纹、牛耳纹等，那些在鄂尔多斯式青铜器装饰纹样中相对复杂且构思巧妙的抽象装饰纹样，均在此期"大行其道"。这一时期抽象装饰纹样的发展状态远非前期所能比肩。

据此，我们似乎感觉到：在鄂尔多斯式铜刀造型发展的强劲时期，装饰纹样的发展则处于"潜藏"状态；当鄂尔多斯式铜刀造型发展减缓，装饰纹样的发展则越发强劲。在鄂尔多斯式青铜饰牌动物纹造型发展的鼎盛时期，抽象纹样似乎"可有可无"；而当动物纹饰牌造型走向衰败，装饰纹样则趋近繁荣。

在对鄂尔多斯式青铜器装饰纹样的研究中，我们为了寻求隐藏其中的发展与构成规律而做类别、样式的划分，并借用相应的名称以便于描述。但是，很多时候，在一些装饰纹样之间，并没有严格的界限。例如，折线纹与锯齿纹即可以相互转化；竹节纹可视为由方格纹发展而来；麻花纹的单体曲线若做首尾回勾，即可形成卷云纹样式；两排短横纹相对的并置绳纹即可产生麦穗纹形态。所以，在鄂尔多斯式青铜器装饰纹样的研究中，很多时候并没有严格的界限，在一定程度上说，或许唯有自由与"变化"才是鄂尔多斯式青铜器装饰纹样的精髓所在。

第 四 章

鄂尔多斯式青铜器造型的美学特征与文化内涵

第一节 "神性"主题与北方民族的宗教观

一 古代北方民族的宗教信仰

王国维先生在《鬼方昆夷猃狁考》中认为商时的鬼方、混（昆）夷、獯鬻，周时的猃狁，春秋时期的戎、狄，战国时的胡，即为后世所称的匈奴。吕思勉先生在《中国民族史》中也认为"猃狁""獯鬻""匈奴"在古代实为一族，"皆一音之异译"①。蒙文通先生认为匈奴与义渠应为同族，而不同于鬼方、獯鬻、畎夷、猃狁。② 黄文弼先生认为匈奴的前身是林胡、楼烦、义渠，而鬼方、昆夷、獯鬻、猃狁乃是古代的羌人。③ 田广金先生根据《史记·晋世家》《史记·匈奴列传》《国语·齐语》《史记·赵世家》等历史文献记载，结合王国维、丁山、邹衡对夏商时期淳维、鬼方与春秋众狄关系的考证以及顾炎武、郭沫若、马长寿等对众狄、北狄的论断后，推断："商周时期，驻牧在今鄂尔多斯地区的主体民族应为鬼方、猃狁、狄、林胡、楼烦、匈奴"④。

虽然鬼方、獯鬻、猃狁、林胡、楼烦、匈奴等民族的族源与关系问

---

① 吕思勉：《中国民族史》，江西教育出版社2018年版，第28页。
② 蒙文通：《周秦少数民族研究》，上海龙门联合书局1958年版，第139—142页。
③ 马利清：《原匈奴、匈奴历史与文化的考古学探索》，内蒙古大学出版社2005年版，第17—18页。
④ 田广金、郭素新：《鄂尔多斯式青铜器》，文物出版社1986年版，第197—199页。

题尚无最终定论，但大量的考古资料表明这是一群自夏商至两汉，长期活动于北方长城沿线地带、在生存方式与族群文化方面均有别于中原民族的庞大群体。在漫长的历史发展过程中，在这一庞大的群体中，定然存在着无数次的分裂与融合，却早已湮没于历史长河之中难以考证。泽田勋说："使用20世纪才产生的'民族'这个概念，去分析研究匈奴时代的民族问题，大概也不会得出有价值的结论。"[1] 在鄂尔多斯及周边地区、蒙古和外贝加尔等地，大量的匈奴等游牧民族墓葬考古资料表明：虽然有些墓葬在形制方面存在一定差异，但在文化遗存、葬俗与随葬品等方面却呈现出明显的共性。说明他们在生产方式、生活习俗、经济形态、文化传统等方面都是十分接近和相似的。[2] 所以，我们暂不去推敲、揣测鬼方、猃狁、獯鬻等各民族的关系问题，而是将其看作一个虽有差异却具有总体相似的文化样貌的共同体。在这一前提下，分析和梳理生存于鄂尔多斯及周边地区的早期北方族群的宗教信仰情况，探究鄂尔多斯式青铜器的文化内涵与美学特征，当属更具实际意义的做法。

春秋时期的北方草原，大小聚落众多，故典籍记载为"百有余戎，互不相统"。马利清将冒顿单于赖以建立匈奴联盟帝国的核心力量称为"原匈奴"。[3] 在"原匈奴"概念的对比之下，"匈奴"可被视为包含众多族群的一个联盟国家，而"匈奴人"可被视为北方草原上众多族群成员的一个"政治"身份。为了便于表述，下面所提到的"匈奴"概念，更准确地说，是包含了北方草原诸多聚落、族群（或民族）的一个涵盖范围相对广泛的代称。其外延同"北方民族"相近。

东周与两汉时期是鄂尔多斯式动物纹造型艺术发展的主要时期。那么，这一时期生活在北方草原的族群有着怎样的宗教信仰呢？我们根据史籍记载和人类学家对于现代北方存在着古老的萨满教信仰的部落的研

---

[1] ［日］泽田勋：《匈奴：古代游牧国家的兴亡》，王庆宪、丛晓明译，内蒙古人民出版社2010年版，第14页。

[2] 马利清：《原匈奴、匈奴历史与文化的考古学探索》，内蒙古大学出版社2005年版，第182页。

[3] 马利清：《原匈奴、匈奴历史与文化的考古学探索》，内蒙古大学出版社2005年版，第21—22页。

究中，或许能得出有价值的线索。

《史记》记载冒顿单于将汉高祖刘邦围困于平城，阏氏因受贿赂而规劝冒顿单于放高祖皇帝归汉时曾有言："两主不相困。今得汉地，而单于终非能居之也。且汉王亦有神，单于察之。"[1] 三条理由，其一便为"汉王也有神灵护佑"。说明在匈奴人中，对神灵的崇信是社会文化的重要成分，而且，也表露出"神灵随人左右、无处不在"的思想。史籍记载，卫律因为嫉妒而向单于进言杀了贰师将军李广利，李广利冤死之前曾放言死后必灭匈奴。在其死后"会连雨雪数月，畜产死，人民疫病，谷稼不熟，单于恐，为贰师立祠室"[2]。上述记载表明，崇信灵魂的思想在匈奴宫廷、统治阶层中是十分盛行的，甚至关于军国大事的抉择都要重点考虑"神灵的意愿"。上行下效，在宫廷尚且如此，人民中关于神灵的信仰状态，自然可想而知。《后汉书》记载："昭帝时，乌桓渐强，乃发匈奴单于冢墓，以报冒顿之怨，匈奴大怒，乃东击破乌桓。"[3] 乌桓人因挖掘匈奴先单于坟墓，竟然引起匈、乌之战，遭受灭顶之灾，足见祖先神灵崇拜在匈奴人、乌桓人的思想与文化体系中的重要程度。

那么，匈奴人崇信的神灵都有哪些呢？《史记》记载："岁正月，诸长小会单于庭，祠。五月，大会茏城，祭其先、天地、鬼神"，"单于朝出营，拜日之始生，夕拜月。"[4]这说明匈奴人认为天、地、太阳、月亮、死去的祖先都有神灵存在，并且，身边到处都有鬼和神灵，要祭拜、要虔信。这是明显的多神信仰的表现。除此之外，匈奴人还认为动物也是有神灵的。在很多重要的祭祀或巫术仪式中，都离不开动物。《汉书》载："匈奴缚马前后足，置城下，驰言'秦人'，我匄若马"，"闻汉军当来，匈奴使巫埋羊牛所出诸道及水上以诅军。"[5]《后汉书·

---

[1] （汉）司马迁：《史记·匈奴列传》，线装书局2010年版，第1504—1505页。
[2] （汉）班固：《汉书·匈奴传》，《二十四史》（简体字本），中华书局2000年版，第2796页。
[3] （宋）范晔：《后汉书·乌桓鲜卑列传》，《二十四史》（简体字本），中华书局2000年版，第2016页。
[4] （汉）司马迁：《史记·匈奴列传》，线装书局2010年版，第1504页。
[5] （汉）班固：《汉书·西域传》，《二十四史》（简体字本），中华书局2000年版，第2883页。

乌桓鲜卑列传》记载："俗贵兵死，敛尸以棺，有哭泣之哀，至葬则歌舞相送。肥养一犬，以彩绳缨牵，并取死者所乘马衣物，皆烧而送之，言以属累犬，使护死者神灵归赤山。"① 在这一史料中我们发现，乌桓、鲜卑不仅相信死者有神灵，也相信在巫术、祭祀中使用的动物有神灵，可以"护送死者神灵归赤山"。乌桓，鲜卑在匈奴统治时期曾归属其麾下，在匈奴衰落后，鲜卑又代之而起且继承了匈奴的造型艺术。所以，鲜卑、乌桓与匈奴的文化信仰状态定相一致，故这段关于鲜卑、乌桓葬俗的史料记载极具参考价值。在这些史料中，牛、羊、马、狗等在匈奴人的思想意识中，都是有神灵的"存在"。于是，在天、地、日、月、祖先、鬼、神之外，诸类动物也是其所崇拜的对象。

匈奴人的宗教信仰中的另一大特点是，其巫师不仅"装神弄鬼"，也会治病救人。《汉书》记载，苏武"列佩刀自刺。卫律惊，自抱持武，驰召毉。凿地为坎，置煴火，覆武其上，蹈其背以出血。武气绝，半日复息"②。林幹认为，"史书上提到匈奴有'毉'。毉就是巫医"③。所以，匈奴人的"巫"有"医"的身份（或能力），这一点值得重视。

现当代的人类学家和民俗学家，曾对中国北方地区一些保有古老的萨满教信仰的部族做过大量调查。其调查资料表明，萨满教在诸多方面与古代北方匈奴人的宗教信仰相吻合。萨满教信仰的主体是对天、地、山、河、日、月、星辰等构成大自然的主体事物的崇拜。萨满教也崇拜或信奉自己已死去的父母或祖父母的灵魂。有时，其所崇拜的某些神又具有双重意义，例如鄂伦春人在祭祀仪式中供奉的"霍卓鲁"（嘴上涂獐血的黑桦木制成的木偶，约五寸长）就兼具祖先神与狩猎神两种象征意义。④ 这与匈奴人的多神信仰是相一致的。人类学家与民俗学家在对近代崇信萨满教的赫哲族人所做的调查中，发现"他们认为整个自

---

① （宋）范晔：《后汉书·乌桓鲜卑列传》，《二十四史》（简体字本），中华书局2000年版，第2016页。

② （汉）班固：《汉书·李广苏建传》，《二十四史》（简体字本），中华书局2000年版，第1874页。

③ 林幹：《匈奴通史》，人民出版社1986年版，第175页。

④ ［日］秋叶隆：《鄂伦春的萨满教：大兴安岭东北部鄂伦春族调查报告（二）》，《北方民族与萨满文化：中国东北民族的人类学调查》，中央民族大学出版社1995年版，第23页。

然界充满了神灵,人类周围的一切都是活的,用他们自己的话说是'赫乌鲁巴利齐',即万物都活着,都有自己的灵魂"①。这也与史籍记载的匈奴人对于灵魂信仰的态度相一致。萨满教没有专门用来供奉神灵的(诸如教堂、庙宇类)建筑,类似"跳神"(巫术)、祭祀之类的宗教仪式随时随地都可以举行,而不需要专门的堂舍。②这背后的原因也是相信"神灵无处不在"的外在表现。在关于北方萨满文化所做的田野调查中,我们看到萨满"跳神"(巫术)大致有三类,一是特殊时节为族群祭祀、祈祷而做;二是因萨满收徒或新萨满出徒而做;三是因治病救人而做。在北方地区,尤其第三种,即为治病救人而"跳神"是最常见的萨满巫术仪式。这就与《汉书》记载中使苏武"复息"的"毉"具有相同"身份"。

《苏联大百科全书·萨满教》解释:"萨满文化是在原始社会制度下产生的大多数民族的早期宗教形式。"③泽田勳认为:匈奴的宗教观是北亚地区普遍信仰的萨满教。④孟慧英在《中国原始信仰研究》中也认为:"公元前2世纪前后建立国家政权的匈奴、乌桓等古代民族,萨满教为其主教。"⑤所以说,古代北方匈奴等游牧民族所崇信的宗教应为萨满教或与萨满教信仰和巫术相近的一种宗教观。

二 动物主题所蕴藏的"神性"

萨满教相信"万物有灵",除了天地、日月、祖先、鬼神之外,还信仰"雷神""风神""火神""山神""林神""水神"(包括"江河神""湖神""泉神"等)⑥,以及大量的动物神灵。萨满教源自原始狩猎文化,野兽与人们的生产、生活紧密相关,衣食住行,须臾不可离

---

① 黄任远、黄永刚:《赫哲族萨满文化遗存调查》,民族出版社2009年版,第114页。
② 乌丙安:《萨满信仰研究》,长春出版社2014年版,第5—6页。
③ 富育光:《萨满论》,辽宁人民出版社2000年版,第8页。
④ [日]泽田勳:《匈奴:古代游牧国家的兴亡》,王庆宪、丛晓明译,内蒙古人民出版社2010年版,第128页。
⑤ 孟慧英:《中国原始信仰研究》,中国社会科学出版社2010年版,第238页。
⑥ 乌丙安:《神秘的萨满世界:中国原始文化根基》,上海三联书店1989年版,第29—68页。

开。当萨满教"万物有灵"的思想与狩猎、游牧等生业模式相结合，崇信动物神灵的观念只会更加笃定，有关动物神灵（或借助动物神灵）的巫术和仪式便更加盛行。

在中华人民共和国成立前，北方地区的萨满巫术仪式还十分盛行。一些调查报告中体现出：不同的萨满法师会有不同的神灵做助手。比如，有的萨满所领的神是黑虎神，有的萨满领的是麒麟神，等等。① 而在萨满跳神治病时，许多病人的"病因"是因为某种动物神灵作祟所致。由此看来，在萨满教中，动物神灵的好坏是不确定的，有时会给人带来灾祸，有时又可助萨满与另一方神灵沟通、交涉。总之，萨满教中的动物神灵是比较复杂的，似乎具备更大程度上的"中立"态度，为谁所用、为谁服务要根据现实情况而定。

被萨满宗教观所神化了的动物种类颇多。"兽类有虎、熊、豹、野猪、鹿、狼、狐、貂、山猫、黄鼬、刺猬；家畜有马、牛、骆驼、狗、猪、羊等；禽类有鹰、天鹅、鸭、乌鸦、喜鹊、布谷鸟、鹭等；鱼类有鳇鱼、鲑、鲟及鲸等；两栖软体动物有龟、蛙、蟒蛇、蜥蜴等；昆虫有蝎、蜂等。"②

萨满教对待动物的态度似乎是矛盾的。一方面要蓄养、宰（猎）杀动物以食其肉、衣其皮，这是出于维系生存、维系族群繁衍的物质需要，是存活下来的重要前提；另一方面，人们又崇信动物的神灵，这也是维系族群繁衍、族人存活的重要前提，是心理需求。人们渴望动物繁衍不息、层出不穷，以保证人们的基本生活。在较低的社会生产力水平之下，人们对生存和客观世界的掌控能力极其微弱，人们惧怕家畜受到天灾或疫病而大量死亡，人们也担心在狩猎的过程中被凶猛的野兽所伤，所以产生了众多矛盾的诉求和祈盼：一面尊崇供奉；一面食肉衣皮。人们祈求家畜的神灵保佑畜产丰富，也祈求野兽的神灵将动物身上

---

① ［日］小堀严：《满族萨满祭祀观看记：黑河省瑗珲县大五家子村调查记录》，《北方民族与萨满文化：中国东北民族的人类学调查》，中央民族大学出版社1995年版，第98—100页。

② 乌丙安：《神秘的萨满世界：中国原始文化根基》，上海三店书店1989年版，第70—71页。

那些强大的能力赐予人们,例如虎的勇猛、熊的力量、豹的速度、雄鹰翱翔云霄的本领等等。而此间产生的矛盾便由萨满教的宗教观以及与之对应的仪式来"掩饰罪过"。例如近现代信仰萨满教的鄂伦春人(或鄂温克人),"在打死熊后,先割下熊头用稻草包好放到木架上,年长的猎手或猎队首领率领全体猎人跪下叩拜死熊,敬献烟草,然后祈祷说:'祖父(或祖母,即雅亚、太贴),请不要怪罪我们,是误杀了你,请保佑我们打到更多的野兽吧!'有的则禁止说'死'之类的话,而只说'祖父(或祖母)睡着了,请你好好安睡'。然后把熊头就地安放或收藏好风葬,驮上熊肉回家享用,在吃熊肉时人们还要不时发出'嘎、嘎'的叫声,以向熊灵表示是乌鸦在吃熊肉,请不要怪罪鄂伦春人或鄂温克人"。[①]由此看来在信奉萨满教的族群中,人们对动物神灵的崇信是十分虔诚的,虽然存在着依靠动物皮、肉以维持生存的现实"矛盾"。

信仰萨满教的人们崇信并依赖的"动物神灵"是一种观念意识层面的虚拟"存在",但在生活中,为了使"动物神灵"帮助自己获取某种现实利益,则需要借助一定的巫术仪式。在巫术仪式中,属于虚拟"存在"的动物神灵需要借助一定的符号表现出来。如果在此套用索绪尔提出的"能指"与"所指"的概念,"动物神灵"即为"所指",而"能指"即是动物纹造型,甚至是动物本身。

"意义不在场才需要符号……正是因为神不在场,神的替代物才能置于祭坛上替代神。"[②] 在此,即使是动物本身也绝不等同于动物神灵,动物本身只是代表动物神灵的一个"符号",巫术仪式中所使用的动物即是一种"符号"。因为神灵或远或近(不在场),作为符号的动物本身只是在外形上相似于动物神灵,是最易得的符号。而动物纹造型也是动物神灵的一个"符号",因神灵不在场、不可见而出现的,是比动物本身更高级的符号,其与动物神灵的关系当属一种,"构造类似",即这种相似性主要体现在二者之间具有相似的构造。[③]

---

① 乌丙安:《神秘的萨满世界:中国原始文化根基》,上海三联书店1989年版,第77—78页。
② 赵毅衡:《符号学:原理与推演》,南京大学出版社2016年版,第45页。
③ 赵毅衡:《符号学:原理与推演》,南京大学出版社2016年版,第78页。

我曾在拙文《鄂尔多斯式青铜器造型主题与北方早期萨满宗教观的内在联系》中，将鄂尔多斯式青铜器造型主题与萨满宗教观所崇信的动物神灵相对照，其总体上呈现出一种相对清晰的对应关系。① 作为动物神灵被萨满教所崇信的虎、熊、豹、野猪、鹿、狼、刺猬、马、牛、骆驼、狗、猪、羊、鹰、天鹅、鸭等，都曾作为鄂尔多斯式青铜器的表现主题而被塑造和刻画。

我们可以说，萨满宗教观是推动鄂尔多斯式青铜器造型艺术生成与发展的重要文化因素。鄂尔多斯式青铜器所塑造的动物造型，是萨满教所崇信的动物神灵的物化形式，是与动物神灵之间具有相似构造的一种高等级的"符号"。其与萨满宗教观中的动物神灵具有紧密的对应关系。崇信萨满教的匈奴等北方民族，当其所虔信的动物神灵不在场，作为符号的动物纹造型也就具有了更大程度上的替代意义，从而使以动物为表现主题的鄂尔多斯式青铜器包含了更深刻的"神性"内涵。

毫无疑问，当今时代的人们面对鄂尔多斯式青铜器上的动物造型时，更多是出于个人视角，赞叹其生动、巧妙、精美。然而，若以史学资料、考古资料为线索，结合人类社会与人类心理的发展规律，将鄂尔多斯式青铜器动物造型主题还原至东周与两汉时期，在信奉萨满教的北方天空下（即其原生环境中），以草原先民们的视角来面对鄂尔多斯式青铜器上的动物纹主题，其首先感知到的定是蕴藏其中的"神性"内核。这也是解读鄂尔多斯式青铜器造型的文化内涵与美学特征的正确方向和必要前提。

三 游牧民族的"护身符"

以动物为表现主题的鄂尔多斯式青铜饰件（或饰牌），在匈奴等北方游牧民族当中，首先是一种"神性"的存在，是其所崇信的动物神灵的象征，是神灵不在场的替代符号。它的美和精致是在信仰动物神灵的促动下而生发，并不断提升起来的。鄂尔多斯式动物纹饰件的第一属

---

① 陆刚：《鄂尔多斯式青铜器造型主题与北方早期萨满宗教观的内在联系》，《美术大观》2019 年第 11 期。

性并非装饰,而是"护身符",寄托着人们的信仰和对神力、平安、富足、幸福的祈盼。这种与动物神灵崇拜思想相关的"护身符",古已有之。

在 8000—6100a B. P. 的兴隆洼文化遗址(内蒙古赤峰市敖汉旗)M118 中,曾发现以钻孔的野猪獠牙饰品作为礼器随葬的现象。① 在内蒙古赤峰市林西县的白音长汗遗址中发现了镶嵌有野猪獠牙的叶腊石"人面像"。② 在陕西省西乡县何家湾遗址的一些墓葬中,发现墓主下葬时,手中握着野猪獠牙③(在这种丧葬仪式中,以礼器形式随葬的獠牙,被人们认定具有能够带领墓主人灵魂升天的"功能")。考古资料显示齐家文化人群,在日常生活中即以野猪獠牙作护身符,死后也在胸部发现有獠牙配饰。④ 总之,在狩猎文化中,以野猪獠牙作配饰的现象并不少见。

人们以野猪獠牙作装饰,或死后以野猪獠牙为礼器随葬的现象背后的根本原因,或许可归为两种:一是人们对野猪神灵与神力的崇拜,人们相信野猪的神灵寓于獠牙之中,或者獠牙即代表着野猪的神力,它能将神力传递给佩戴者,能够保佑佩戴者不被其他恶灵困扰;二是以野猪獠牙作装饰或礼器,彰显拥有者的力量与勇猛。不论出于哪一种原因,在先民们的眼中野猪獠牙都是野猪神灵与野猪神力的符号,是具有神性意义的现实存在。

在北方民族所崇信的萨满教中,野猪一向是十分重要的动物神灵。"野猪是勇猛之神,所以当时的人们都喜欢佩戴野猪牙装饰品。"⑤ 当野猪獠牙因其本身所具有的神性意义而被人们作为"护身符"钻孔佩戴

---

① 中国社会科学院考古研究所内蒙古工作队:《内蒙古敖汉旗兴隆洼聚落遗址 1992 年发掘简报》,《考古》1997 年第 1 期。
② 郭静云:《天神与天地之道:巫觋信仰与传统思想渊源》,上海古籍出版社 2016 年版,第 322 页。
③ 陕西省考古研究所、陕西省安康水电站库区考古队:《陕南考古报告集》,三秦出版社 1994 年版,第 103—104 页。
④ 郭静云:《天神与天地之道:巫觋信仰与传统思想渊源》,上海古籍出版社 2016 年版,第 327 页。
⑤ 冯恩学:《俄国东西伯利亚与远东考古》,吉林大学出版社 2002 年版,第 144 页。

时，它就成了神灵与神力的符号。这种以动物本体上的某一部分（獠牙）代表动物（野猪）神灵的方式，"是原始宗教信仰及巫术仪式中，既直接、又初级的一种信息、观念的'传递与分化'形式"①。早期的獠牙佩戴并非为了装饰，而是为了获得神灵护佑。然而在佩戴的过程中，佩戴行为的本身却日益沉淀为一种装饰的习俗在族群中流传。

然而，獠牙只是代表野猪神灵的符号之一。人们所绘制的野猪图像则是代表野猪神灵、神力的另一种符号。是一种与野猪神灵具有"类似构造"的高等级符号。在从野猪獠牙过渡到鄂尔多斯式青铜野猪纹饰件之间，定会在相当长的一段时期内存在以非金属材料创制的，与野猪有"相似构造"的图像类符号，作为护身符或丧葬仪式中的礼器。只不过有些材质年代久远，早已腐朽，无迹可循。我将以野猪獠牙代替野猪神灵的阶段称作"以物代神"的阶段，而将以野猪图像为符号指代野猪神灵、神力的阶段称为"以像代神"的阶段。"以物代神"当属于一种古老的"原初"形式，而以"以像代神"则属于社会生产力与族群文化获得更大程度发展之后才形成的。当然，这两种形式并不是"你方唱罢我登场"，而是存在着漫长的"伴随时期"。例如，在现今内蒙古部分地区的部分民众中间，仍然流传着佩戴狼牙以祛鬼辟邪的观念习俗。

所以，不论"以物代神"的獠牙配饰，还是"以像代神"的饰牌造型，其首先是狩猎（或游、畜牧）民族因崇信野兽神灵、神力而创制、佩戴的"护身符"。所谓的装饰之美是在此基础上发展起来的。例如，獠牙顺滑的表面、规整的孔洞、渐变的线条、瓷釉般的质感，一边连接着神灵、神力的护佑，一边又与佩戴者形影不离。久而久之，便使人们形成了对顺滑、规整、渐变、光洁的造型和质感的喜爱，也具备了关于"形""质""色"的抽象之美的感受（甚至欣赏）能力。以动物为表现主题的图像造型在长期的描绘过程中，提高了人们的写实水平、增强了想象能力、丰富了形式语言、拓展了创新空间、翻新了造型工艺、更新了成型材质，也就在创造鄂尔多斯式青铜器造型传统的同时，

---

① 陆刚：《从萨满巫术到造型艺术：中国北方青铜器野猪纹造型样式与文化意涵》，《美术大观》2020年第5期。

形成了北方民族的独特艺术形式。这种艺术造型彰显了族群文化精神，也记录了族群兴衰的历程。

四 "宗教信仰"与动物纹饰件的"纯朴之美"

在第二章中我们曾经提到，北方地区的族群由新石器时代过渡到铜石并用时代。铜——作为最宝贵、稀缺的资源首先被用于制造兵器和工具，以获取更多的物质资源来保障生存。所以，铜刀、铜斧、铜镞、铜锥、铜匕之类在商代即已逐渐发展了起来，到了西周时期，铜刀造型已经达到了其发展的鼎盛阶段。而西周时期，以人、"祖"及部分农耕文明中常见的禽鸟为主题的造型才得以用青铜来铸造，且规格小巧、造型古拙。到了春秋时期，宝贵的青铜材质又在继承先前青铜饰件的形制的基础上，转换了表现的主题（即以表现动物造型为主），足以说明前后两个阶段青铜饰件所塑造的人、"祖"或动物造型的重要性。这种造型缘何如此重要？唯一合乎逻辑的解释便是因为"宗教信仰"。从祖先崇拜思想到动物主题造型中所蕴藏的"神性"，再到以野猪獠牙作为"护身符"，这一切均表明了宗教信仰在古代北方社会的重要性。而西周至春秋晚期无论单体青铜饰件还是青铜兽头饰，其最大的意义在于作为神灵和神力的象征符号，宗教信仰是其存在的主要意义。

"美是一种在情感上具有感染力的形象。"[①] 在这里，青铜用以铸造具体可感的个别形象，如人、"祖"、动物等。而人们又将头脑中浓厚的宗教信仰赋予这些表现具体形象的青铜饰件，从而使这些青铜饰件在当时人们的"审美范畴"中，成了美的形象。当然，在对此类青铜饰件进行审美的过程中，也蕴藏着一种潜在的"功利性"，即对获取神灵护佑、获得某种神力的虔诚祈盼。

早期青铜饰件的主要"价值"就在于表现人们浓厚的宗教信仰意识中的某种神灵，似乎唯有饰件中所表现的内容是重要的，而造型如何则无关紧要，只要能表现出主题所具有的形象特征即可。因而，在美学形态上，早期的青铜饰件多体现为一种基于宗教信仰的"纯朴之美"。

---

① 杨辛、甘霖：《美学原理新编》，北京大学出版社1996年版，第39页。

严格来说，西周与春秋时期的鄂尔多斯式青铜饰件可根据表现主题划分为两类：一类是基于北方早期农耕文明的造型主题，即以人、"祖"或一般农耕文明中常见的禽鸟为主题；另一种是随着北方地区农耕社会向半农半牧，继而向游牧社会转化的过程中形成的动物主题。如前所述，以人、"祖"以及农耕社会常见的禽鸟类为主题的青铜饰件，已然经历过漫长的、由写实到意象（甚至抽象）的发展时期，到此已是接近"尾声"，例如"双珠兽头饰""S"形双鸟纹饰牌即为此类。而以动物为表现主题的青铜饰件则处于滥觞期，在这一部分饰件中，关于"纯朴之美"的呈现似乎更强烈，也更典型，主要体现在三个方面。

（1）单体的"构成"样式

早期的动物纹主题饰件，均为单体造型。如只表现动物头部正面的兽头饰（图4.1）①或塑造动物侧面的单体饰件（图4.2）②。鄂尔多斯式青铜器中的单体饰件本就是那些复合构成样式的青铜饰件的"基本构成元素"，是"原初形态"，可以说，此后那些排列与交错、轴对称、

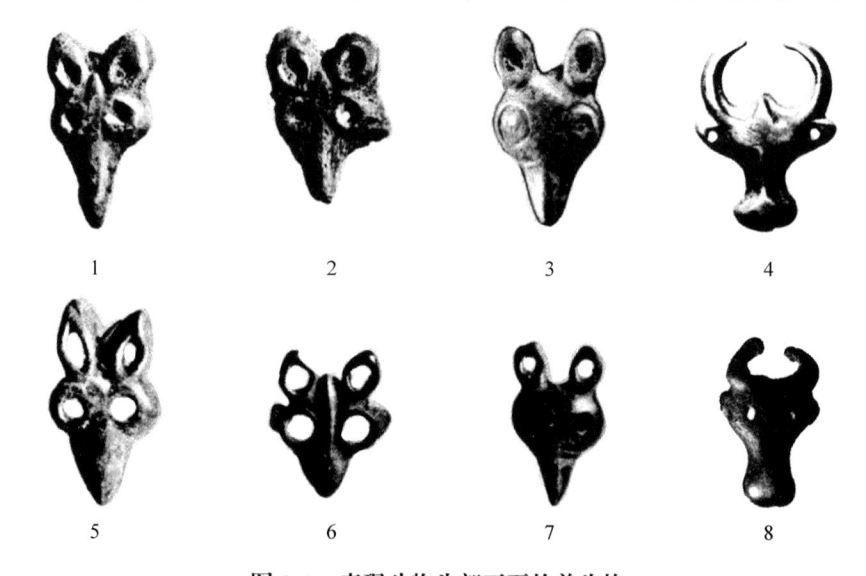

图4.1 表现动物头部正面的兽头饰

---

① 田广金、郭素新：《鄂尔多斯式青铜器》，文物出版社1986年版，图版八三。
② 田广金、郭素新：《鄂尔多斯式青铜器》，文物出版社1986年版，图版八八。

图4.2 表现动物侧面的单体动物纹饰件

中心旋转结构、咬合与分噬的构成样式均是由这种"原初形态"衍生出来的。如果说单体兽头饰存在一定的形式语言的话，唯有动物头部造型本身所带有的"与生俱来的"轴对称关系，而表现动物正侧面造型的单体饰件，则仅在于通过抓住特征而表现动物形象，并没有通过饰件本身的纹样重复、夸张、变形，或运用与所表现的动物本身特征无关的装饰性花纹来"丰富画面"，这种"直面对象"、朴实无华，本身就是一种厚重、有力的造型语言，体现出纯朴而真实的生活气息。

（2）简练、概括的塑造手法

这一时期单体青铜饰件所表现的野兽造型，多从整体入手，将整个动物形态概括成若干个体块，更注重体块之间的构成关系，而非细节部位的刻画。这在形式美的组合规律方面，属于通过部分与整体、部分与部分之间合乎一定数量而构成形式美感的方法的运用。[1] 例如鄂尔多斯博物馆收藏的编号为 E·1502 的野猪形饰件（图4.2：1），以极其简练的手法将野猪造型概括为头部、前肢、后肢三部分，腹部造型几乎已被粗壮的前肢、后肢体块所"吞噬"，野猪脖颈被缩减后又与头部融合，几乎看不见脖颈的体积。结果，硕大的头部与前、后肢的体块有机结合了起来，配合着几道刚硬粗壮的鬃毛的刻痕，更显现出凶猛的野性和强大的力量。就像罗丹一直崇拜自然而反对低级的精确一样。如果套用罗丹的艺术主张，我们可以说：这样的塑造才是"听从自然、服从自然

---

[1] 何林军：《美学十六讲》，湖南师范大学出版社2018年版，第271页。

的"的表现,这才是"自然的本来面目",其塑造的并不是野猪外表的"真",而是野猪全部的"真"。①

(3) 粗犷、古拙的外在形态

或许是由于这些动物纹饰件并非铸造刀剑的人们(或"作坊")所作,抑或人们"专注于"动物纹饰件所传达的"神性"意义而对其"符号价值"之外的、关于形式、装饰等造型语言的忽略,导致西周与春秋时期的单体动物纹青铜饰件普遍存在一种粗犷、古拙的外在形态,具体体现在饰件边缘的处理手法上。例如,编号为毛·M66：1(图4.1：1)、毛·M2：7(图4.1：2)、E·1239(图4.1：5)、E·1271(图4.1：8)的兽头饰,边缘均存在着一定程度上的凸凹变化。在看似对称的兽头饰上,若沿着一条虚拟的中轴线"折叠",则左右边缘线并不能完全重合。而编号为E·1502的野猪形饰件(图4.2：1)、编号为E·1501的虎形饰件(图4.2：2)、编号为E·1590的鹿形饰件(图4.2：3)的边缘线普遍呈现非顺滑状态。与兽头饰的非对称状态一样,营造出一种粗犷、古拙的意味。这种粗犷与古拙更带有自然本身的气息,更接近人们的日常生活,一种非"规矩"的、非"秩序化"的自然存在。

西周与春秋时期的青铜饰件均为单体饰件,极少见到为了营造"富丽"的装饰效果而运用的排列与交错之类构成样式的青铜饰件。这种构成形式,结合简练、概括的造型语言,放弃对所塑造的对象物的细节的刻画,再加上由饰件边缘线所"营造"的一种"非秩序化"的自然存在感,这一切共同构成了这一时期,动物纹饰件的"纯朴之美"。这种"纯朴之美"是生动的、是自然的、是贴近生活的、是去除矫饰的、是"浑然天成"的。或许,唯有这种"纯朴之美"才更接近于人们那虔诚的宗教信仰。而且,在现代北方地区萨满教的调查研究中,我们发现一些萨满神服上的造型、萨满神偶的造型,都具有朴素、古拙、粗犷、简练的造型特征,如图4.3所示的萨满神偶②、图4.4所示的萨满

---

① [法] 奥古斯特·罗丹:《罗丹艺术论》,傅雷译,山东画报出版社2017年版,第5—6页。

② 富育光:《萨满艺术论》,学苑出版社2010年版,第12页下图、第14页下图。

治病神偶①，在造型上都体现出朴素、古拙、粗犷的特征。而这背后也正是基于宗教信仰观念之上的"纯朴之美"。

图 4.3　萨满神偶

图 4.4　萨满治病神偶

---

① 富育光：《萨满艺术论》，学苑出版社 2010 年版，第 15 页左上图、右下图。

第二节　造型风格与族群文化精神

一　生存条件与族群文化

如前所述，在公元前 4000 年至公元前 3000 年之间，鄂尔多斯及辽西地区的气候属温湿气候，降雨量比较充沛，适宜发展农业。考古证明此期已有在文化与经济形态方面同仰韶文化与龙山文化相似的人群在此从事农耕生产。尤其在公元前 3000 年以后，鄂尔多斯地区整体的农业发展水平已有显著提升。在文化面貌上更近似于龙山文化。然而，自夏朝前期开始，孢粉分析结果显示北方长城沿线地带气候已开始逐渐向干冷转化。考古发现此期鄂尔多斯及周边地区出土的骨角器数量增长较快，证明畜牧经济比例逐渐上升。另外，包头阿善、西园遗址的考古发掘资料显示，人们越发注重建筑城墙等防御性工事[①]，说明部落之间的争斗变得更加激烈而频繁。原因在于气候"干冷化"导致这一原本就贫瘠的区域，可耕种土地的面积越来越少，可放牧的草场也日益萎缩，生存资源匮乏，导致争夺生存资源的斗争加剧。

朱开沟文化的持续时间相当于夏代至商前期（约公元前 20—前 13 世纪）。自公元前 13 世纪开始，该地区便不见有人类生存的迹象，一直持续到西周末期（公元前 8 世纪前后），这片区域出现了五六百年的文化断层现象。然而，这段时间在晋陕北部却出现了以陕北清涧县李家崖文化为代表的、农牧兼营的武装化人群（体现为出土遗存中武器数量的急剧攀升）。所以田广金等学者认为这是朱开沟文化人群南移，形成的李家崖文化。

为了寻求足够的适宜耕、牧的土地和草场，李家崖文化居民在晋、陕、冀北部地区，或其南方地区，展开了土地资源的争夺战，他们在争夺中成为训练有素的战士，同时也对晋、陕、冀北部及其南方的农耕民

[①] 崔璇、崔树华：《内蒙古中南部的原始城堡及相关问题》，《内蒙古社会科学》1991 年第 3 期。

第四章　鄂尔多斯式青铜器造型的美学特征与文化内涵

族构成巨大压力。[①] 李家崖居民活动的区域也正是后来建立的长城的沿线地带，正是农牧文明的交错地带，是生态最脆弱、最易于受气候环境影响的区域。

农业经济在这样的气候环境中显得更加脆弱，相比之下游（畜）牧经济的存续能力则更强一些，但游（畜）牧经济的发展却需要更广阔的草场。大约在西周末期与春秋初期，骑马术传入中国北方地区，这使原本过分依赖草场质量而决定其存活状态的畜牧业获得了更广阔的生存空间，畜牧转向了游牧。游牧生活方式使这些活跃于长城沿线及其以北地区族群的世界突然变得更大，可以去更远的地方寻找更好的草场。逐渐，适宜于游牧生活方式的器具也逐渐发展、成熟了起来。而在游牧生活中，北方族群也形成了不同于农耕人群的、更向往宽广（拒绝封闭）、更向往自由（拒绝束缚）、更喜欢开拓（不愿守成）、更乐于探索（不满足现状）的族群文化特征。

游牧是一种难以自给自足的经济模式，其存续必须要依靠一个庞大的农耕经济体。[②] 通过一定的方式获取动物制品之外的、一些游牧社会短缺的生活物资。获取的方式一般有两种：交换和掠夺。然而，当交换"成本"过高、觊觎心态过盛或由于人为原因导致交换渠道受阻时，掠夺的方式便成为首选。在掠夺——这种恶性资源争夺的过程中，西周晚期至东周时期，"一个以'农业'和'定居'为标记的'夏'或'华夏'认同逐渐形成，将黄河中下游平原上的邦国贵族凝聚在一起"[③]。与之相对应的，则是那些以游（畜）牧为主要生业模式的北方族群对自身文化的认同与强化。

在现实资源的争夺过程中，黄河中下游平原上的邦国贵族在其北方可耕种土地的"极限"地带修筑长城，以抵御北方民族的侵扰。而北方的游牧民族则"往来于长城下"，伺机逾越"障碍"而实施掠夺。长城，作为一道现实的边界将农耕人群与游牧人群分隔开来，加强"异

[①] 王明珂：《华夏边缘：历史记忆与族群认同》，浙江人民出版社2013年版，第92—93页。
[②] 王明珂：《游牧者的抉择：面对汉帝国的北亚游牧部族》，上海人民出版社2018年版，第193页。源引自Thomas J. Barfield, *The Perilous Frontier*, 1992, p. 131。
[③] 王明珂：《华夏边缘：历史记忆与族群认同》，浙江人民出版社2013年版，第95页。

化",也"阻碍"了融合。长城,作为一道虚拟的屏障,将"两种"文化形态区分开来,"凝聚"族群,也区分"敌我"。这道人为的、用以分隔"内、外"的"边界",在漫长的岁月中,潜移默化地塑造着内外两大族群(即:农耕与游牧)的群体性格特征:如果说边界以内是精致的,那么边界以外就是粗犷的;如果说"边界"以内是稳定的,那么"边界"以外就是动荡的;如果说"边界"以内是防守的,那么"边界"以外就是进攻的;如果说"边界"以内是束缚的,那么"边界"以外就是自由的;如果说"边界"以内是保守的,那么"边界"以外就是创新的;如果说"边界"以内是封闭的,那么"边界"以外就是开放的;如果说"边界"以内是安全的,那么"边界"以外就是冒险的;如果说边界以内是整齐的,那么边界以外就是松散的;如果说"边界"以内是儒雅的,那么边界以外就是"豪迈"的;如果说边界以内的"未来"是既定的,那么边界以外的"明天"就是未知的……

文化本无优劣之分,当文化适宜于环境,与所处环境完美契合,就是最优的文化。长城内外,因不同的山形地貌、不同的气候状况、不同的土壤成分使生存其中的人们形成了不同的生活方式,也因不同的生活方式塑造了不同的族群文化、族群性格,不同的信仰状态、不同的风俗习惯和不同的价值观念。

二 游牧文明与族群审美

一般来说,一个族群所处地域的气候与环境条件决定了这一族群的生存方式,生存方式衍生出族群的文化特征,文化特征构建起族群审美标准中的"共性部分"。

出于北方长城沿线地带特殊的生存环境与生业模式,北方游牧民族文化中,对"力量"的崇拜十分突出。"游牧民族都生活在第一自然中,野兽突袭、部落偷袭会随时发生,防不胜防"[1],如果说决胜千里要靠智慧过人,那么草原上的游牧人若想生存下去,首先要靠强悍的力量,因为他们时刻会面对"短兵相接"。当"人"回归到自然当中,成

---

[1] 孟驰北:《草原文化与人类历史》,国际文化出版公司1999年版,第103页。

第四章　鄂尔多斯式青铜器造型的美学特征与文化内涵

为自然中一个"纯粹的"生命体，没有了权力、地位、金钱、尊卑、等级，对于延续生命来说，力量就是最终的依靠。于是，游牧民族对力量的崇拜要远远超过农耕民族。他们推崇武力（甚至暴力），膜拜以武力称雄的强者。所以，在大量鄂尔多斯式青铜器动物纹造型中，都可见到对力量的彰显、对以武力称雄者的赞颂。例如虎豕咬斗纹金饰牌（图2.47）中以咬合样式巧妙展现的虎、豕纠缠与撕咬，表达出来的即是对力量和意志的崇拜：即使被撕裂得血肉横飞，也是无上的荣光。西沟畔出土的虎兽咬斗纹金饰片（图3.13：1）、石灰沟出土的双虎咬斗纹银饰牌（图2.49）、阿鲁柴登出土的虎牛咬斗纹饰牌（图3.15：1）莫不如此。再看那虎口衔羊、虎口衔马的铜饰牌（图2.48），扭曲的马身、垂死的状态映衬着猛虎的神威；昂扬的姿态、圆睁的双眼，气度恢宏、不可一世。再如阿鲁柴登出土的卧虎形金饰件（图2.46）、虎鸟纹金饰牌（图4.5）[①]那俯卧的姿态、圆睁的双眼、大张的虎口似乎正在发出震慑人心的虎啸。这正是游牧民族所膜拜的王者风范，这雄健的动物纹造型所谱写的正是关于力量的"颂歌"。结合饰牌动物纹主题的宗教意义，佩戴者渴求这种力量能够传递给自己或者受到这种神力的庇佑，或者象征着自己即有此神力。总之，对力量的崇拜，是鄂尔多斯式青铜动物纹饰件所体现出来的一条重要的美学内涵。

图4.5　虎鸟纹金饰牌

[①] 田广金、郭素新：《鄂尔多斯式青铜器》，文物出版社1986年版，图版一六上图。

长期的游牧生活对北方游牧民族的心理塑造不可忽视。与农耕相比，游牧生活是动荡的，充满了更大的不确定性。游牧民族的主要生活物资是动物，是一种"活着的财产"。当族群的生存维系于动物——这种有血有肉的生命体之上时，给人带来的危机意识便可想而知。历史上，因游牧经济本身的脆弱性曾多次导致匈奴内部的分裂。游牧经济对自然环境和气候的变化十分"敏感"，一场自然灾害的发生就可能导致经济的全面萎缩，进而出现政治动乱。[1] 这种生存现实、这种"活着的财产"所带有的"不确定性"，更增强了游牧民族的"危机意识"。这种"危机意识"自觉或不自觉的体现在了鄂尔多斯式青铜饰件的动物纹造型当中，那圆睁双眼、昂首伫立的羚羊（图4.6）[2]，那前腿蜷曲、回首眺望的群鹿（图3.8：1、2），

图4.6 伫立羚羊青铜竿头饰

那角尾相连、腾空跃起的野鹿（图2.36：1）无不流露出紧张和灵敏，而这是生存于草原所必须具备的本领，也是生存于草原的游牧民族所具备的灵敏觉察危机、迅速反应、灵活应对危机的一种素养，这是长期在动荡且充满危机的游牧生活中形成的。

中原地区青铜器上神秘而抽象的动物纹艺术在商周时期即已成熟。在艺术发展的过程中，"拷贝"永远要比创作来得容易，并且在人们的

---

[1] 马利清：《原匈奴、匈奴历史与文化的考古学探索》，内蒙古大学出版社2005年版，第318页。

[2] 田广金、郭素新：《鄂尔多斯式青铜器》，文物出版社1986年版，图版一四上图。

第四章　鄂尔多斯式青铜器造型的美学特征与文化内涵

行为习惯中,"学习"和"借鉴"总是走在独立"思考"和自主"创新"的前面。北方民族自古就与中原交往不断,却为何没有形成类似商周青铜器上"饕餮纹"之类的抽象动物纹纹样,而是走上了"写实风格"之路呢?

游牧民族对于写实动物造型的审美需求,或许与游牧生活在族群心理上铸就的危机意识不无关系。生活在北方草原贫瘠、脆弱的自然生态环境中的游牧民族,从生存与繁衍的角度看,比起天、地、日、月的神灵,动物的神灵与他们的关系更加密切,也更加直接。"(匈奴)自君王以下,咸食畜肉,衣其皮革,被旃裘。"① 可见,匈奴社会的生产、生活,时刻离不开对动物的依赖。牛、羊、马、骆驼等牲畜是游牧人财富存在的主要形式。《说文·羊部》言:"美,甘也。从羊,从大。羊在六畜主给膳也。美与膳同意。"② 出于生存所需、美味所羡,人类与动物的关系本就亲密。而在游牧民族生存环境下,动物——作为保障生存、供给美味的主体,比起宽阔的草原、茂密的林木,更易于被认定为美的存在。所以,在鄂尔多斯式青铜器艺术中,作为神灵被表现的动物本身也是美的存在。

杨晓能先生说,商周青铜器中抽象化的"兽面"图像,是概括和象征众多的祖先和神灵,并获得所有使用青铜礼器的个人和实体的认可的理想形式。③ 就等于说动物(兽面)图像存在于此的意义是象征、说明与阐释。那么,线性的、多元素重构的、注重外在形式的、意象或抽象的造型风格,无疑是最好的选择。

而游牧生态下,出于生存需求,人们对动物的审美标准直接源自动物形体本身。游牧生活方式使人们对动物的形体、动态特征以至生活习性都了如指掌。在此背景下产生的鄂尔多斯式青铜器动物纹,只有以现实主义手法进行真实生动的再现,才最易于与生活中的真实动物产生

---

① (汉)司马迁:《史记·匈奴列传》,《二十四史》(简体字本),中华书局 2000 年版,第 2205 页。
② (东汉)许慎:《说文解字》,辽海出版社 2014 年版,第 1087 页。
③ [美]杨晓能:《另一种古史:青铜器纹饰、图形文字与图像铭文的解读》,唐际根、孙亚冰译,生活·读书·新知三联书店 2017 年版,第 372 页。

"构造相似"的对等关系，更易于满足人们内心的审美期待，与人们在认知与审美层面产生共鸣，进而得以发展和流传。

再者，"生活在第一自然中"①的游牧民族与动物的关系是最密切的。在长期的观察中，人人都是描绘动物形态特征的"行家里手"。长久的观察、明晰的形象、深刻的认知，使得唯有写实动物造型语言才能与人们头脑中的动物（或动物神灵）产生对应关系。所以，鄂尔多斯式青铜器动物造型艺术是源于自然、表现自然的，而游牧民族生活在第一自然中，是熟悉自然、热爱自然的，其审美标准也是源于自然的，在造型艺术领域与自然直接对应的艺术形式当然是写实，而非抽象。

所以，相比于商周青铜器中裹挟的"狞厉之美"，北方民族更欣赏鄂尔多斯式青铜器所呈现的"自然之美"。杜威说："当艺术物品与产生时的条件和在经验中的运作分离开来时，就在其自身的周围筑起了一座墙，从而这些物品的、由审美理论所处理的一般意义变得几乎不可理解了。"② "每一个民族的艺术都是其特定环境中的精神之树"③，只有还原于游牧生活中、置之于游牧文明下，我们才能获得对鄂尔多斯式青铜器造型审美的、相对正确的理解。

三 民族精神与动物纹饰件的"崇高之美"

北方游牧民族坚韧、雄强、尚武的族群文化精神在战国时期体现得尤为明显。其背后的社会原因主要在于，农耕民族共同体的形成，在思想领域（即族群认知方面）拒斥了以游（畜）牧为主要生业模式的北方族群，在行动方面，修筑长城，将可供耕种的土地资源保护在长城以里。导致"百有余戎、莫能相一"④的北方族群也形成了相应的"民族共同体"与中原农耕民族周旋。公元前 300 年前后，匈奴即已崭露

---

① 孟驰北：《草原文化与人类历史》，国际文化出版公司 1999 年版，第 103 页。
② [美] 约翰·杜威：《艺术即经验》，高建平译，商务印书馆 2010 年版，第 3 页。
③ 宋生贵：《传承与超越：当代民族艺术之路》，人民出版社 2007 年版，第 18 页。
④ （汉）司马迁：《史记·匈奴列传》，《二十四史》（简体字本），中华书局 2000 年版，第 2208 页。

第四章　鄂尔多斯式青铜器造型的美学特征与文化内涵

"头角"①。根据《史记·廉颇蔺相如列传》记载，公元前265年，李牧大破匈奴十余万骑，可见当时的匈奴已然是北方草原上一股强大的军事力量了。公元前209年，冒顿弑父（头曼），自立单于，匈奴从此进入鼎盛阶段。当北方地区的"百有余戎"能够汇聚成一股强大的力量而雄踞北方草原之时，也正是其族群文化、精神最"兴盛"的阶段。

战国早中期的单体动物纹饰件造型更加精细、写实，动物纹造型所呈现的威武与凶猛开始出现。例如，范家窑子出土的虎咬羊纹饰牌（图2.45：2），内蒙古博物院收藏的战国早期虎咬羊纹饰牌（图2.45：1），即是这一时期的"作品"。到了战国晚期，虎、野猪、怪兽等成为重要主题，配以咬合与分噬的构成样式，展现了极其强烈的尚武精神与阳刚之气。如果要对这一时期的鄂尔多斯式动物纹饰件的审美形态做出界定的话，最适合的表述应该是"崇高之美"。

"与优美不同，崇高首先是引起人们生命力阻碍的感觉，接着是更强烈的生命力的爆发，从而克服生命力的阻碍。"②战国时期（尤其是战国晚期）的鄂尔多斯式动物纹饰件，多表现两种情境：一种是血腥的厮杀与争夺；一种是咬死（战胜）猎物（对手）之后的凯旋。那种描绘野兽（动物）血腥争斗与厮杀场面的饰件（饰牌），是对一种（无休止的）争斗过程的展现，与胜负结果无关（任何一位欣赏者也不会去揣测"哪一方终会获胜"之类的问题），在这种争斗的场面中所体现的正是一种"克服生命力阻碍"的"力"，这是一种为达到"完满"而产生的"生命力的爆发"。在与阻碍生存、欲望，或"生命力"的力量进行血腥的殊死搏斗的过程中，所体现的正是鄂尔多斯式动物纹饰件的"崇高之美"。

例如，剑鞘虎兽咬斗纹金饰片（图4.7）③中，撕咬"怪兽"的猛虎前胸俯地，四肢同时猛烈地向前方蹬着地面，似乎集结了全身的力量向后方撕扯，而怪兽也呈俯卧姿态、前肢蹬地、岿然不动，一来一往间形成了一种力的阻碍与攻克之间的"矛盾"，所体现的正是寓于过程中

---

① 林幹：《匈奴通史》，人民出版社1986年版，第2—3页。
② 朱立元：《美学》，高等教育出版社2001年版，第171页。
③ 鄂尔多斯博物馆：《鄂尔多斯青铜器》，文物出版社2006年版，第194页。

的"崇高之美"。在虎兽咬斗纹金饰牌（图4.8；彩图二五）① 中，那圆睁的虎眼显示出震慑一切的力量。创作者在描绘虎兽咬斗情景的同时，又以近乎装饰的表现手法，在本来应该塑造斑纹的虎身部位重复表现猛虎与野兽撕咬的典型瞬间，用以烘托"画面"氛围，表现着无休止的对抗与征服。尽管饰牌为人们佩戴在身，其所处的实际空间可能为安静、和谐的环境，但是饰牌中虎兽争斗图像所营造的、虚幻的精神空间却一直充满激荡与力量，充满欲望与争斗、充满对凭借武力所获得荣耀的向往。"它们所占有的实际空间，好像还在向虚幻的精神空间打仗，从而征服它所陈列于内的实际空间。"② 在双兽咬斗纹青铜饰牌（图4.9；彩图二六）③ 中，我们看到的是体量如此悬殊的两个"怪兽"造型，以争斗的情节同处于一个"画面"之中。在虎噬兽纹青铜饰牌（图4.10；彩图二七）④ 中，体量庞大的猛虎以前肢踩住"对手"，张开血盆大口准备撕咬。在虎噬鹿纹银饰牌（图4.11；彩图二八）⑤ 中，出于构图需要，鹿的造型被有意缩小。猛虎前肢已踩住了鹿的脊背，虎口已抵近鹿头，而鹿正昂头向前，呈现出瞬间逃脱的情态。

图4.7 剑鞘虎兽咬斗纹金饰片

---

① 鄂尔多斯博物馆：《鄂尔多斯青铜器》，文物出版社2006年版，第154页。
② 王朝闻：《雕塑美学》，生活·读书·新知三联书店2012年版，第353页。
③ 鄂尔多斯博物馆：《鄂尔多斯青铜器》，文物出版社2006年版，第164页。
④ 鄂尔多斯博物馆：《鄂尔多斯青铜器》，文物出版社2006年版，第165页。
⑤ 鄂尔多斯博物馆：《鄂尔多斯青铜器》，文物出版社2006年版，第159页。

第四章　鄂尔多斯式青铜器造型的美学特征与文化内涵

图4.8　虎兽咬斗纹金饰牌

图4.9　双兽咬斗纹青铜饰牌

图 4.10 虎噬兽纹青铜饰牌

图 4.11 虎噬鹿纹银饰牌

在草原上，似乎每一天的存活都"来之不易"，每一场争斗都是"事关生死"的考验，而在这些动物纹饰牌中，关于生死，似乎并不被看重，而关于血腥的撕咬（搏斗）、坚韧的意志，为了战胜对手而爆发出来的、无休止的战斗力量才是动物纹所表现的"中心思想"，这正是战国晚期强大的匈奴族群文化精神，而动物纹造型体现的也正是这种族群文化精神背后的"崇高之美"。虎豖咬斗纹金饰牌（图 2.47）、双虎咬斗纹银饰牌（图 2.49）、虎牛咬斗纹饰牌（图 3.15：1）等，均可视为体现动物纹造型艺术中的"崇高之美"的经典之作。

第三节　青铜器形制与游牧生业模式

一　生活方式与行为规约的内在"原则"

北方长城沿线地带的游牧民族是在自然环境与社会环境的双重困境下形成的。自然环境方面的困境是指气候的"干冷化"使长城沿线地带脆弱的生态环境受到冲击，传统的农耕生业难以为继；社会环境方面的困境是指，这些北方族群迫于生计向南争夺生存资源受阻，并且促进了中原农耕民族共同体的形成，中原民族的顽强抵抗加上陆续修建起来的长城将可耕种的土地圈入长城以里。游牧，是北方族群的"无奈之举"，也是存活在这一"新月形地带"的人们所能够从事的、唯一科学可行的生业模式。

然而，游牧并不仅仅是放牧、喝奶、吃肉那么简单。而是要拥有与之相匹配的生活习俗和行为规约，方能使游牧民族得以延续，乃至发展壮大。然而，任何生活习俗与行为规约的背后，都体现着某种必要的"现实目的"，这种"现实目的"是为了族群的繁衍、存续，而在漫长的历史中生成并流传下来的。

游牧是一种不能自给自足的经济模式，其必须要依赖一个与之相匹配的农耕经济体，通过交换或掠夺，获得游牧社会运转中所需要（或稀缺）的生活物资。而交换总会受到多种社会因素的阻断，例如封建帝国的统治阶层关闭边市贸易，或游牧民族所稀缺的生活物资被禁止用于边市交易（贾谊就曾建言皇帝控制铜铁出塞以挟制匈奴）。还有，中原的农耕社会无论在生产能力还是技术水平上多优于游牧民族，当其用于边市贸易的产品溢价出售，换取那些最朴素的、具有"固定生产周期"的马、牛、羊等牲畜（或相应加工品）时，即形成了对游牧民族的"贸易掠夺"。所以，对于游牧民族来说，似乎也只有依靠武力进行掠夺，才是成本最小的"贸易形式"。王明珂先生将游牧民族的掠夺区分为直接获得生活物资的生计性掠夺和为了威胁、恐吓定居国家以遂其经济或政治目的的战略性掠夺，并且认为从人类学与历史学的角度看，匈奴人为了生计而进行的掠夺，只是一种人类生存动机下的无奈选择。①

为了生存，匈奴则须有一支强大的武装力量。然而，脆弱的游牧经济根本无力供养一支能够与汉帝国相匹敌的职业化军队。于是，匈奴社会中"力士能弯弓，尽为甲骑。其俗，宽则随畜，因射猎禽兽为生业。急则人习战攻以侵伐，其天性也"②。也只有"全民皆兵"才是匈奴维持军力的唯一可行之策，使百姓"急则人习骑射，宽则人乐无事"，便于管理，又不耽误游牧经济的发展。

匈奴"壮者食肥美，老者食其余。贵壮健，贱老弱。父死，妻其后母；兄弟死，皆娶其妻妻之"③。站在华夏民族的文化立场上来看，简直是长幼无序、人伦尽失的"动物之举"。然而，在物资匮乏的游牧社会，出于存活和发展的需要，这才是最适宜、最经济、最科学可行的社会行为规约。

关于"贵壮贱老"，中行说解释道："匈奴明以战攻为事，其老弱不能斗，故以其肥美饮食壮健者，盖以自为守卫，如此父子各得久相保。"④"父子兄弟死，取其妻妻之，恶种姓之失"⑤，有助于延续、壮大族群，也不使财产分割、外流。匈奴因游牧生活需要，逐水草迁徙，为便于转移，"父子乃同穹庐而卧"，轻车简从、简单易行。

匈奴的法律简单而严苛，如"拔刃尺者死，坐盗者没入其家，有罪小者轧，大者死。狱久者不过十日，一国之囚不过数人"⑥。无疑，这

---

① 王明珂：《游牧者的抉择：面对汉帝国的北亚游牧部族》，上海人民出版社2018年版，第178页。
② （汉）司马迁：《史记·匈奴列传》，《二十四史》（简体字本），中华书局2000年版，第2205页。
③ （汉）司马迁：《史记·匈奴列传》，《二十四史》（简体字本），中华书局2000年版，第2205页。
④ （汉）司马迁：《史记·匈奴列传》，《二十四史》（简体字本），中华书局2000年版，第2219页。
⑤ （汉）司马迁：《史记·匈奴列传》，《二十四史》（简体字本），中华书局2000年版，第2219页。
⑥ （汉）司马迁：《史记·匈奴列传》，《二十四史》（简体字本），中华书局2000年版，第2214页。

种简明、严苛的法律设计的基础,便是基于游牧生业的特殊性。逐水草而居的生活,没有固定的城郭可居,大量牢狱的设置只会为脆弱的游牧经济增添负担,大量人群与畜群的聚居只会破坏草场生态,且容易滋生疫病,若疫病传播于畜群(人群)中,则可能给整个族群带来灭顶之灾。此法令节省了维护社会秩序、防范偷盗所浪费的人力、物力,减除因设置牢狱而给脆弱的游牧经济所带来的沉重负担,也避免了因人群(畜群)大量聚集对生态造成的破坏。

《史记·匈奴列传》记载匈奴葬俗时提到"近幸臣妾从死者,多至数千百人。"[①] 而考古发掘证实匈奴并没有活人殉葬制度,只有发辫代替殉葬现象的存在。《史记》中提及的"从死"或许是指死后埋葬在单于墓地附近的"从葬"之俗,或以"剪发"代替殉葬的习俗(诺颜·乌拉墓地就出土了大量编发),这无疑是对生产力最大的节约和保护。

马利清博士说:"从文化人类学的角度讲,文化没有优劣之分,最适合的就是最佳的。在公元前3—前1世纪,匈奴文化代表了游牧文化的最高水平。"[②] 这种"游牧文化的最高水平"是通过创造与生存环境相适的生活方式和行为规约而达到的。这种生活方式与行为规约生成的核心原则即是:"适宜""节约""务实"。无论历史文献记载还是后世考古发掘,在匈奴社会生活方式与行为规约的背后,均能体现出"适宜""节约""务实"的核心原则。

二 实用功能与规格形制

迄今为止,人们所能见到的鄂尔多斯式青铜器几乎全部是实用器具。考古学界按照实用功能将鄂尔多斯式青铜器分为四类:兵器与工具类、装饰品类、生活用具类、车马具类。兵器与工具类别下包括了铜刀、短剑、铜斧、铜凿、铜锥、铜镞、铜戈、铜矛、鹤嘴斧和棍棒头;装饰品类青铜器,根据佩戴部位不同而将其划分为:头饰、项饰、腰带

---

① (汉)司马迁:《史记·匈奴列传》,《二十四史》(简体字本),中华书局2000年版,第2214页。
② 马利清:《原匈奴、匈奴历史与文化的考古学探索》,内蒙古大学出版社2005年版,第318页。

饰、佩饰品；生活用具类分为铜匙、铜镜、铜（铁）镟；车马具类分为马具和车具。①

诚然，这种分类方式已经囊括了所有的鄂尔多斯式青铜器。但是，从造型艺术研究的角度来看，这种分类方式也存在着一定的问题，即：它过分强调鄂尔多斯式青铜器的实用属性，而淡化了其文化属性。结合鄂尔多斯式青铜器的发展历程与北方民族的文化特征，我们认为，鄂尔多斯式青铜器多是作为工具、礼器和装饰品而存在，据此划分为三类。

（1）工具类

游牧民族生活在"第一自然之中"，是与自然最近切，也最亲密的族群。所以，我们按照农耕民族的生活方式将兵器与工具分而论之似乎是不妥的。在农耕民族中，"兵器"意味着进攻、防卫、流血、杀戮和霸权。而"匈奴之俗，人食畜肉，饮其汁，衣其皮"②，刀剑乃是生活用具，须臾不可离身。即使在西周时期，游牧经济模式尚未完全形成的历史阶段，在半农半牧（或者以农耕为主，畜牧、狩猎为辅）的经济模式下，铜刀也是生活中的必备之物，其使用频率远超农耕族群。正因如此，鄂尔多斯式青铜刀剑（尤其是铜刀）的造型才会被百般推敲，其上的抽象装饰纹样与动物纹（尤其是动物纹），才会那样精美、灵动、生趣盎然。那精心设计的抽象纹样，那生动鲜活的动物纹饰，那立于柄首的鸟、兽造型，其实早已将游牧人的志趣、审美甚至生活融入其中。

北方民族，在青铜资源如此珍稀的时代，就出现铜镞——这种"一去不复返"的消耗品，何其"奢侈"？但当我们看到铜镞作为礼器随葬墓中时，则发现"奢侈"之说未必妥帖。匈奴"儿能骑羊，引弓射鸟鼠。少长则射狐兔……力士能弯弓，尽为甲骑"③，匈奴人，自儿时起就以"骑射"觅食，骑射即是生活，生活也是骑射，而非农耕民族中

---

① 田广金、郭素新：《鄂尔多斯式青铜器》，文物出版社1986年版，第3页。
② （汉）司马迁：《史记·匈奴列传》，《二十四史》（简体字本），中华书局2000年版，第2219页。
③ （汉）司马迁：《史记·匈奴列传》，《二十四史》（简体字本），中华书局2000年版，第2205页。

职业军队的骑射。农耕社会职业军队的骑射乃专为战斗而进行的，可能是违反意愿的"劳作"（训练）。所以，游牧民必定弓马娴熟、射术精准，虚发的铜镞自然少之又少。而每一支箭的射出，或都带着胜利与收获的喜悦和憧憬。所以，铜镞也并非纯粹的射杀兵器，其与游牧人生活的关联远超过农耕民族。与其说是射杀的兵器，不如说是用于生活的工具。

正如其百姓"宽则随畜，因射猎禽兽为生业。急则人习战攻以侵伐"[①]。掠夺——作为游牧生业无法自给自足的"无奈之举"，在匈奴人中，这一行动本身已变得更加"生活化"。生活本身即是游牧，游牧本身亦是生活。所以，兵器与工具同生活用具均具有相同的属性，这一属性并非"劳作"，而是"生活"。所以，我们更倾向于将铜刀、短剑、铜斧、铜凿、铜锥、铜镞、铜矛、鹤嘴斧和棍棒头划归为工具类。在个别北方民族的文化遗存中，与鄂尔多斯式青铜器伴出的铜戈乃为中原地区的输入品，或不应该归为鄂尔多斯式青铜器之列。

根据《鄂尔多斯式青铜器》一书中所刊载的铜刀登记表中的测量数据，最长的鄂尔多斯式铜刀也仅有22—23cm，而短者多为7—9cm，其中，长度在13—18cm的铜刀数量较多。所以，这一规格的铜刀，无疑更易于生活使用，更应被划归"工具范畴"。

（2）礼器

正如我们一直强调的，对古代"造型艺术"的理解必须要尽可能的还原到其产生和使用的社会环境与文化氛围之中，我们才能够得到些许更接近真实、更接近"作品"本意的，相对"靠谱"的解读。当今人们对于鄂尔多斯式青铜动物纹饰件的认知中，关于其装饰意义的认知与"肯定"似乎过盛，关于其造型本身的文化意义的认知则十分薄弱。尤其依照所谓的"现实实用功能"将动物纹饰件划归为"装饰品类"的做法，更加"强化"（也"固化"）了人们的认知方向（甚至本人在此论文的架构中，也未敢轻易改变已有的分类方式，而是暂将研究成果

---

① （汉）司马迁：《史记·匈奴列传》，《二十四史》（简体字本），中华书局2000年版，第2205页。

置于该分类框架下进行表述，并在此小节中"斗胆"提出这种新的分类方法）。

萨满教在北方民族中盛行已久。到匈奴帝国时期，关于灵魂与巫术的信仰更加兴盛且无处不在。史料中关于匈奴崇拜神灵、盛行巫术的例子十分常见。以佩戴野猪獠牙为护身符的例子在狩猎民族中由来已久。北方民族对动物神灵的崇拜，无论在史籍文献中，还是在考古发掘中，或是在现代关于北方萨满教的考察报告中，都"旗帜鲜明"的存在着。

对于古代"造型艺术"而言，表现主题向来是其第一要义。至于造型风格、构成样式、成型工艺、材料等均是为表现主题服务的，是由此"顺承"下来的。所以，从所表现主题的"核心要义"出发，鄂尔多斯式青铜动物纹饰件，首先当是作为礼器而存在的，或用于祭祀、祈祝等仪式之中，或作为代表神灵的护身符，或作为萨满巫术的道具，或作为部落首领"君权神授"的表征，或作为丧葬仪式的礼器。应当将以写实动物造型作为"装饰"的青铜（或金银）饰件划入"礼器"类别。

鄂尔多斯式动物主题青铜饰件普遍较小，有的单体动物主题饰件的长度只有1—3cm，例如阿鲁柴登出土的口中衔环的虎头形饰件的长度仅有1.6cm。镶嵌宝石的虎鸟纹饰牌（图4.5）长4cm，宽3.1cm，厚度仅0.2cm。而比较大的动物主题饰牌，也只在10cm左右。例如两汉时期的双牛纹饰牌（图3.33：1）长仅10.8cm。虎牛咬斗纹饰牌（图3.15：1）长12.6cm，宽7.4cm，厚仅0.2cm。速机沟出土的圆雕青铜鹿造型，尺寸也只在10—20cm之间，如其中的立式长角鹿通高16.7cm，体长9.5cm，而卧式长角鹿通高12.4cm，体长仅10.3cm。

（3）装饰品

鄂尔多斯式青铜器中是否存在装饰品呢？又有哪些青铜器可被归装饰品类呢？在鄂尔多斯式青铜器的发展历程中，有两个特殊阶段，均为鄂尔多斯式青铜器造型的"衰落期"。

第一个阶段出现在晚商与西周时期，以"双珠兽头饰"为代表的历史阶段。所谓的"衰落"是指当时北方地区农耕社会中，表现祖先崇拜与生殖崇拜主题的写实造型的"衰落"。前期造型或为软质（如木

第四章 鄂尔多斯式青铜器造型的美学特征与文化内涵

头或动物皮毛等）材料难以流传，遂不得见。而当北方民族进入青铜时代，"双珠兽头饰"便以抽象的形态承续了前期写实主题造型的"衰落"。

第二个阶段出现在东汉时期，即鄂尔多斯式动物主题青铜饰件的写实性与雄壮豪迈的民族精神的丧失，并代之以浓厚的装饰意味，造型越发沿着装饰甚至抽象的方向发展，如东汉时期出现的抽象青铜饰牌（图2.59）。

当承载着某种文化或宗教信仰的图像、造型，因流传久远，其"本体"文化陆续演变甚至丧失，图像或造型本身的文化或宗教信仰内涵也因难以理解（或越发"陌生"）而逐渐消解。图像与造型便会向着装饰的方向发展，逐渐过渡到意象甚至抽象形态，成为装饰艺术领域的一个构成元素或花纹样式。

也就是说，礼器与装饰品之间的界限在于饰牌（饰件）图像（造型）所承载的文化与宗教含义的"保有程度"。当饰牌（饰件）图像（造型）在族群中具有更大程度的宗教含义，其便为礼器，而当饰牌（饰件）图像（造型）所承载的文化与宗教含义消失殆尽（或不被其所存在的族群理解和接受）时，它便以装饰品的身份存在着。

当历史更加久远，这种饰牌（饰件）被展陈于博物馆中，其"身份"便是"史料"，转而成了一种"历史性"的存在。然而，饰牌（饰件）属于礼器还是装饰品，一般来说，我们或可根据它"表层"所呈现的"区分标准"来辨别：写实风格还是抽象风格，写实风格更靠近礼器，而抽象风格更接近装饰品。所以，我们倾向于将那种数量众多，连缀使用的小型抽象青铜饰件划归装饰品类别，例如："双珠兽头饰"（图2.28）、菱形串珠饰（图4.12：1）[1]、联珠状棒形饰（图4.12：2）、圆片形联珠饰（图4.12：3）、管状饰（图4.13）[2]、圆形扣饰（图4.14）[3] 等，同时，也将纯几何纹饰牌划归入装饰品类别，如

---

[1] 田广金、郭素新：《鄂尔多斯式青铜器》，文物出版社1986年版，图版七八14、15、16、21、22；图版八七11至14。
[2] 田广金、郭素新：《鄂尔多斯式青铜器》，文物出版社1986年版，图版八六7至12。
[3] 田广金、郭素新：《鄂尔多斯式青铜器》，文物出版社1986年版，图版八一1至4。

东汉时期的花状饰牌（图3.33：5）、抽象几何纹饰牌（图3.33：6）等。

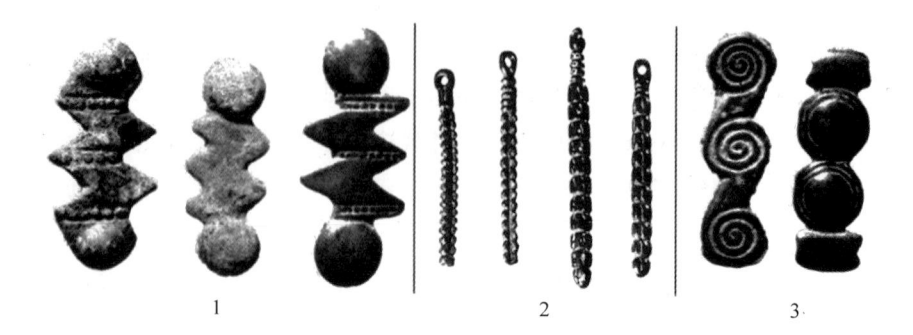

图4.12 菱形串珠饰、联珠状棒形饰、圆片形联珠饰

图4.13 管状饰

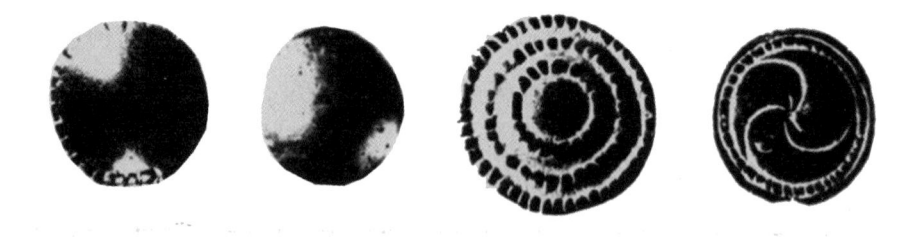

图4.14 圆形扣饰

那么商周青铜器上多抽象动物纹饰，又何以成为礼器呢？在我看来，使商周青铜器成为礼器的重要造型因素是青铜器本身固定的造型

"规制"和"组合方式"。而早期北方地区的铜锡矿资源较稀缺,无法获得大量的金属原料,也不具备商周青铜器那样成熟的技术工艺,加之后来形成的游牧经济下的生活模式的"限制",所以鄂尔多斯式青铜器多为小件,更难以形成造型本身的固定"形制"和"组合方式"。只能以图像、造型体现其作为"礼器"的"社会属性"。

鄂尔多斯式青铜装饰品中的小型饰件(如"双珠兽头饰"、菱形串珠饰、联珠状棒形饰、管状饰、圆形扣饰等)的尺寸大小不一,难见尺寸较大的装饰品。或许是因为连缀使用的原因,这类饰件的尺寸以2—6cm者为多。

总之,除了一些车马具,须与固定部位(如竿头、辕头、轴头等处)相匹配,其大小要随需要而定之外,其余的鄂尔多斯式青铜器的规格、尺寸均较小。并且,从形制上看,饰牌多为镂空铸造,动物造型圆雕均为中空铸造,甚至鹿角造型也仅铸造外侧的"半片"形体,如速机沟出土的大角鹿即是如此(图3.21下)。这种规格形制,在与实用功能紧密相连的同时,更体现着游牧民族生活方式与行为规约的内在原则。

三 游牧生业模式与动物纹饰件的"简约之美"

我们拿鄂尔多斯式青铜器与商周青铜器做对比,两者在规格与形制方面,截然不同。如果说商周青铜器是厚重的,那么鄂尔多斯式青铜器就是轻盈的;如果说商周青铜器是恢宏的,那么鄂尔多斯式青铜器就是精巧的;如果说商周青铜器是凝重的,那么鄂尔多斯式青铜器就是"轻松"的;如果说商周青铜器是严整的,那么鄂尔多斯式青铜器就是"零散"的;如果说商周青铜器是奢华的,那么鄂尔多斯式青铜器就是朴素的。

在适应游牧生活方式的漫长历史过程中,鄂尔多斯式青铜器逐渐形成了一种"简约之美"。在美学理论中,常见关于崇高、荒诞、优美、中和、气韵等形态的论述。然而,"美感可以有多种不同形态的分类……它有某种描述厘定各种不同美感的经验意义,但这种区划是难以穷尽的"①。在此所谓的"简约之美"主要体现在青铜饰件的表现内容、规格形制、装配方式三个方面。

（1）表现内容

鄂尔多斯式动物纹青铜饰件的表现内容十分"精简"。如前面提到的"单体动物纹饰件"，仅表现一种动物或一种动物的某一部位的形象。而复合形式的动物纹饰件所表现的内容也只2—3种，例如阿鲁柴登出土的虎鸟纹饰牌（图4.5），整个饰牌的表现内容只有虎和鸟头，通过鸟头的重复塑造，充实其作为礼器的文化（宗教）内涵，也丰富整个饰牌的装饰效果。两汉时期的大量动物纹饰牌只表现同一内容（动物），通过轴对称、中心旋转或排列与交错的构成方法形成，使饰牌内容明晰、表达准确。例如双马咬斗纹饰牌（图4.15）②、双牛纹饰牌（图4.16）③、双鹿纹饰牌（图4.17）④ 等。

图4.15　双马咬斗纹饰牌　　　　图4.16　双牛纹饰牌

图4.17　双鹿纹饰牌

---

① 李泽厚：《华夏美学·美学四讲》，生活·读书·新知三联书店2008年版，第342页。
② 鄂尔多斯博物馆：《鄂尔多斯青铜器》，文物出版社2006年版，第180页。
③ 鄂尔多斯博物馆：《鄂尔多斯青铜器》，文物出版社2006年版，第181页。
④ 鄂尔多斯博物馆：《鄂尔多斯青铜器》，文物出版社2006年版，第178页。

第四章　鄂尔多斯式青铜器造型的美学特征与文化内涵

(2) 规格形制

鄂尔多斯式青铜饰件规格普遍较小，早期的单体动物纹饰件长度多在2—6cm。当复合形式的动物纹饰件生成，因饰件内的主题多由一种扩充至二三种，或者同一主题镜像或连续排列生成多个相同纹样处于同一空间当中，导致饰牌规格扩大，多在7—12cm之间，且厚度多在0.2cm左右。圆雕造型均为中空铸造，器壁较薄，饰牌多为镂空设计，部分非镂空的动物纹饰片乃是以薄薄的铜（或金）锤锻（或压制）而成的。形制小巧、中空铸造、镂空设计、薄片锤锻，这所有特征背后均体现出"节约""简省"的创制原则。

这种节约性与游牧民族顺应自然而不征服自然的文化特质有关。从青铜材料的获取方面看，制作厚重的商周青铜器需要开采大量的铜锡矿石，耗费巨大的人力、物力，这本身即是对自然的掠夺，体现出对自然的征服欲望。而鄂尔多斯式青铜器，形制小巧、造型优美，装饰于服饰与车马之上，更像是在装点自然，也融入自然。其轻便、精巧、节约、适用的形制构成原则与游牧生业模式高度契合，具有极强的"相适性"。

(3) 装配方式

鄂尔多斯式动物纹饰件的装配方式主要有两种。对于浮雕类饰件，多是在铸造时即在背后留有"桥形钮"，在使用时将其缝缀于衣服或者带具之上。有的饰牌为透雕形式，则可直接在饰牌四围的孔洞处走线，与衣服或带具缝缀在一起。而动物造型圆雕饰件，则是将动物造型与底部的方銎或圆銎整体铸造，或是直接以动物脖颈为銎孔，与竿头或辕头直接相连，再通过预留的钉孔进行固定。这种简便的装配方式适应逐水草迁徙的游牧生活，使用便捷、简易，对于游牧生活来说，也是一种美的体现。唯有简约才能更加贴近自然，游牧民族崇尚自然、质朴的生活。他们生活在"第一自然"当中，唯有归于自然、融入自然、顺从自然规律，才是其得以存活和发展的唯一出路。匈奴社会的文化习俗，无不体现着顺应自然，适宜游牧的生存之道。

匈奴国家是个多部族散居的政治共同体，"岁正月，诸长小会单于庭，祠。五月，大会茏城，祭其先、天地、鬼神"①。也就是说，各部族是分散而居的，分散而居的主要目的在于保护北方长城沿线——这一农牧交错地带脆弱的生态环境。冬、夏两季牧场轮替，在于维护生态平衡，使游牧业得以延续。"冬季放牧，马走前面，它能吃到高草，蹄破冰层，山羊和绵羊走后面，能啃食被马（牛）蹄踢破的冰层下的矮草和牛马吃过的'高草'根部，如果山羊和绵羊走在前面（山羊和绵羊从草根部吃），那么牛马就没的吃了。"② 这一切都体现出对贫瘠的自然资源的最大化利用。"有罪小者轧，大者死。狱久者不过十日，一国之囚不过数人"③的法律与牢狱制度可以减少人口聚集，减轻设置牢狱所产生的人力与财产的损耗。"老弱不能斗，故以其肥美饮食壮健者，盖以自为守卫，父子各得久相保"，"父子兄弟死，取其妻妻之，恶种姓之失"，几乎所有的制度的最终目的都在于不改变自然、不破坏自然、不占有自然，而是将这个巨大的种群"藏入"自然、寄居于自然之中，与自然"同呼吸、共命运"。

"逐水草而居"的游牧生活，唯有轻车简从才能便于行动，又节省人力、畜力。"匈奴父子同穹庐而卧"也是为了减少物资拖累，一旦有紧急情况便于随时出击或撤退，而类似于商周青铜器那样沉重的物件显然会成为"累赘"。唯有轻便的鄂尔多斯式青铜器的形制才最适合游牧生活，要么佩戴于身、装饰于衣装之上，要么作为车马具、小巧玲珑，固着于马面、辕（竿）头。祈祝神灵的护佑、昭示王侯的威严、配合车马的使用、装点游牧的生活，但却不增添运输负担，不变成生活的"累赘"。这是最适宜于游牧生活的青铜器形制，彰显着游牧生活方式与规约习俗中"适宜""务实"的核心要义，更体现出鄂尔多斯式青铜器的"简约之美"。

---

① （汉）司马迁：《史记·匈奴列传》，《二十四史》（简体字本），中华书局2000年版，第2214页。
② 王明珂：《游牧者的抉择：面对汉帝国的北亚游牧部族》，上海人民出版社2018年版，第38页。
③ （汉）司马迁：《史记·匈奴列传》，《二十四史》（简体字本），中华书局2000年版，第2214页。

第四章　鄂尔多斯式青铜器造型的美学特征与文化内涵

本章小结

　　我们在前面的章节中论及鄂尔多斯式动物主题青铜饰件的发展过程时，曾分析了其草创阶段、繁盛阶段以及衰败时期，在主题、形式、工艺、材料等方面所产生的变化和呈现的特征。如何确认哪一时期是鄂尔多斯式青铜动物纹饰件的草创期、哪一时期是繁盛期、哪一时期是衰败期呢？确立的标准是什么？

　　鄂尔多斯式青铜器造型背后是早期农耕经济衰落后，北方地区逐渐兴盛起来的游牧经济，以及据此产生的游牧文化。我们会发现，鄂尔多斯式青铜动物纹饰件的草创、繁荣、衰败是同北方游牧经济的发展过程紧密对应的。"艺术繁荣的最后的、终极的原因是经济；艺术衰败的最后的、终极的原因也是经济。"[1] 当中国北方的游牧经济刚刚兴起时，也正是鄂尔多斯式青铜动物纹饰件的草创阶段，当北方游牧经济已十分发达、匈奴帝国已渐入鼎盛阶段之时，正是鄂尔多斯式动物纹青铜饰件发展的繁盛时期，而当匈奴帝国势力渐弱，北匈奴西迁、南匈奴附汉，鄂尔多斯式青铜动物纹造型艺术也随之衰落。所以，造型艺术繁盛与否的判断标准，并不仅仅在于主题范围的宽窄、写实功力的强弱、装饰语言的巧拙、工艺水准的高低、成型材料的优劣，更在于造型艺术是否能够强劲的体现出背后的文明形态与族群精神。尤其是优秀的民族文化与强悍的民族精神更容易催生出优秀的造型艺术。游牧文化中对力的崇拜（认为"力是美的、力是善的、力是神圣的"[2]）、对自由的倾慕、对弱小的护佑等文化特质都曾在繁盛时期的鄂尔多斯式青铜动物纹造型艺术中有十足的体现。那些战国晚期青铜动物纹饰件中所表现出来的野性的力量、雄强的精神、真实的本性、自由的向往，乃是评判鄂尔多斯式动物主题青铜饰件艺术水准的高低甚至何时为草创期、繁盛期、衰败期的重要标准。

---

[1] 杨琪：《艺术理论基础》，高等教育出版社2012年版，第32页。
[2] 孟驰北：《草原文化与人类历史》，国际文化出版公司1999年版，第100页。

"任何宗教性艺术总是综合性艺术，包含种种视觉因素如器物、装饰、雕塑、绘画及建筑"①，鄂尔多斯式青铜器是"综合性的宗教艺术"中的一个"分支"。所以，评判鄂尔多斯式动物主题青铜器造型艺术的标准，并不只在于浮雕的表面纹饰，也不仅存于圆雕饰件的外在形体。在表面造型之下更重要的是，在宗教性艺术的范畴中，在一种"综合性"的语境下，鄂尔多斯式青铜器所具有的美学特征和承载的文化内涵。

鄂尔多斯式青铜器造型艺术生成于北方长城沿线——这一独特的地域环境之中。体现了北方族群的宗教信仰，成为最质朴的、代表神灵的符号。当人们的宗教信仰观念与这种"神灵符号"相"对接"，似乎青铜饰件外表所呈现的一切关于造型、形式、装饰等元素都已被弱化，而只留下了造型所指代的内容，即被崇信的"神灵"，"幻化"出的一种"纯朴之美"；当匈奴称霸北方草原，牛马肥壮、族群兴盛、气度恢宏、不可一世。崇尚武力、称霸天下的族群精神在鄂尔多斯式青铜器中表现得淋漓尽致，阻碍与攻伐、撕裂与自保、痛苦与坚韧、血腥与荣耀交混在一处，形成了鄂尔多斯式青铜饰件中的"崇高之美"；而脆弱的生态环境中、游牧的生活方式下，人们渐趋形成了"适宜"、节约、务实的生存原则，背弃了这些草原上的"生存原则"，也就丧失了族群繁衍兴盛的希望，这种原则无处不在。与之相适的就是美的存在，与之相悖的就是"丑的"或不为游牧人所欣赏的"存在"，鄂尔多斯式青铜器以其简洁的内容、纯粹的语言、小巧的形制、便捷的使用方式契合了草原上的"生存原则"，体现了草原上的"生存之道"，也在造型与文化的交融中彰显了"简约之美"。

---

① ［美］巫鸿，郑岩、王睿编：《礼仪中的美术：巫鸿中国古代美术史文编》，郑岩等译，生活·读书·新知三联书店2016年版，第549页。

第 五 章

鄂尔多斯式青铜器的流传

第一节 动物纹造型在北方地区的流传

一 动物纹主题的延续

自西汉武帝时期开始，汉朝一改和亲求和的政策，转而以强大的军事力量打击匈奴。在与匈奴的长期斗争中，汉军也对匈奴越发了解。约从公元前129年起，汉军多选春季（这个游牧人最艰苦、牲畜最不宜远徙的季节）出兵，给匈奴人造成沉重打击。且史料记载公元前2世纪末，匈奴频发雪灾，造成大规模的人畜损失，间接导致匈奴国家分裂为南、北两部。[①] 南匈奴附汉，北匈奴西迁。归附汉朝的南匈奴居内蒙古中南部的北方长城沿线地带，与东汉朝廷派遣的垦荒边民杂处，逐渐融入汉民族之中。西迁的北匈奴因宫廷内部的权力争斗加之生计艰难，遂不断有人南下降汉，先后归附者达数十万人。匈奴衰败后，起于草原北部大鲜卑山的鲜卑人迅速崛起，趁南部草原空虚，收拢曾受匈奴统治的民族和匈奴所遗残余旧部，一路向南，统一了北方草原。

匈奴强盛时，鲜卑也曾统属于匈奴麾下。相似的气候条件、相似的生活环境，使其沿袭着相似的"游牧加狩猎"的生业模式（只是狩猎经济和游畜牧经济在整个经济生活中所占比重有所不同）。当匈

[①] 王明珂：《游牧者的抉择：面对汉帝国的北亚游牧部族》，上海人民出版社2018年版，第195页。

奴分裂之后，文化、信仰与之相似的鲜卑人，便在南下的过程延续了原有的匈奴文化传统。鄂尔多斯式青铜器的动物纹造型艺术也被鲜卑人继承，从而得以在北方地区流传了下来，但在流传的过程中也产生了新的特点。

鲜卑的动物纹造型艺术主题主要有马、鹿、羊、野猪、鹰、怪兽等。从匈奴到鲜卑，曾盛行于鄂尔多斯式青铜器动物纹造型艺术中的一些主题已不常见，例如，曾在匈奴青铜器艺术中（尤其是战国时期）盛行的虎纹在鲜卑青铜器中则很少发现，野猪纹、豹纹、牛纹主题亦不常见。倒是马、鹿、羊等主题在鲜卑动物纹造型艺术中显得十分兴盛，尤其是马，深得人们的喜爱。从北方游牧民族的历史发展状况来看，这或许是北方民族游（畜）牧业越发成熟、完备的体现，才使游牧人生存所系的马、鹿、羊等主题，在造型艺术中受到重视。

鲜卑统治北方草原的时期，一方面与汉民族关系密切，在鲜卑人的动物纹造型中所体现的农耕文明特征是十分明显的。同时，其也同西方的波斯交往频繁。在考古发掘的一些鲜卑遗存中，有源自波斯的生活器具，直接为鲜卑人所使用。例如现收藏于大同博物馆的鎏金錾花银碗，敞口、弧腹，上饰两圈联珠纹，碗腹下部有植物纹装饰，在两部分植物纹之间有一深目高鼻的男子侧面浮雕像（图5.1）[1]。还有1981年在山西大同市郊区发掘的北魏封和突墓出土的鎏金银盘：敞口、浅腹、带圈足，以浮雕形式表现了一个上身裸露、面带络腮胡须的男子形象，身边有动物、植物，好似狩猎情形，此乃典型的萨珊银盘（图5.2）[2]。在频繁的对外交往中、在族群由北向南的长途迁徙中、在传统的游牧生活方式中，马是最重要的交通工具，在鲜卑生活中的重要程度可想而知，故而备受珍视，而动物纹中马纹的兴盛或与此相关。然而，更需要注意的是波斯文化的传入对北方草原上流传下来的鄂尔多斯式青铜器动物纹造型艺术所产生的影响。

---

[1] 张景明：《中国北方草原古代金银器》，文物出版社2005年版，第94页，图六八。
[2] 罗世平、齐东方：《波斯和伊斯兰美术》，中国人民大学出版社2010年版，第84页。

图5.1 鎏金錾花银碗　　图5.2 北魏封和突墓出土的鎏金银盘

鲜卑时期的"怪兽纹"主题，已不同于匈奴时期。如前所述，所谓的"怪兽纹"一般是指由几类动物的典型特征结合而成的、表现人们的某种意愿（或信仰）的、现实世界中所不存在的动物形象，人们多称之为"怪兽"。匈奴时期的"怪兽纹"（即："神兽"造型）应该是源于地域文化与匈奴人的宗教信仰和现实祈盼而创造出来的艺术形象，造型体现为鹰喙、马身、鹿角等特征的结合；而鲜卑时期的"怪兽纹"似乎另有来源。现藏于内蒙古博物院的神兽纹包金铁带饰上的"怪兽"纹样是由类似狮子的造型与禽鸟的双翼结合而成的，头上隐约有双角形象（图5.3；彩图二九）[①]。而这一造型与波斯波利斯谒见殿基坛东侧的带翼狮子的浮雕十分相似，可以说，鲜卑时期鄂尔多斯式青铜器动物纹主题与波斯传入的部分动物纹主题同时流传于北方地区。二者在造型主题，甚至艺术风格等方面都会产生一定程度上的相互影响。

二　动物纹风格的演变

鄂尔多斯式青铜动物纹造型伴随着北方民族文化的兴盛而繁荣，随着匈奴国家的衰败而衰落。战国晚期，鄂尔多斯式青铜器动物造型所具

[①] 张景明：《中国北方草原古代金银器》，文物出版社2005年版，第70页，图四五。

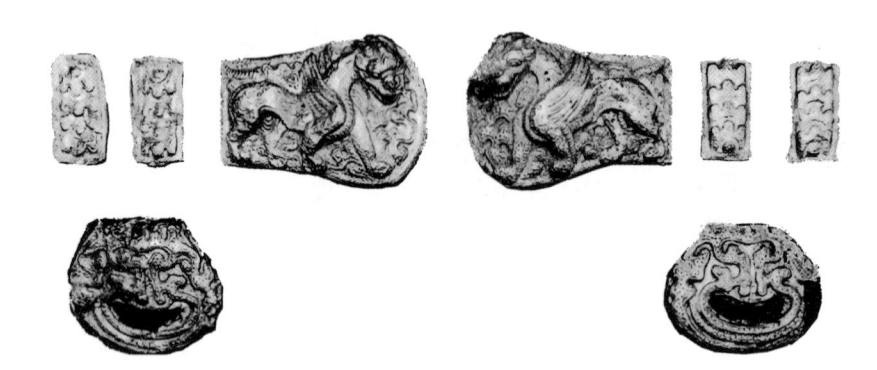

图5.3　神兽纹包金铁带饰

有的高超写实技巧、巧妙的构成样式、真实自然的生活气息、刚劲雄健的草原力量、威武不屈的民族精神，将其推向了整个发展历程的顶峰阶段。

匈奴帝国衰败，鄂尔多斯式青铜器造型出现了精巧、柔媚的风格特征。在北方地区，虽然部分动物纹造型主题为鲜卑所继承（有的动物主题已逐渐消失），然而，鲜卑却并没有将战国晚期鄂尔多斯式青铜器雄壮、豪迈的造型风格继承下来。而是沿着东汉时期鄂尔多斯式青铜器动物纹的装饰风格一路发展了下来。所以，从鄂尔多斯式青铜器造型的发展历程来看，只要没能够回溯到（或者超越）战国晚期的造型水准、繁荣状态和其中所彰显的族群精神，就意味着衰败。当然，这种动物纹造型的衰败是社会、历史、环境等多方面因素构成的。在这样的历史时期、在这样的社会环境下、在这样的族群氛围中，艺术造型在更多的时候只是"被动"的反映现实。

北方地区为鲜卑所继承（或延续）下来的鄂尔多斯式青铜器动物纹造型艺术，在风格方面总体呈现出以下特征。

（1）装饰意味进一步增强。当然，我们的表述是建立在对青铜器做总体研究的基础上，对主要风格特征的描述。如果说匈奴末期青铜器上的动物纹装饰是在确保动物造型基础上对线条、块面等做"装饰"性调整的话，那么鲜卑时期则形成了以装饰意味为核心，以动物纹造型为辅助元素的艺术风格，即为了展现理想的装饰效果（或传达某种信仰、观念）而不惜打破动物造型的完整性，例如内蒙古民族博物馆收藏的双马形金配饰（图5.4；彩图三〇）①。如果说匈奴时期的动物纹是以容纳进"画面"的动物的所有特征做"全面展现"的话，那么鲜卑时期的动物纹则多是以局部特征做"代表性说明"。

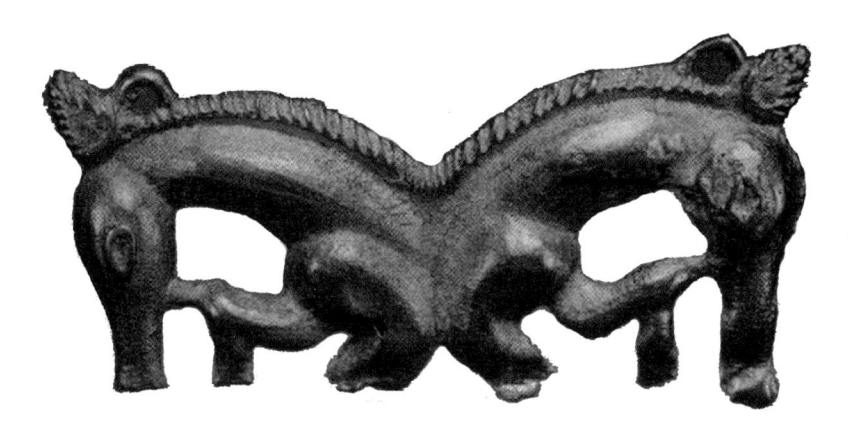

图5.4　双马形金配饰

（2）想象的空间进一步扩大。匈奴及其以前的鄂尔多斯式青铜器上的动物纹造型样态，更大程度上是源于自然、源于对真实动物生活情态做长期观察的基础上的。所以，我们看到，哪怕是一个仅二三厘米长的野鹿饰件（图2.36：1）也能够让人感受到生动的形态、迅猛的速度；哪怕是一件连面部都未进行深入塑造的、小小的虎形饰件（图2.35：5）也能让人感受到其间所蕴藏的凶猛与杀气。那些表现动物嬉戏、咬斗、交媾情态的造型是那么真实、生动，甚至完全是当你走入自然便随处可见的场景。比如母羊哺乳纹饰件（图5.5：1；彩图三一）②、双鹿交媾纹饰件（图5.5：2；彩图三一）、双虎交媾纹饰件（图5.5：3；彩图三一）等等。

---

① 张景明：《中国北方草原古代金银器》，文物出版社2005年版，第65页，图四〇。
② 鄂尔多斯博物馆：《鄂尔多斯青铜器》，文物出版社2006年版，第210页，上图；第201页，上、下图。

1.母羊哺乳纹饰件　　2.双鹿交媾纹饰件　　　3.双虎交媾纹饰件

图5.5　母羊哺乳纹饰件、双鹿交媾纹饰件、双虎交媾纹饰件

然而，在东汉时期鲜卑动物纹造型的构图样式中，想象的空间进一步扩大，饰件中的动物纹造型与动态已经不再源于自然，而是源自想象。例如东汉时期鲜卑人的双马纹金饰件（图5.6：1；彩图三二）①，双马一大一小呈上下构成形式，小马立于大马的背上，如果说这一造型重在装饰，却没有装饰语言；如果说其重在写实，却不符合客观真实。在胡人搏兽纹金配饰中（图5.6：2；彩图三二），双兽与人之间的构成关系，似乎只是为了营造平面对称效果而形成的。其与战国晚期虎豕咬斗纹金饰牌（图2.47）、双虎咬斗纹银饰件（图2.49）、虎牛咬斗纹饰牌（图3.15：1）之间，看似相差无几：均表现搏斗场景，然而，二者在构成样式方面却存在本质区别——鲜卑人的胡人搏兽纹配饰的构成样式乃是源自想象；而匈奴人的虎豕咬斗纹、虎牛咬斗纹的构成样式乃是源于自然。

1.双马纹金饰件　　　　　2.胡人搏兽纹金配饰

图5.6　双马纹金饰件、胡人搏兽纹金配饰

---

① 张景明：《中国北方草原古代金银器》，文物出版社2005年版，第63页，图三八；第73页，图四八。

(3) 写实语言的衰落。当然，在鲜卑动物纹造型艺术中也存在着部分写实与抽象造型的饰牌或饰件。例如被称为"鹿形金缀饰"的一对抽象动物纹造型（图5.7；彩图三三）[1]。两件以同一模具灌铸而成，造型完全相同。饰件由几条弧线围合成的圆形孔洞所组成，在饰牌名称的指引下，人们或许能够寻求到其与鹿的几分相似之处。然而，这一造型的装饰价值早已掩盖了其所代表动物主题的意义。这就是我们在前面曾提到的：当造型本体意义随着文化与信仰一同消退，留下的就唯有让人难以识别（也无须识别）"本体"的装饰语汇（或装饰元素）。

图5.7　鹿形金缀饰

鲜卑动物纹艺术中的怪兽造型乃是用写实手法塑造的（图5.3），其或为波斯的"舶来品"，抑或以波斯传入的动物造型为蓝本而制作的。在鲜卑金饰件中，有一件黄金镶嵌宝石的、以写实手法塑造的野猪纹饰牌（图5.8；彩图三四）[2]。饰牌借助野猪向上弯曲的獠牙和脖颈上直立的鬃毛来强化野猪的特征。但是，野猪的比例关系却远没有春秋时期那短小、简约的野猪形铜饰件准确、生动，那羸弱弯曲的野猪腿，那

---

[1]　张景明：《中国北方草原古代金银器》，文物出版社2005年版，第67页，图四三。
[2]　张景明：《中国北方草原古代金银器》，文物出版社2005年版，第69页，图四四。

笨拙而无力的奔跑姿态，早已丧失了先前野猪造型所展现出的迅猛、血腥和让人惧怕的情状。

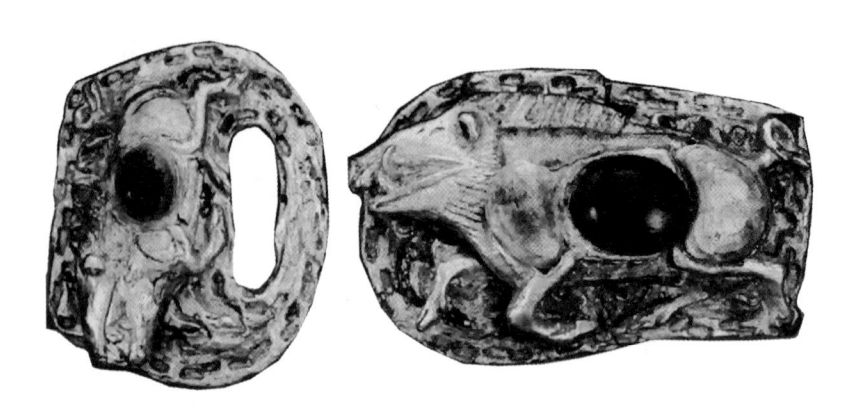

图 5.8　野猪纹饰牌

三　贵重的材质与"西来"的工艺

在鄂尔多斯式青铜器的发展历程中，我们不难发现：战国晚期及两汉时期，以黄金、白银为材质表现鄂尔多斯式动物纹的饰牌（或饰件）逐渐多了起来。鲜卑时期，这种现象更加普遍。其背后的社会原因是：从战国晚期至两汉时期，铁器自西向东传入，铁比铜有更强的硬度、更好的韧性，于是在多个领域逐渐取代了青铜的地位而成为宝贵的社会资源，中原地区与北方草原逐步跨入"铁器时代"。当时，曾出现过以铁为刃、以黄金为柄合铸而成的金柄铁剑。足见在当时社会，铁作为一种新兴的"先进"材料，何其宝贵！

铁器时代的到来使青铜材质变得不再那么稀罕和尊贵，而铁的材质属性又不适于铸造配饰。于是，人们便将目光投向了黄金、白银等贵金属上。当相信动物神灵的萨满教信仰与巫术随着匈奴的衰落而日趋平淡，动物纹饰牌的礼器意义也渐渐式微，其所存在的价值就更多的体现在了其装饰意义上。而装饰之目的便是体现美，黄金那与生俱来的、明晃晃的璀璨之光远胜过铜的"沉闷"，这种美是人人向往的。然而，装饰之美带给人们的不只是视觉感官上的享受，还有潜藏人们心底的"炫耀"意图，借以"宣示"其身份、财富、地位等方面的优越性。而

第五章　鄂尔多斯式青铜器的流传

黄金、白银材质本身的贵重属性，也正好迎合了这种心理需求，于是越来越多的鄂尔多斯式动物纹饰牌（饰件）选用黄金、白银为材料。

　　鲜卑时期的动物纹造型艺术在制作工艺方面较前期有所提升。由于鲜卑时期北方草原与西方世界联系密切，多种金属制作工艺由西向东传入。在金属上镶嵌宝石的制作工艺，也在这一时期由希腊、罗马等地传入我国及东南亚地区。① 然而，最具有鲜明特征的要数由波斯传入的联珠纹焊珠工艺。在牛首步摇冠、马首步摇冠（图5.9；彩图三五）② 上以及镶嵌宝石的立羊形金戒指上，都使用此工艺。所焊联珠纹，线性排列、珠粒饱满而圆润，极具富丽、奢华之感。

图5.9　牛首步摇冠、马首步摇冠

　　当我们以匈奴（及其前期）的鄂尔多斯式青铜饰件同鲜卑时期的动物纹饰件相比，最鲜明的感受就是：匈奴（及其前期）的饰件，最动人的是造型；而鲜卑饰件，最动人的是材质（和工艺）。我们甚至可以这样表述：如果说匈奴动物纹饰件是"自然"的，那么鲜卑饰件就是"人为"的；如果说匈奴动物纹饰件是质朴的，那么鲜卑饰件就是华丽的；如果说匈奴动物纹饰件是现实主义的，那么鲜卑饰件就是浪漫

---

① 夏鼐：《北魏封和突墓出土萨珊银盘考》，《文物》1983年第8期。
② 张景明：《中国北方草原古代金银器》，文物出版社2005年版，第93页，图六七。

主义的；如果说匈奴动物纹饰件是表现神性的，那么鲜卑饰件就是联结世俗的。

第二节 "西迁"的鄂尔多斯式青铜器

一 与斯基泰、卡拉苏克青铜器的关系

鄂尔多斯式青铜器与斯基泰青铜器、卡拉苏克青铜器的关系，是一个绕不开的问题。自从中华人民共和国成立前鄂尔多斯式青铜器在北方长城沿线被发现开始直到今天，一提及鄂尔多斯式青铜器就立马会出现"斯基泰青铜器"和"卡拉苏克青铜器"的概念。其同鄂尔多斯式青铜器之间似乎有着"揪不长、扯不断"的联系。然而，若问究竟有何联系时，人们又说不清楚。所能说的无非是"鄂尔多斯式青铜器应是由斯基泰人创造之后传入进来的"，或者"鄂尔多斯式青铜器可能源自卡拉苏克青铜文化"，仅此而已。

关于鄂尔多斯式青铜器同斯基泰青铜器以及卡拉苏克青铜器之间的关系问题，我们在本文的绪论中就已提及。这种推断是20世纪30年代，一些西方学者和日本学者提出来的，即鄂尔多斯式青铜器的"西方起源说"。在整个20世纪关于鄂尔多斯式青铜器研究的学术领域都有极大的影响，甚至现在还有学者持此论调。

诚然，鄂尔多斯式青铜器与斯基泰青铜器和卡拉苏克青铜器在造型方面，确实存在着较多的共同特征。如果要深入研究它们之间的相互影响关系，我们不妨暂将鄂尔多斯式青铜器划分为三个阶段：晚商至春秋时期（生成期）、春秋至西汉前期（发展期与繁荣期）、西汉中期以后（衰败期），对应审视其同斯基泰和卡拉苏克青铜器的关系问题。

如前所述，田广金、乌恩等学者根据考古学资料、鄂尔多斯式青铜器的发展序列，对比斯基泰青铜器、卡拉苏克青铜器的断代资料，提出"鄂尔多斯式青铜器即起源于中国北方长城沿线地带"的结论，所谓的斯基泰起源说或卡拉苏克起源说均不能成立。所以，关于鄂尔多斯式青铜器早期（生成期）同斯基泰与卡拉苏克的关系问题，我们在此不予重复。

第五章 鄂尔多斯式青铜器的流传

春秋至西汉前期（发展期与繁荣期）的鄂尔多斯式青铜器造型，同斯基泰青铜器和卡拉苏克青铜器之间存在着相互影响关系，这是毋庸置疑的，因为在一些青铜饰件造型与样式方面，存在着明显的相似。例如斯基泰动物纹中的卧鹿形态以及鹿角造型，与鄂尔多斯式青铜器中的卧鹿形态、鹿角造型就高度相似；卡拉苏克文化的部分铜刀装饰与鄂尔多斯及周边地区出土的青铜刀也存在着极大的相似。当然，鄂尔多斯式青铜器与斯基泰青铜器在总体样貌上仍存在着显著的区别。从鄂尔多斯及周边地区出土的青铜器造型来看，自春秋时期到两汉时期，鄂尔多斯式青铜器艺术均以表现动物、禽鸟为主题。未见以人物为表现主题的青铜器。而斯基泰青铜器虽是以"野兽纹"著称，但却有大量以人物为主题的青铜器或金银器，多为描绘斯基泰战士征战、狩猎、日常生活等场景的浮雕或圆雕造型（图5.10）[①]。

图5.10 斯基泰金银器上的浮雕

总之，鄂尔多斯式青铜器动物纹与斯基泰、卡拉苏克青铜器"野兽纹"在发展过程中定然存在影响关系。但是，究竟是谁影响了谁？这

[①] 郭玉梅：《斯基泰与丝路的文化：苏联赫尔米达美术馆》，龙和出版有限公司1991年版，第23—24页。

类问题恐怕已难于考证。因为在中国，关于北方游牧民族的史料本就有限，而关于斯基泰民族的历史、卡拉苏克文化之后米努辛斯克盆地的文明演进状况，还有很多问题无法解决，已有资料中模糊的、猜测的成分仍然存在。在这样的基础上去推测鄂尔多斯式青铜器的发展过程中，动物纹造型与斯基泰、卡拉苏克野兽纹的影响关系问题，恐怕也没有太大的现实意义。

自西汉中期以后，匈奴在对汉战争中屡屡失败，匈奴王庭（即匈奴的政治中心）被迫由河套平原迁入漠北草原的色楞格河一带。这一社会变迁使鄂尔多斯式青铜器在阴山以北的蒙古草原流传较广。在克鲁伦河下游、安侯河一带、萨彦山脉均发现鄂尔多斯式青铜器。萨彦山脉西近叶尼塞河，其必定与同期米努辛斯克盆地居民产生文化上的影响。只是，笔者对米努辛斯克盆地卡拉苏克文化石峡期（公元前10—前8世纪）以后的历史与考古资料掌握甚少，不敢遽下断语。所以，如果说鄂尔多斯式青铜器与卡拉苏克文化青铜器有密切关系的话，那也是春秋时期以前的事了。

自东汉永元三年（公元91年），窦宪、耿夔击败北匈奴，后者向西逃遁，到公元374年，这些匈奴人才出现在了东欧东哥特人的边境线上。① 前后历经280余年。其间偶有数十年的驻牧时期，迫于战争与势力角逐，"走走停停"，先后经三四次"西迁"浪潮，方到达东欧。而斯基泰人在公元前270年前后，就已经失去了南俄草原的霸主地位，到了公元3世纪中叶彻底"消融"进其他民族，退出了历史舞台。② 当西迁的匈奴人到达欧洲时，斯基泰已成为"过去时"。所以，晚期的鄂尔多斯式青铜器动物纹造型与斯基泰之间几乎不存在流传与影响关系。

二 "西迁"之路上的造型演变

关于北匈奴"西迁"路线上的鄂尔多斯式青铜器资料较少，我们暂时只能结合有限的实物、历史与考古资料，做以粗浅的分析。关于北

---

① 陈序经：《匈奴史稿》，中国人民大学出版社2007年版，第471页。
② 刘雪飞：《上古欧洲斯基泰文化巡礼》，兰州大学出版社2012年版，第36—43页。

第五章 鄂尔多斯式青铜器的流传

匈奴西迁的历史仍有许多谜团待解。一些国内外的考古学者在研究北匈奴西迁的进程时，根据铜鍑的分布情况来划分"西迁"的各历史阶段。① 这不失为一种十分科学的研究方法。北匈奴自公元91年西迁到公元160年，主要分布在新疆到阿尔泰地区；公元160年到公元350年，主要分布于乌拉尔地区；公元350年到公元374年分布于顿河以东、北高加索一带。② 从这一"西迁"过程中，停驻的时间来看，我们发现，北匈奴在新疆到阿尔泰地区停驻了近70年，在乌拉尔地区停驻了近200年之久。而在顿河以东、北高加索一带只停驻了不到30年的时间，便进入东欧。也就是说，北匈奴"西迁"的过程中，绝大部分的时间驻牧在了乌拉尔山脉及其以东、天山南北、阿尔泰山脉以南的广大区域之中。

韩建业先生将其从苏贝希收集到的动物纹饰牌与内蒙古鄂尔多斯杭锦旗桃红巴拉、凉城崞县窑子出土的饰牌进行对比，认为"其（苏贝希文化）与中国北方草原地带春秋时期文化存在切实联系"③。从苏贝希文化遗址发现的鄂尔多斯式虎纹饰牌（图5.11）④ 与内蒙古博物院收藏的战国早期虎纹饰牌（图2.45：1）造型极其相似。可以推断，天山

图5.11 苏贝希文化遗址发现的鄂尔多斯式虎纹饰牌

---

① 埃尔迪·米克洛什·兹：《遍及欧亚中部的匈奴鍑及其岩画形象》，《新疆师范大学学报》1995年第4期。

② 马利清：《原匈奴、匈奴历史与文化的考古学探索》，内蒙古大学出版社2005年版，第334页。

③ 韩建业：《新疆的青铜时代和早期的铁器时代文化》，文物出版社2007年版，第110—111页。

④ 韩建业：《新疆的青铜时代和早期的铁器时代文化》，文物出版社2007年版，第111页，图一〇〇。

南北的族群与匈奴之间在春秋、战国相当长的一段时间里，都存在着一定程度上的文化相似性。所以，自公元91年到公元160年间，"西迁"的北匈奴所"携带"的鄂尔多斯式青铜器还应该在天山南北与阿尔泰山脉之间的广大区域流传。

第二次西迁浪潮中，北匈奴落脚于乌拉尔地区约200年之久。匈奴无文字，我们只能通过中原史学家对其所作的有限记载来分析、研究。从现有史料来看，北匈奴越是向西迁徙，中原史籍中关于其记载就越少，且已有记载中多有矛盾、讹误之处。而西方史料中关于匈奴人的记载已是匈奴进入北高加索一带以后的事情。所以，我们要想知道北匈奴在乌拉尔地区驻牧时，鄂尔多斯式青铜器的流传（或存在）状况就更难了。

从考古工作者对西迁后北匈奴墓葬的发掘资料来看，其在葬俗方面仍与先前（两汉时期）存在着明显的"连续性"。西迁之后，较早时期的墓葬，从殉牲习俗、地表封丘、随葬兵器与陶罐等诸多方面，仍体现出匈奴人早期所遗留下来的典型的游牧民族丧葬特点。越往后期，葬俗中所融入的本地（非匈奴）的文化特征就越是明显，如在封丘方式、葬具形式、随葬品种类等方面均出现新的样貌。正如马利清博士所说：北匈奴在"西迁"过程中与其他部族的交流和接触日益紧密，地方文化不断渗透，人种成分开始变异（察吾乎沟口三号墓地人骨鉴定有欧罗巴人种特征），传统文化特征不断削减，新的地方文化因素日益增强。[1]

总之，匈奴人种的变异、传统文化的衰减、西迁所经之处各种族群新文化的融入，都使匈奴离其本来的"面貌"越来越远。无疑，伴随北匈奴"西迁"的鄂尔多斯式青铜器也一定会在其赖以生存的文化本体的消解过程中，如西迁的脚步，越走越远，逐渐消逝，融入新的文化语境，以致难于辨认。

---

[1] 马利清：《原匈奴、匈奴历史与文化的考古学探索》，内蒙古大学出版社2005年版，第328页。

第五章 鄂尔多斯式青铜器的流传

第三节 鄂尔多斯式青铜器在中原地区的流传

鄂尔多斯式青铜器动物纹造型艺术在中原地区的流传与其在北方地区的流传不同。在北方地区，匈奴与鲜卑是出现在同一地域的两个前后"接续"的政权，鄂尔多斯式青铜器的流传是在匈奴分裂、衰败之后，崛起的鲜卑人将其继承下来的，是同一脉络上的顺承关系。而匈奴与中原是分属两个不同区域的、拥有不同生业模式与文化风俗的两大群体，二者是"并存关系"。所以，鄂尔多斯式青铜器在中原地区的流传并非从匈奴解体才开始，而是伴随着鄂尔多斯式青铜器的发展过程，这种流传就断断续续、一直都在。在中原地区的流传体现为两种形式：一种是青铜器本身的直接流传；一种是动物纹主题、造型对中原地区造型艺术的影响。当然，我们必须承认，这种流传和影响是双向的，即鄂尔多斯式青铜器流传于中原地区的同时，中原青铜器也会流传到北方游牧民族当中；鄂尔多斯式动物纹造型艺术主题、风格对中原动物主题造型艺术产生影响的同时，中原的造型艺术风格也会对鄂尔多斯式青铜器造型艺术予以同化，这种同化在东汉时期尤为明显。

一 鄂尔多斯式青铜器的"直接"流传

从商代开始，就曾有为数不少的北方青铜器流入中原地区，在殷商遗址中常发现特征鲜明的北方民族青铜器。例如，1934—1935年，在侯家庄西北岗的陪葬坑中就发现大量北方民族使用的环首刀、兽首刀和罍首刀；殷墟小屯北地乙七基址出土了一把三凸钮环首刀；殷墟"象墓"与象觥一起出土了管銎斧、弓形器、环首刀、马首刀；1953年殷墟大司空村M24出土了一件管銎啄戈；1958年殷墟大司空村M51出土了一件牛首刀；1976年殷墟小屯妇好墓出土了一件马首铜刀；1980年殷墟大司空村M539出土了一件管銎斧和一件三凸钮环首铜刀；2000年殷墟花园庄东地M54出土了一件马首刀、一件鹿首刀；2006年殷墟郭家庄出土弓形器和三凸钮环首铜刀；山西灵石旌介村商墓出土了一件兽首铜刀。① 林沄先生说：商文化青铜器与北方青铜器是两个独立的系统，相互渗透、彼此丰富，也推进各自的发展。② 当时北方民族的青铜器主要为兵器，动物纹饰件尚不得见，或许是因为刚刚迈入青铜时代门槛的人们对青铜材质的珍视，所以铜只被用于铸造兵器。

西周至春秋时期中原地区发现的北方兵器似不常见，但出现了与朱开沟文化蛇纹鬲造型相似的斜条纹鬲，仍为三足袋相结合的造型，只是周身以密集的斜纹作装饰。1999年，陕西西安北郊发掘的战国铸铜工匠墓，出土了25件用以铸造鄂尔多斯式青铜饰牌以及其他类型青铜器的陶模具，其中有马纹饰牌模具（图5.12：1）③、双羊纹饰牌模具（图5.12：2）、双马纹饰牌模具（图5.12：3）、鹰虎搏斗纹饰牌模具（图5.12：4）。在西安发现的战国铸铜工匠墓中，出土了用于铸造鄂尔多斯式青铜饰牌的陶模，则可说明鄂尔多斯式青铜器的风格样式，在长城以内的农耕国家是广为人知的，那么也就必然有鄂尔多斯式青铜器流传到此。

1.马纹饰牌模具　2.双羊纹饰牌模具　3.双马纹饰牌模具　4.鹰虎搏斗纹饰牌模具

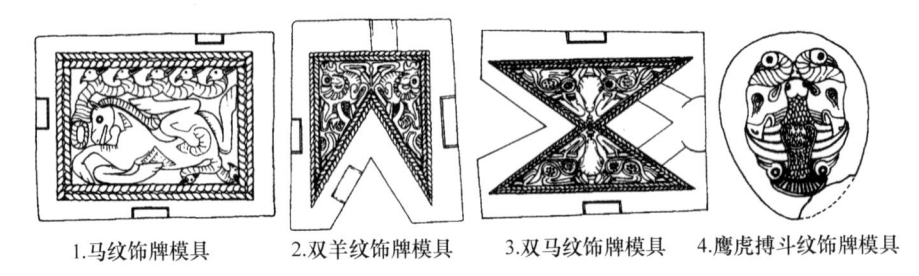

图5.12　马纹饰牌模具、双羊纹饰牌模具、双马纹饰牌模具、鹰虎搏斗纹饰牌模具

但是，为何会在长城以内的中原农耕国家铸造鄂尔多斯式青铜器呢？其有何用途呢？

---

① 朱凤瀚：《由殷墟出土北方式青铜器看商人与北方族群的关系》，《考古学报》2013年第1期。

② 林沄：《商文化青铜器与北方地区青铜器关系之再研究》，《东北与北方青铜器时代》，文物出版社2016年版，第338页。

③ 岳连建：《西安北郊战国铸铜工匠墓发掘简报》，《文物》2003年第9期。

第五章 鄂尔多斯式青铜器的流传

第一种可能是：此为国家管控的铸造机构，按照匈奴动物纹造型风格样式制作鄂尔多斯式青铜饰牌，作为国家与匈奴之间的邦交馈赠，或作为帝王对有功之臣的奖赏。赵武灵王曾"赐周绍胡服衣冠，具带黄金师比，以傅王子也"①。典籍中所提到的黄金师比应该就是装饰有鄂尔多斯式动物纹样的黄金饰牌。《史记·匈奴列传》记载：汉孝文皇帝曾赐赠匈奴单于"比余一，黄金饰具带一，黄金胥纰一，绣十匹、锦三十匹……"②，这里提到的"黄金胥纰"应该也是黄金制作的鄂尔多斯式动物纹饰牌；第二种可能是：鄂尔多斯式动物纹饰牌为秦汉显贵所喜爱，重金求取，作带具之用，兼具装饰功能，又标示佩戴者尊贵的社会身份。

1990年，在江苏省徐州市北5公里的九里山北侧发掘的宛朐侯刘埶墓中，曾出土了作为带扣使用的鄂尔多斯式动物纹金饰牌（图5.13）③。20世纪50年代，广州郊区南越国官吏墓中曾出土了6件鄂尔多斯式动

图5.13 宛朐侯刘埶墓中出土的鄂尔多斯式动物纹金饰牌

---

① （汉）刘向：《战国策》，《二十四史》（简体字本），中华书局2000年版，第2217页。
② （汉）司马迁：《史记·匈奴列传》，《二十四史》（简体字本），中华书局2000年版，第2217页。
③ 孟强、耿建军：《徐州西汉宛朐侯刘埶墓》，《文物》1997年第2期。

物纹饰牌，70年代在广西发掘的南越国墓和部分汉墓中也发现了鄂尔多斯式动物纹饰牌，1983年发掘的南越王墓中，竟然发现了数量更多的鄂尔多斯式动物纹饰牌。① 鄂尔多斯式青铜器动物纹造型艺术不仅传入中原地区，居然在战国与两汉时期就已流传到徐州甚至两广地区，在王侯、官吏的墓葬中出土，且被作为礼器随葬或直接在墓主下葬时佩戴，足见其受珍视的程度非同一般，标示了北方动物纹造型艺术的强大生命力，其在中原地区流传的过程中，也定会对中原地区的造型艺术产生一定的影响。

二 纹饰主题与造型风格的流传

鄂尔多斯式青铜器动物主题与造型风格在中原地区的流传，与青铜器本身的流传不同。青铜器是以实体形式存在的，即便在南越墓葬中出土，发掘者也能够"很自然的把这种牌饰同当时的北方游牧民族联系在一起"②。因为，它通过固定的主题、程式化的造型、由图像直接呈现的风格特征、饰牌的规格、材料、工艺等大量信息，使人们"一眼认出"，并确凿无疑。

但是，鄂尔多斯式青铜器动物主题与造型风格的流传却是含蓄的、隐晦的。尤其，向中原地区的流传更是如此。因为中原地区与北方匈奴分属不同的文化体系，所以，当生成于北方草原游牧社会中，体现萨满教信仰与游牧民族文化习俗的鄂尔多斯式青铜器动物主题或造型风格流入中原地区时，其必定要经过一定程度上的"净化"，才能够融入中原农耕文明的造型艺术之中。所谓的"净化"是指，将纹饰主题、造型风格、样式等拆分开来，作为艺术构成的元素进行取舍，选择适宜于农耕文明价值观的、能与农耕族群的审美理想契合的造型元素，融入自身的造型艺术之中。造型语言得以丰富，民族艺术与民族文化融入了新鲜的血液，增强了包容的能力，扩充了自身的架构。而被融入的艺术主题或造型风格却在此过程中变得越发模糊、逐渐消逝。所以，我们在做关

---

① 黄展岳：《关于两广出土北方动物纹牌饰问题》，《考古与文物》1996年第2期。
② 黄展岳：《关于两广出土北方动物纹牌饰问题》，《考古与文物》1996年第2期。

第五章 鄂尔多斯式青铜器的流传

于艺术主题与造型风格流传的研究中，所做的表述只能是一种相对的、揣测的结论，而非完全肯定的表述，尤其是关于近两千年前的艺术研究。

从目前所掌握的资料来看，鄂尔多斯式青铜器动物主题与造型风格在中原农耕民族中的流传，表现得比较突出的有陕西茂陵霍去病墓前的石雕以及大同云冈石窟中一些小的窟龛边缘的动物纹装饰。窟龛上作为装饰的动物纹造型，从饰牌中的表现主体，转换为装饰纹样，为了整体造型的需要，定然要有所改变、有所"简省"。所以，我们最多也只能感受到其外形、比例和动物纹动态方面的某种相似性，不宜做"过度"的分析。

霍去病墓前石雕除了马踏匈奴之外，马、熊、野猪等造型主题均为鄂尔多斯式青铜器经常表现的主题，而且从造型风格来看，也有颇多相似之处。

第一，动物纹造型均以线刻为主，用阴刻的线条将动物身体的各个部位的造型区分开来。然后，再对已经区分开的各部位形体做起伏雕刻，造型概括、简约大气。

第二，鄂尔多斯式动物纹饰牌上，多注重动物头部造型的表现，头部比例较之真实动物明显增大，而腿与尾巴部位多省略细节，尽量融入表示身体部分的体块造型当中，追求整体而浑厚的效果（透雕除外）。霍去病墓前的动物石雕头部与身体的比例关系明显增大，甚至马踏匈奴的马头也明显体现出了这一特点（马蹄下仰面朝天的匈奴人头部的造型也做了夸张处理）。动物表情生动，尤其是夸张的眼睛更体现出与鄂尔多斯式青铜器上动物纹的相似之处。

第三，石雕动物造型所选择的动势为鄂尔多斯式青铜器动物纹造型常表现的动态。例如那俯卧的猛虎（图5.14）[①]、直着脖颈好似要冲锋的野猪（图5.15）[②]。俯卧的动物姿态是鄂尔多斯式青铜器动物纹常用

[①] 孙振华：《中国美术史图像手册·雕塑卷》，中国美术学院出版社2003年版，第48页，图0151。
[②] 孙振华：《中国美术史图像手册·雕塑卷》，中国美术学院出版社2003年版，第47页，图0150。

形态。除了马踏匈奴以外，其他动物多呈俯卧姿态。一来使造型浑厚整体（因当时随便放置于坟山之上），历千年而不破裂。二来，这样的动物造型就像速机沟出土的青铜卧马竿头饰一样，给人以安详宁静之感，守护着坟山，伴骠骑将军长眠。

图 5.14 霍去病墓石雕：卧虎

图 5.15 霍去病墓石雕：野猪

本章小结

随着匈奴退出北方草原的历史舞台，鄂尔多斯式青铜器也走向了衰落。其主要有三个流传方向：一为其在北方草原故地的流传；二是在中原地区的流传；三是随着北匈奴"西迁"至天山南北与阿尔泰山脉以南地区的流传，或者再向西，在乌拉尔地区的流传。

鄂尔多斯式青铜器在北方草原的流传被鲜卑人所继承。鲜卑是一个积极吸收汉文化,也与西方的波斯等国积极交流的、具有极强文化"包容性"的民族。鄂尔多斯式青铜器在与中原造型艺术、波斯艺术并存的状态下"发展"。这种"发展"定然受到更多相异文化的影响。此后,北魏统治者为了巩固统治地位,大力倡导、崇尚佛教,佛教造像的传入,对鄂尔多斯式动物纹造型艺术来说,又是一个巨大的冲击。可想而知,当一种带有强烈文化特征与宗教信仰的造型艺术,与一种文化特征与宗教信仰已经逐渐衰落的造型艺术共处同一社会环境当中的时候,后者必然面临着更快速的衰落。

"西迁"的鄂尔多斯式动物主题造型艺术,在北匈奴不断与"西迁"之路上新的文明形态交流、融合的过程中,也必然因为北匈奴族群中原有游牧文明与信仰的衰退(或变异)而衰退(或变异)。

中原民族是个包容性极强的民族,而中原文化是一种极具"感染力"的文化。这种强大的文化感染力来源于其悠久的文明和先进的农耕经济。所以,当鄂尔多斯式动物纹造型艺术流入中原,其对中原造型艺术的影响定然小于中原造型艺术的反向影响力。过多的"分析"或揣测鄂尔多斯式动物纹造型与中原地区某器物上的动物装饰纹样之间,在某些动势、线条或装饰花纹上的相似性与影响关系,是无意义的,也是难以说清楚的。

总之,失去文化根基的造型艺术犹如无本之木,定然枯萎。鄂尔多斯式青铜器动物主题造型艺术,无论是在北方草原、中原地区,还是"西迁"的路上,都在日益"枯萎",逐渐消逝,慢慢"沉淀"为人们难以"读"懂,又失去显著特征的抽象装饰纹样(或元素),就像它所彰显的文化、"宣示"的信仰一样,湮没于历史的长河。

结　　语

"从某种意义上讲，一部人类的文明史也就是人与自然环境的关系史。"[①]或许，在一些自然条件十分优越、人类所需的生存资源极其丰富的地域，社会的经济模式、人们的生存方式、族群的文化形态是"多元的"，是可以选择的。人们拥有更大的余地"选择"自己想要的生活，成为自己希望的样子，构建自己理想的文化形态，也可自由创作多种主题、风格、形制的"造型艺术"。但是，在古代北方长城沿线地带则不然。

北方长城沿线是典型的农牧文明交错地带，对气候条件十分敏感。夏代以前，相对温湿的气候条件使北方长城沿线地带的农耕文明得以发展。夏代以后，气候逐渐向"干冷化"转变，可耕种的土地面积日益缩减。人们在争夺生存资源的同时也积极探索新的生存途径：在农耕为主的经济模式中探索发展畜牧业与狩猎业。鄂尔多斯式青铜器是在这样的社会形态中产生的。

在北方地区由新石器时代进入铜石并用时期，进而过渡到青铜时代的过程中，铜——这种最宝贵的社会资源，首先被用于制造兵器和工具。无疑，"人们首先必须吃、喝、住、穿，然后才能从事政治、科学、艺术、宗教等等"[②]。所以，鄂尔多斯式青铜器中兵器与工具、"装饰品"、生活用具与车马具，均具有各自不同的产生、繁荣与衰败周期。

[①] 宋生贵：《传承与超越：当代民族艺术之路》，人民出版社2007年版，第47页。
[②] 《马克思恩格斯选集》第3卷，人民出版社1972年版，第574页。

结　语

　　任何兵器或工具的造型都是在人类漫长的生产、生活中，逐渐探索出来的"合理的存在"。况且，仿制永远要比创造来得容易。最早的鄂尔多斯式青铜器中的兵器与工具的造型应是仿制先前石器、骨（角）器、陶器的造型而得来的。当鄂尔多斯式青铜器中，兵器与工具的造型已经达到较高水准，甚至已能够通过铜刀造型表现视觉力的平衡的时候，青铜饰件才陆续出现。目前来看，最早的青铜饰件当数"双珠兽头饰"，但其所表现的并非动物主题，而是早期北方农耕社会、祖先崇拜与父系氏族生殖崇拜思想下，以人或"祖"为主题的造型。随着经济生活中畜牧业与狩猎业所占比重逐渐攀升，北方社会逐渐转为半农半牧经济形态。动物对于人们的生存越发重要。在一些经营畜牧或主要从事狩猎的人群当中逐渐形成了崇拜动物神灵的思想。费尔巴哈说："人的存在和生命所依靠的东西，对于人来说就是神。"[①] 尤其当对方（动物）的力量远胜于自己的时候，其更易于被作为崇拜对象。在这种信仰下，动物造型才得以出现在青铜饰件上并逐渐成为鄂尔多斯式青铜器的主要造型主题。

　　对应北方民族的信仰，鄂尔多斯式青铜器上的动物纹造型首先是一种"神性"的存在，代表某种动物的神灵。在佩戴（或使用）的过程中，其"神性"的内涵要远比造型的优美与否更加重要，尤其在西周与春秋时期，动物纹饰件多为单体造型，仅塑造某一动物头部或表现某一动物的身体侧面特征，却异常生动。工艺粗糙、形制小巧、造型简练却代表了先民们所崇信的神灵、寄托了对生存与富足的祈盼，正体现了美学形态中所谓的"纯朴之美"。

　　对美的追求是人类固有的天性。具备神性"内核"、标示神灵护佑的鄂尔多斯式青铜饰件在漫长的发展过程中，其简单、质朴的造型似乎越来越难以满足人们的审美需求。于是，出现了更多种类的动物纹构成样式，如：轴对称构成样式、中心旋转构成样式、排列与交错的构成样式、咬合与分噬的构成样式。

[①] 费尔巴哈：《费尔巴哈哲学著作选集》下卷，生活·读书·新知三联书店1962年版，第438—439页。

轴对称、中心旋转、排列与交错三种构成样式均是由最早的单体动物纹依照不同的"构成原则"衍生出来的,核心原则是对称与平衡,追求的效果是丰富与"华丽",背后体现的是人们对于装饰意味和美的追求。咬合与分噬的构成样式则与上述三种明显不同,其是在对动物撕咬、交媾、嬉戏等现实情景的观察与描绘中,抽取出来的一种经典构成样式。或许当时的制作者也并没有意识到这种样式所具有的视知觉动力,而只是觉得唯有这种样式能够最直接的表现强悍的力量、坚韧的意志、不屈的精神。当我们"剥开"表面的形象、提取动物造型轮廓并进行概括后,惊讶地发现:这种样式(表现为直观的图形关系)正是阿恩海姆等人在视知觉艺术研究中所论及的,"遮挡与挣脱"的图形结构作用于视知觉后产生"动力"的形式之一。表现为形状之间相互遮挡的关系配合视知觉本身所固有的"完形倾向"所产生的一种视知觉领域的动力(或张力)。

咬合与分噬的构成样式主要形成并盛行于战国晚期。该时期匈奴统一了北方草原,成为北方草原上第一个强大的联盟帝国。兵强马壮,纵横草原、不可一世。族群精神影响了青铜器上的动物造型艺术风格。所以,这一时期虎、野猪、怪兽等主题盛行,并借助咬合与分噬的构成样式,展现了尚武的精神、不屈的意志、坚韧的性格、强悍的力量,在青铜器造型上体现出一种"崇高之美"。如果说,轴对称、中心旋转对称、排列与组合构成样式是优美的,那么咬合与分噬的构成样式就是雄强的;如果说前三种样式是重装饰的,后一种样式就是重写实的;如果说前三种样式偏重于族群信仰,那么后一种样式则偏重于族群精神。

西汉前期匈奴虽国力强盛,但在与汉文化的融合过程中,战国时期那种强悍的族群精神似乎已经悄然发生了改变。匈奴的上层统治者也曾意识到固守游牧民族文化与习俗的重要性,于是,"得汉美食好物,谓之殠恶"[①]"得汉缯絮,以驰草棘中,衣袴皆裂敝,以示不如旃裘之完

[①] (汉)班固:《汉书·杨恽传》,《二十四史》(简体字本),中华书局2000年版,第2181页。

结　语

善""得汉食物皆去之,以示不如湩酪之便美"①,然而仍难以阻挡文化的融合之势。约从公元前129年起,汉朝在对匈奴的战争中败少胜多,匈奴国力渐衰。

而两汉时期的鄂尔多斯式青铜器动物纹造型与战国中晚期相比,虎、野猪、怪兽等主题已很难见到,以牛、羊、马、鹿、骆驼为主题的饰牌兴盛起来,并且多以轴对称、排列与交错的构成样式表现,咬合与分噬的构成样式再难得见。两汉时期的动物纹造型偏向装饰风格,人们似乎对真实、生动的动物造型已失去兴趣,而将目光转向了流畅、柔美的装饰性动物形象。甚至还出现了仅具有抽象图形或线条的青铜饰牌。不难发现,青铜饰件上动物造型风格的演变与匈奴国力、文化的衰颓具有极强的对应关系:战国以前,北方草原上"百有余戎、莫相统属",鄂尔多斯式青铜器上可辨认的造型主题中以马、鹿、羊、禽鸟居多,构成形式多为单体动物纹样式、轴对称样式、中心旋转样式、排列与组合样式,造型风格除单体动物纹样式外,多具有一定的装饰意味,体现一定的节奏感和"纯朴之美";战国时期匈奴强盛,虎、野猪、怪兽主题居多,咬合与分噬的构成样式盛行,风格重写实而轻装饰,造型注重表现力量、争斗、爆发、制衡,体现出强悍的精神与"崇高之美";两汉时期匈奴国力渐衰,鄂尔多斯式青铜器上的虎、野猪、怪兽等主题消失,家畜又成为主要表现题材,动物造型脱离写实,偏向装饰,呈现出轻松、柔美之风。

北方长城沿线地带的游牧经济脱胎于早期的半农半牧经济形态。在漫长的历史中,先民们凭借坚韧的意志、卓绝的智慧、勇敢的精神,逐渐探索并形成了与游牧经济相适的生活方式、法律制度、武装形式、习俗规约。生活方式如"逐水草而居""勿城郭常处耕田之业""父子同穹庐而卧";法律制度如"拔刃尺者死,坐盗者没入其家,有罪小者轧,大者死""狱久者不过十日,一国之囚不过数人"②;武装形式如

---

① (汉)司马迁:《史记·匈奴列传》,《二十四史》(简体字本),中华书局2000年版,第2218页。

② (汉)司马迁:《史记·匈奴列传》,《二十四史》(简体字本),中华书局2000年版,第2214页。

"力士能弯弓,尽为甲骑""宽则随畜,因射猎禽兽为生业。急则人习战攻以侵伐";习俗规约如"壮者食肥美,老者食其余""父死,妻其后母;兄弟死,皆娶其妻妻之"①等。上述独特的文化习俗均与北方地区气候、环境和游牧生业模式紧密契合,体现"适宜""节约""务实"的生存原则。

鄂尔多斯式青铜器中,铜刀尺寸多在7—25cm,动物纹饰牌尺寸一般以7—12cm者居多,而一些单体动物纹饰件长度仅2—5cm;动物纹饰件中浮雕多镂空形式,圆雕饰件均中空铸造、器壁较薄;而一些剑鞘表面装饰多以薄片金属锤锻而成。上述规格与形制特征首先体现着"节约"的原则,不掠夺自然、不占有自然,而是顺应自然、融入自然。青铜器小巧的形制、便携的特点适宜于"逐水草迁徙"的游牧生活,不增添运输、携带的负担,是"适宜"与"务实"原则的体现。器物之美,并非全在观赏。当器物与某一生活模式"相生相适",与该文化形态紧密契合,为生活、劳作带来恰如其分的便捷而不增添负担,这本身也是一种美的体现,从审美形态上可归为"简约之美"。

"一代有一代之文学"②,鄂尔多斯式青铜器是北方民族在特定历史时期中产生并流行的"造型艺术"。当匈奴帝国衰败,鄂尔多斯式青铜器也逐渐式微。由于北方长城沿线特殊的地理位置和北方地区的政治形态,鄂尔多斯式青铜器在三个方向上流传:一,在北方草原为鲜卑人所继承,但主题、风格、工艺等均有新的发展;二,在中原地区的流传,即已传至江苏甚至两广地区;三,因北匈奴"西迁",其向西流传到天山山脉、阿尔泰山脉以及更西的乌拉尔地区。但在族群文化的融合过程中,鄂尔多斯式青铜器造型艺术特征也在逐渐消解。

本文结合夏商至两汉时期北方长城沿线地带的气候环境、经济形态、族群文化等"背景"条件,探索了鄂尔多斯式青铜器的起源、诸

---

① (汉)司马迁:《史记·匈奴列传》,《二十四史》(简体字本),中华书局2000年版,第2205页。
② 王国维:《宋元戏曲史·自序》,东方出版社1996年版,第1页。

品类造型的发展与演变、动物纹造型样式、审美形态与文化内涵，以及鄂尔多斯式青铜器的流传方向。同时，在一定程度上揭示了鄂尔多斯式青铜器造型艺术的发展演变与北方民族历史文化之间的内在联系。

参考文献

著作

（春秋）左丘明，李梦生注：《左传今注》，凤凰出版社2008年版。

（东汉）许慎：《说文解字》，辽海出版社2014年版。

（汉）班固：《汉书》，中华书局1962年版。

（汉）刘向：《战国策》，上海古籍出版社2015年版。

（汉）司马迁：《史记》，中华书局1959年版。

（宋）范晔：《后汉书》，中华书局1965年版。

《中国青铜器全集》编辑委员会：《中国青铜器全集》，文物出版社1995年版。

北京钢铁学院《中国古代冶金》编写组：《中国古代冶金》，文物出版社1978年版。

曹玮：《萌芽·成长·融合：东周时期北方青铜文化臻萃》，三秦出版社2012年版。

曹意强：《艺术史的视野》，中国美术学院出版社2007年版。

陈序经：《匈奴史稿》，中国人民大学出版社2007年版。

陈兆复：《中国少数民族美术史》，中央民族大学出版社2001年版。

鄂·苏日台：《狩猎民族原始艺术》，内蒙古文化出版社1992年版。

鄂尔多斯博物馆：《鄂尔多斯青铜器》，文物出版社2006年版。

冯恩学：《俄国东西伯利亚与远东考古》，吉林大学出版社2002年版。

富育光：《萨满论》，辽宁人民出版社2000年版。

富育光：《萨满艺术论》，学苑出版社2010年版。

盖山林：《丝绸之路草原民族文化》，新疆人民出版社1996年版。

郭静云：《天神与天地之道：巫觋信仰与传统思想渊源》，上海古籍出版社 2016 年版。

郭物：《马背上的信仰——欧亚草原动物风格艺术》，人民美术出版社 2003 年版。

郭玉梅：《斯基泰与丝路的文化：苏联赫尔米达美术馆》，龙和出版有限公司 1991 年版。

韩建业：《新疆的青铜时代和早期的铁器时代文化》，文物出版社 2007 年版。

韩建业：《中国西北地区先秦时期的自然环境与文化发展》，文物出版社 2008 年版。

韩金秋：《夏商西周中原的北方系青铜器研究》，上海古籍出版社 2015 年版。

何林军：《美学十六讲》，湖南师范大学出版社 2018 年版。

胡金黎：《构成》，高等教育出版社 2003 年版。

黄任远、黄永刚：《赫哲族萨满文化遗存调查》，民族出版社 2009 年版。

李刚：《中国北方青铜器的欧亚草原文化因素》，文物出版社 2011 年版。

李海荣：《北方地区出土夏商周时期青铜器研究》，文物出版社 2003 年版。

李希凡：《中华艺术通史·夏商周卷》，北京师范大学出版社 2006 年版。

李泽厚：《华夏美学·美学四讲》，生活·读书·新知三联书店 2008 年版。

李泽厚：《美的历程》，生活·读书·新知三联书店 2009 年版。

李宗侗：《中国古代社会史》，中国台湾华冈出版有限公司 1977 年版。

林幹：《匈奴通史》，人民出版社 1986 年版。

刘雪飞：《上古欧洲斯基泰文化巡礼》，兰州大学出版社 2012 年版。

吕大吉、何耀华：《中国原始宗教资料集成：考古卷》，中国社会科学出版社 1996 年版。

吕思勉：《中国民族史》，江西教育出版社 2018 年版。

罗世平、齐东方：《波斯和伊斯兰美术》，中国人民大学出版社 2010 年版。

马利清：《原匈奴、匈奴历史与文化的考古学探索》，内蒙古大学出版社 2005 年版。

蒙文通：《周秦少数民族研究》，上海龙门联合书局 1958 年版。

孟驰北：《草原文化与人类历史》，国际文化出版公司 1999 年版。

孟慧英：《中国原始信仰研究》，中国社会科学出版社 2010 年版。

内蒙古自治区文物考古研究所、鄂尔多斯博物馆：《朱开沟：青铜时代早期遗址发掘报告》，文物出版社 2000 年版。

宁海林：《阿恩海姆视知觉形式动力理论研究》，人民出版社 2009 年版。

秋浦：《萨满教研究》，上海人民出版社 1985 年版。

全国中师美术教材编委会：《图案》，人民美术出版社 1983 年版。

陕西省考古研究所、陕西省安康水电站库区考古队：《陕南考古报告集》，三秦出版社 1994 年版。

宋生贵：《传承与超越：当代民族艺术之路》，人民出版社 2007 年版。

孙振华：《中国美术史图像手册·雕塑卷》，中国美术学院出版社 2003 年版。

田广金、郭素新：《鄂尔多斯式青铜器》，文物出版社 1986 年版。

王伯敏：《中国少数民族美术史》，福建美术出版社 1995 年版。

王朝闻：《雕塑美学》，生活·读书·新知三联书店 2012 年版。

王国维：《宋元戏曲史》，东方出版社 1996 年版。

王利器：《盐铁论校注·论功第五十二》，中华书局 1992 年版。

王明珂：《华夏边缘：历史记忆与族群认同》，浙江人民出版社 2013 年版。

王明珂：《游牧者的抉择：面对汉帝国的北亚游牧部族》，上海人民出版社 2018 年版。

王小盾：《原始信仰和中国古神》，上海古籍出版社 1989 年版。

乌丙安：《萨满信仰研究》，长春出版社 2014 年版。

乌丙安：《神秘的萨满世界：中国原始文化根基》，上海三联书店1989年版。

乌恩岳斯图：《北方草原考古学文化比较研究：青铜时代至早期匈奴时期》，科学出版社2008年版。

乌恩岳斯图：《北方草原考古学文化研究：青铜时代至早期铁器时代》，科学出版社2007年版。

徐英：《中国北方草原游牧民族工艺美术史》，内蒙古人民出版社2014年版。

徐英：《中国北方游牧民族造型艺术》，内蒙古大学出版社2006年版。

杨建华：《春秋战国时期中国北方文化带的形成》，文物出版社2004年版。

杨建华、邵会秋、潘玲：《欧亚草原东部的金属之路：丝绸之路与匈奴联盟的孕育过程》，上海古籍出版社2017年版。

杨琪：《艺术理论基础》，高等教育出版社2012年版。

杨琪：《艺术学概论》，高等教育出版社2003年版。

杨辛、甘霖：《美学原理新编》，北京大学出版社1996年版。

张光直：《中国青铜时代》，生活·读书·新知三联书店2013年版。

张景明：《中国北方草原古代金银器》，文物出版社2005年版。

张景明：《中国北方游牧民族的造型艺术与文化表意》，知识产权出版社2013年版。

张宗祜等：《中国北方晚更新世以来地质环境演化与未来生存环境变化趋势预测》，地质出版社1999年版。

赵毅衡：《符号学：原理与推演》，南京大学出版社2016年版。

中国社会科学院考古研究所：《殷墟妇好墓》，文物出版社1980年版。

周纬：《亚洲古兵器图说》，中国友谊出版公司2009年版。

朱立元：《美学》，高等教育出版社2001年版。

［德］费尔巴哈：《费尔巴哈哲学著作选集》（上下卷），荣震华、李金山译，商务印书馆1984年版。

［德］格罗塞：《艺术的起源》，蔡慕晖译，商务印书馆1984年版。

［德］黑格尔：《美学》，朱光潜译，商务印书馆1997年版。

［法］奥古斯特·罗丹：《罗丹艺术论》，傅雷译，山东画报出版社2017年版。

［法］丹纳：《艺术哲学》，傅雷译，江苏凤凰文艺出版社2017年版。

［美］弗朗兹·博厄斯：《原始艺术》，金辉译，刘乃元校，上海文艺出版社1989年版。

［美］鲁道夫·阿恩海姆：《视觉思维》，滕守尧译，四川人民出版社2019年版。

［美］鲁道夫·阿恩海姆：《艺术与视知觉》，滕守尧、朱疆源译，四川人民出版社2019年版。

［美］苏珊·朗格：《情感与形式》，刘大基等译，中国社会科学出版社1986年版。

［美］巫鸿：《黄泉下的美术：宏观中国古代墓葬》，施杰译，生活·读书·新知三联书店2016年版。

［美］巫鸿，郑岩、王睿编：《礼仪中的美术：巫鸿中国古代美术史文编》，郑岩等译，生活·读书·新知三联书店2016年版。

［美］杨晓能：《另一种古史：青铜器纹饰、图形文字与图像铭文的解读》，唐际根、孙亚冰译，生活·读书·新知三联书店2017年版。

［美］约翰·杜威：《艺术即经验》，高建平译，商务印书馆2010年版。

［日］江上波夫、水野清一：《内蒙古·长城地带》，《东方考古学丛刊乙种第一册》，东亚考古学会1935年版。

［日］梅原末治：《古代北方系文物的研究》，星野书店昭和十三年（1938年）版。

［日］泽田勳：《匈奴：古代游牧国家的兴亡》，王庆宪、丛晓明译，内蒙古人民出版社2010年版。

［英］克莱夫·贝尔：《艺术》，薛华译，江苏教育出版社2004年版。

［英］马林诺夫斯基：《文化论》，费孝通译，华夏出版社2001年版。

期刊论文

埃尔迪·米克洛什·兹：《遍及欧亚中部的匈奴鍑及其岩画形象》，《新疆师范大学学报》1995年第4期。

安忠义:《先秦骑兵的诞生和演变》,《考古与文物》2002年第4期。

包桂英:《北方系青铜器动物纹与萨满文化》,《中国艺术》2010年第4期。

毕晓明:《中国古代北方民族青铜饰牌造型语言的叙事性及特色探析》,《内蒙古大学艺术学院学报》2008年第2期。

陈梦家:《商代的神话与巫术》,《燕京学报》1936年第20期。

崔利明:《内蒙古兴和县沟里头匈奴墓》,《考古》1994年第5期。

崔璇、崔树华:《内蒙古中南部的原始城堡及相关问题》,《内蒙古社会科学》1991年第3期。

戴应新、孙嘉祥:《陕西神木县出土匈奴文物》,《文物》1983年第12期。

董新林:《魏营子文化初步研究》,《考古学报》2000年第1期。

方李莉:《走向田野的艺术人类学研究——艺术人类学研究的方法和视角》,《民间文化论坛》2006年第5期。

盖山林:《鄂尔多斯青铜器艺术品的区系类型》,《前沿》1994年第3期。

盖山林:《内蒙古自治区准格尔旗速机沟出土一批铜器》,《文物》1965年第2期。

盖山林:《阴山匈奴岩画动物纹与鄂尔多斯青铜器动物纹的比较》,《内蒙古社会科学》1982年第6期。

黄雪寅:《匈奴和鲜卑族金银器的动物纹比较》,《内蒙古文物考古》2002年第2期。

黄蕴平:《朱开沟遗址兽骨的鉴定与研究》,《考古学报》1996年第4期。

黄展岳:《关于两广出土北方动物纹牌饰问题》,《考古与文物》1996年第2期。

靳枫毅:《夏家店上层文化及其族属问题》,《考古学报》1987年第2期。

李非、李水城、水涛:《葫芦河流域的古文化与古环境》,《考古》1993年第9期。

李延祥、韩汝玢、宝文博、陈铁梅：《牛河梁冶铜炉壁残片研究》，《文物》1999年第12期。

李延祥、朱延平等：《辽西地区早期冶铜技术》，《广西民族学院学报》（自然科学版）2004年第2期。

李逸友：《内蒙古和林格尔县出土的青铜器》，《文物》1959年第6期。

辽宁省博物馆文物工作队：《辽宁朝阳魏营子西周墓和古遗址》，《考古》1977年第5期。

林沄：《欧亚草原有角神兽牌饰研究》，《西域研究》2009年第3期。

林沄：《所谓"青铜骑马造像"的考辨》，《考古与文物》2003年第4期。

陆刚：《从萨满巫术到造型艺术：中国北方青铜器野猪纹造型样式与文化意涵》，《美术大观》2020年第5期。

陆刚：《鄂尔多斯式青铜器造型主题与北方早期萨满宗教观的内在联系》，《美术大观》2019年第11期。

陆刚：《怪兽不"怪"：鄂尔多斯式青铜器鹰喙马身造型及文化内涵解读》，《美术大观》2020年第1期。

吕智荣：《鬼方文化及相关问题初探》，《文博》1990年第1期。

吕智荣：《陕西清涧李家崖古城址陶文考释》，《考古与文物》1987年第3期。

吕智荣、孙战伟：《内蒙古西岔三期遗存性质考察》，《考古与文物》2015年第4期。

马明志：《"西岔文化"初步研究》，《考古与文物》2009年第5期。

孟强、耿建军：《徐州西汉宛朐侯刘埶墓》，《文物》1997年第2期。

娜莉莎：《鄂尔多斯青铜牌饰的艺术特征》，《装饰》2016年第8期。

内蒙古博物院、内蒙古文物工作队：《内蒙古准格尔旗玉隆太的匈奴墓》，《考古》1977年第2期。

内蒙古文物考古研究所：《凉城崞县窑子墓地》，《考古学报》1989年第1期。

内蒙古文物考古研究所：《内蒙古和林格尔县新店子墓地发掘简报》，《考古》2009年第3期。

内蒙古文物考古研究所：《内蒙古凉城县小双古城墓地发掘简报》，《考古》2009 年第 3 期。

内蒙古文物考古研究所：《内蒙古凉城县忻州窑子墓地发掘简报》，《考古》2009 年第 3 期。

内蒙古文物考古研究所、包头市文物管理处：《包头西园春秋墓地》，《内蒙古文物考古》1991 年第 1 期。

内蒙古自治区文物工作队：《凉城饮牛沟墓地清理简报》，《内蒙古文物考古》1984 年第 3 期。

内蒙古自治区文物考古研究所：《凉城县水泉东周墓地发掘简报》，《草原文物》2012 年第 1 期。

邵国田：《敖汉旗铁匠沟战国墓地调查简报》，《内蒙古文物考古》1992 年第 1—2 期（合刊）。

沈爱凤：《亚欧草原野兽风格若干纹样研究》，《南京艺术学院学报》（美术与设计版）2009 年第 6 期。

沈勇：《围坊三期文化初论》，《北方文物》1993 年第 3 期。

史广峰、边质洁：《蓟县张家园商周遗存的族属问题》，《文物春秋》2002 年第 4 期。

苏伊乐：《试析"虎噬马"、"虎豕咬斗"纹饰牌的造型语言》，《内蒙古大学艺术学院学报》2008 年第 2 期。

孙守道：《"匈奴西岔沟文化"古墓群的发现》，《文物》1960 年第 8、9 期合刊。

塔拉、梁京明：《呼鲁斯太匈奴墓》，《文物》1980 年第 7 期。

唐兰：《从河南郑州出土的商代前期青铜器谈起》，《文物》1973 年第 7 期。

天津市历史博物馆考古队：《天津蓟县张家园遗址第二次发掘》，《考古》1984 年第 8 期。

天津市历史博物馆考古队：《天津蓟县张家园遗址第三次发掘》，《考古》1993 年第 4 期。

天津市文化局考古发掘队：《河北大厂回族自治县大坨头遗址试掘简报》，《考古》1966 年第 1 期。

天津市文物管理处考古队：《天津蓟县围坊遗址发掘报告》，《考古》1983年第10期。

田广金：《桃红巴拉的匈奴墓》，《考古学报》1976年第1期。

田广金、郭素新：《鄂尔多斯式青铜器的渊源》，《考古学报》1988年第3期。

田广金、郭素新：《内蒙古阿鲁柴登发现的匈奴遗物》，《考古》1980年第4期。

田广金、史培军：《中国北方长城地带环境考古学的初步研究》，《内蒙古文物考古》1997年第2期。

王成、沙宝帅：《内蒙古呼伦贝尔草原发现青铜器》，《考古》2004年第4期。

王克林：《骑马民族文化的概念与缘起》，《华夏考古》1998年第3期。

王永乐、梅建军等：《夏家店下层文化遗址出土铜器的矿料来源分析》，《文物保护与考古科学》2020年第3期。

王之田、张树文等：《大兴安岭东南缘成矿集中区成矿演化特征与找矿潜力》，《有色金属矿产与勘察》1997年4月（第6卷增刊）。

乌恩岳斯图：《略论欧亚草原早期游牧人艺术中的卷曲动物形象》，《考古》2002年第11期。

乌恩岳斯图：《殷至周初的北方青铜器》，《考古学报》1985年第2期。

吴楚克：《鄂尔多斯式青铜器的美学风格》，《内蒙古社会科学》（文史哲版）1991年第1期。

夏鼐：《北魏封和突墓出土萨珊银盘考》，《文物》1983年第8期。

徐英：《欧亚草原游牧民族艺术年表》上，《艺术探索》2011年第3期。

徐英：《中国北方游牧民族造型艺术研究百年回顾》，《内蒙古大学艺术学院学报》2008年第1期。

晏琬：《北京、辽宁出土铜器与周初的燕》，《考古》1975年第5期。

伊克昭盟文物工作站：《内蒙古东胜市碾房渠发现金银器窖藏》，《考古》1991年第5期。

伊克昭盟文物工作站：《内蒙古准格尔旗宝亥社发现青铜器》，《文物》

1987 年第 12 期。

伊克昭盟文物工作站：《伊金霍洛旗石灰沟发现的鄂尔多斯式文物》，《内蒙古文物考古》1992 年第 1—2 期（合刊）。

伊克昭盟文物工作站：《伊克昭盟补洞沟匈奴墓清理简报》，《内蒙古文物考古》1981 年创刊号。

伊克昭盟文物工作站、内蒙古文物工作队：《西沟畔汉代匈奴墓地调查记》，《内蒙古文物考古创刊号》1980 年。

伊克昭盟文物工作站、内蒙古文物工作队：《西沟畔匈奴墓》，《文物》1980 年第 7 期。

伊克昭盟文物工作站、伊金霍洛旗文物保护管理所：《内蒙古伊金霍洛旗匈奴墓》，《文物》1992 年第 5 期。

岳连建：《西安北郊战国铸铜工匠墓发掘简报》，《文物》2003 年第 9 期。

张景明：《北方游牧民族造型艺术的风格与思想表述》，《内蒙古社会科学》（汉文版）2010 年第 3 期。

张景明：《从群虎图岩画谈中国北方草原地区的虎纹装饰》，《内蒙古文物考古》2001 年第 2 期。

张景明：《匈奴金银器的造型艺术与文化象征》，《民族艺术》2006 年第 2 期。

张景明：《造型艺术的理论探讨——以北方游牧民族为例》，《大连大学学报》2010 年第 3 期。

张万钟：《商时期石楼、保德与"沚方"的关系》，《中国历史博物馆馆刊》1989 年第 11 期。

赵志生：《试析中国古代北方民族青铜艺术中的另类造型意象》，《内蒙古大学艺术学院学报》2004 年第 1 期。

赵志生：《中国古代北方民族青铜饰牌艺术——豹形纹扣饰的形式语言赏析》，《装饰》2005 年第 7 期。

郑隆：《大青山下发现一批青铜器》，《文物》1965 年第 2 期。

中国科学院考古研究所内蒙古工作队：《赤峰药王庙、夏家店遗址试掘报告》，《考古学报》1974 年第 1 期。

中国社会科学院考古研究所内蒙古工作队:《内蒙古敖汉旗兴隆洼聚落遗址 1992 年发掘简报》,《考古》1997 年第 1 期。

朱凤瀚:《由殷墟出土北方式青铜器看商人与北方族群的关系》,《考古学报》2013 年第 1 期。

朱贵:《辽宁朝阳十二台营子青铜短剑墓》,《考古学报》1960 年第 1 期。

А. П. 奥克拉德尼科夫:《西伯利亚考古学——昨天、今天和明天》,《苏联历史问题》1968 年第 5 期。

论文集

《马克思恩格斯全集》第 23 卷,人民出版社 1972 年版。

《第一次全国 ^{14}C 学术会议文集》,科学出版社 1984 年版。

鄂尔多斯青铜器国际学术研讨会论文集编辑组:《鄂尔多斯青铜器国际学术研讨会论文集》,科学出版社 2009 年版。

曹玮:《陕北出土青铜器》第 5 卷,巴蜀书社 2009 年版。

葛志毅:《中国古代社会与思想文化研究论集》第 3 辑,黑龙江人民出版社 2006 年版。

郭可谦:《机械技术史(2)——第二届中日机械技术史国际学术会议论文集》,机械工业出版社 2000 年版。

河北省文物研究所:《环渤海考古国际学术讨论会论文集》,知识出版社 1996 年版。

吉林省民族研究所:《萨满教文化研究》第 1 辑,吉林人民出版社 1988 年版。

辽宁省博物馆:《辽宁省博物馆学术论文集》第 1 辑,辽宁省博物馆 1985 年版。

林沄:《林沄学术文集》,中国大百科全书出版社 1998 年版。

林沄:《林沄学术文集(二)》,科学出版社 2009 年版。

内蒙古文物考古研究所:《内蒙古中南部原始文化研究文集》,海洋出版社 1991 年版。

石兴邦:《考古学研究》,三秦出版社 1993 年版。

苏秉琦：《考古学文化论集（第四辑）》，文物出版社1997年版。

苏秉琦：《考古学文化论集（一）》，文物出版社1987年版。

童恩正：《童恩正文集·学术系列：南方文明》，重庆出版社1998年版。

伊克昭盟文物工作站：《鄂尔多斯文物考古文集》，远方出版社1981年版。

中国考古学会：《中国考古学会第三次年会论文集》，文物出版社1981年版。

中国社会科学院边疆考古研究中心：《东北与北方青铜时代》，文物出版社2016年版。

周廷儒、张兰生：《中国北方农牧交错带全新世环境演变及预测》，地质出版社1992年版。

[日] 辻雄二、色音：《北方民族与萨满文化：中国东北民族的人类学调查》，中央民族大学出版社1995年版。

学位论文

白嘎丽玛：《青铜时代蒙古高原鹿造型艺术研究》，博士学位论文，内蒙古大学，2012年。

杜志东：《北方草原虎纹青铜纹饰研究》，硕士学位论文，中央民族大学，2011年。

刘建宇：《陕北地区出土商周时期青铜器的科学分析研究——兼论商代晚期晋陕高原与安阳殷墟的文化联系》，博士学位论文，北京科技大学，2015年。

朴真浩：《夏家店下层文化聚落、经济与社会形态研究》，博士学位论文，中国社会科学院大学（研究生院），2020年。

汪洋：《北方草原游牧文化中的鸟首兽身造型研究》，硕士学位论文，内蒙古大学，2017年。

王雪梅：《匈奴青铜器动物纹饰的艺术流变》，硕士学位论文，西安美术学院，2008年。

易德生：《商周青铜矿料开发及其与商周文明的关系研究》，博士学位论文，武汉大学，2001年。

张聪雅：《鄂尔多斯青铜器中北方草原动物纹样研究》，硕士学位论文，内蒙古师范大学，2014年。

张美玲：《鄂尔多斯青铜器腰带饰品的装饰艺术研究》，硕士学位论文，内蒙古农业大学，2016年。

英文文献

B. Karlgren, "Some Weapons and Tools of the Yin Dynasty", *Bulletin of the Museum of Far Eastern Antiquities*, Vol. 17, 1945.

J. G. Andersson, "Der Weg uber die Steppen", *Bulletin of the Museum of Far Eastern Antiquities*, Vol. 1, 1929.

J. G. Andersson, "Hunting Magic in the Animal Style", *Bulletin of the Museum of Far Eastern Antiquites*, Vol. 4, 1932.

Marija Gimbutas, Borodino, "Seima and their Contemporaries", *Proceedings of the Prehistoric Society for 1956*, March, 1957.

Max Loehr, "Tools and Weapons from Anyang and Siberian Analogies", *American Journal of Archaelolgy*, Vol. 53, 1949.

后　　记

　　就艺术专业领域来说，我是从事"实践类"艺术的，本科与硕士阶段所学均为雕塑专业，毕业后也一直在高校雕塑系任教。可以说，自从踏入艺术门槛那天到攻读博士学位之前，我的绝大部分时间都用在了雕塑和绘画上。然而，伴随着年龄的增长、（雕塑与绘画）表现技巧的提升，越来越多的理论、认知问题开始困扰着我，我越发强烈地意识到理论认知水平制约了创作实践的发展。

　　与绘画相比，雕塑创作需要更大的空间场地、更多的材料设备、更复杂的制作环节、更大的人力投入，其创作周期也相对更长，一件作品动辄一两个月、三五个月甚至更久。所以，如果创作者受到理论修养与审美能力的瓶颈制约，势必会将大量时间、精力、财力、物力浪费在低层级的创作过程中。看似勤奋、忙碌，实则收效甚微。

　　于是，我决定攻读博士学位，给自己好好"补补课"。

　　对于从事实践类专业的我来说，理论研究我是外行。众位专家、师友的鼓励使我稍获自信："你的理论水平弱于理论专业出身的同志，但是你在雕塑与绘画中积累的造型能力与审美水平却是你不可忽视的优势，若能将理论研究与创作实践紧密结合，想必能够获得有价值的研究成果。"于是，我以一个"票友"的身份，战战兢兢地开始了我的理论研究工作。

　　既然是"票友"，与"科班"相比，自然"低人一等"，唯望勤能补拙。而对于鄂尔多斯式青铜器造型的研究，涉及考古学、艺术学、人类学、历史学、图像学、符号学、民俗学，乃至中国古代冶金、古代气候环境演变、北方早期宗教等众多学科、门类的知识。于是，盼着

"独上高楼,望尽天涯路",我几乎每天挑灯夜读到凌晨三点,"衣带渐宽"。

可喜的是,在长夜漫漫的求索中,我找到了方向,看到了希望,也坚定了信念。于是,曾几次在万籁俱寂的深夜,一个人在书房磨上一杯咖啡犒劳自己,暗自庆幸当年辞别清华园,来到了内蒙古,更庆幸选定了北方民族艺术作为研究对象。

包括鄂尔多斯式青铜器在内的北方民族艺术是中华民族文化艺术宝库的重要财富,但其被研究与弘扬的程度还远远不够,这里天地广阔,大有可为。

渐渐的,最初"补课"的念头随时间慢慢消散,而我已不由自主地沉迷于北方民族艺术理论研究之中,转眼四年。

四年中,家里的书架早已装满,书房散落、堆积的书籍资料到处都是,有的贴着便签,有的折着角,还有的直接扣在那里。妻子早已习惯了我的工作状态,每次帮我收拾书房时,从不会改变任何一本书的位置、便签,甚至折角,怕我找不见。

四年中,我曾先后在六个调查点做田野。当我踩在那干涸、松软的沙土上远眺荒芜的时候,当我与牧民同吃住、了解游(畜)牧生活规律的时候,当我见到在草原生活一辈子,患有严重类风湿的老阿妈将手里的零钱恭恭敬敬地逐一放在诵经喇嘛桌前的时候,我的内心受到了强烈的震撼。这震撼远不是草原游客的赞美与钦羡,而是发自心底对生命的赞颂和对游牧人坚韧生存意志、高超生存智慧的折服。

四年的研究,对于我来说是"补课",是成长,更是灵魂的净化。原以为《鄂尔多斯式青铜器造型艺术研究》的完成是为此前工作画上了一个句号,而今发现它只是为我在北方民族艺术领域的研究起了个开篇。

如今,这本小书即将付梓,首先要感谢我的老师宋生贵教授、杨琪教授、阿拉坦·宝力格教授,在众位恩师的指导与帮助下我得以顺利完成研究工作。同时,我要感谢我的父母、妻子和孩子,是他们的理解、包容和支持,使我能够心无旁骛地专心学术。最后,感谢中国社会科学出版社的马明老师为本书的出版所做的辛苦付出。

后　记

　　由于本人能力水平所限，书中定然存在各种不足之处，在此留下电子邮箱地址：art99615@163.com，恳请众专家学者批评、指正。学术在争鸣中散发光辉，真理需要在怀疑和反对声中不断"磨砺"。但愿有越来越多的学者关注、支持北方民族艺术研究。

陆　刚

2021年11月